JN204923

ダニエル・ヘラー＝ローゼン

エコラリアス

言語の忘却について

関口涼子訳

みすず書房

ECHOLALIAS

On the Forgetting of Language

by

Daniel Heller-Roazen

First published by Zone Books, 2005
Copyright © Daniel Heller-Roazen, 2015
Japanese translation rights arranged with
Zone Books through
Owls Agency Inc.

エコラリアス　言語の忘却について　＊目次

第一章　喃語の極み　9
第二章　感嘆詞　13
第三章　アレフ　21
第四章　消滅危惧音素　31
第五章　H&Co.　39
第六章　流離の地で　55
第七章　行き止まり　63
第八章　閾　79
第九章　地層　91
第十章　地滑り　103

第十一章　文献学の星　113
第十二章　星はまた輝く　129
第十三章　ニンフの蹄　137
第十四章　劣った動物　145
第十五章　アグロソストモグラフィー　167
第十六章　Hudba　183
第十七章　分裂音声学　203
第十八章　アブー・ヌワースの試練　215
第十九章　船長の教え　219
第二十章　詩人の楽園で　227
第二十一章　バベル　245

解説　ダニエル・ヘラー＝ローゼンとは何者か？　259
訳者あとがき　267
原註　25
参考文献　11
索引　1

エコラリアス

言語の忘却について

木版画、フォリオ 15v、オウィディウス『変身譚』のフランス語翻案『ル・グラン・オランプ』より（パリ、1538 年）、Typ. 515. 39. 663、ハーバード大学ホートン図書館、図版部門

海のヤフーの中には、わたしの海事用語が適切でなかったり、すでに使われていない言葉ばかりだと言うものがいるらしいですが、それは仕方のないことです。航海を始めたとき、わたしはまだ若く、最年長の船員たちから教えを受け、彼らのように話すようになっていたのですから。しかしその後分かったことですが、海のヤフーも、陸のヤフーと同じように新語を好んで用いていました。そして陸のヤフーの言葉は毎年のように変わるのです。今でも思い出すのは、陸に上がるたび、昔の話し言葉は全く変化してしまっていて、理解するのに大変苦労をしたことです。それからまた、好奇心でロンドンからわたしに会いに来るヤフーがいますが、そのたびに、わたしたちのどちらも、自分の考えを理解できるような形で相手に伝えることができないのです。

ジョナサン・スウィフト『ガリヴァー旅行記』

第一章　喃語の極み

誰でも知っているように、子供は、初めのうちは言葉を話さない。幼児は雑音めいた音を発するが、それは人の言語の中に含まれている音を先取りしているようでいて、根本的に異なっている。聞き取れるような単語を発語しはじめる時点では、幼児は、語学の才に恵まれ数カ国語に通じた成人でもかなわないような発音能力を有している。おそらくそうした理由から、ロマン・ヤコブソンは幼児の喃《なん》語《ご》にただならぬ興味を示したのだ。彼にとって喃語というテーマは、ロシア未来派や、スラヴ系言語の比較韻律学、構造音韻論等と同じ土俵に立つものだった。ヤコブソンの論文、「幼児言語、失語症および一般音法則」は、彼がノルウェーとスウェーデンに亡命していた一九三九年から一九四一年にかけてドイツ語で書かれた。そこで、ヤコブソンは次のような観察を記している。

幼児は、喃語期、かなりの数の音を発音することができる。あるひとつの言語や言語群の中にさえいちどきには決して存在しないくらいの数だ。それは例えば、最も調音のヴァラエティに富んだ子音群、口蓋化子音、円唇化子音、歯擦音、破擦音、吸着音《クリック》、または複合母音や二重母音などである。(1)

言語学の素地を持つ発達心理学者たちの研究に基づき、ヤコブソンは特異な事実を認めざるをえなかった。すなわち、「喃語の極み」(die Blüte des Lattens)においては、喃語を発する赤ん坊の音声能力にはどのような限界も認められない、というのだ。発音に関しては、幼児には全てが可能だとヤコブソンは断言している。幼児は人のあらゆる言語のどんな音をも例外なくやすやすと発声することができる。そのような発音能力があるなら、幼児にとって、言語の獲得は、容易にまたすばやくなされるのだろうと考えてもよさそうだが、実際にはそのようなことはない。幼児の喃語の段階から初めての単語が発語されるまでの変移はたやすく進まないばかりでなく、その時期に決定的な分断が生じることが判明している。それまで無限であった、幼児の発音能力が揺らぐのだ。

「観察者たちにとっても驚くべきことに、幼児が前言語段階から最初の単語を獲得するにいたる際、つまり本来の意味での言語的な第一段階で、様々な音を発する能力をほとんど失ってしまう」ことが確認されている。(2)

確かに、発音能力の部分的な衰退はとくに奇異なことではない。幼児はただひとつの言語を話し始めるのだから、それまで発することができたあらゆる子音や母音には用がなくなる訳で、だとすれば、今覚え始めている言語には存在しない音を使うのをやめ、どのようにそれらの音を発していたかも次第に忘れていくとしても別段不思議はない。しかし幼児がある言語を学び始めるとき、失われるのは、ある固有の音声システムからはみ出す音を発声する能力だけではない。ヤコブソンは次のように続けている。もっとも「注目すべき」(auffallend)なのは、そのさい喃語と成人の言語に共通している他の多くの音までもが、幼児が持っている言葉から消えてしまうということである。その段階で初めて、ひとつの言語の習得が本当の意味で始まったといえるのだ。その後、数年をかけて、幼児は次第に、自分の最初の言語となる音声の形式を規定する音を獲得していくことだろう。ヤコブソンはそれを構造的にまた複数の段階に分けて提示した最初の人物だが、彼によれば、その順序は以下のようなものである。最初に、例えば［t］や［d］のような歯音から始まって、幼児は［k］や［g］などの硬口蓋音や軟口蓋音のような音を発することを覚える。その後、［b］や［p］、［m］などの閉鎖音や唇音が出せるようになってから初めて［v］や［s］、［ʃ］などの狭窄音を発する能力を得る。そして、言語獲得のこの第一段階の最後に、我々に身近な、しかし少しも厳密ではない表現を用いるなら、「母語」なるものに適応するに至るのだ。

ではそういった過程において、幼児が以前ならやすやすと発音できていた多くの音、そして、ある言語の固有音を学ぶ前には保持していた、あらゆる言語の音を発音できる能力には何が生じているのだろうか。ここで起こっていることはまるで、言語の獲得が忘却を引きかえとしてしかあり得なかったかのようだ。幼児の言語の記憶喪失(あるいは音声の記憶喪失と呼んでもいい、つまり幼児が忘れてしまうと考えられるのは言語ではなく、おそらくは無限の発音能力なのだから)。子供が、ひとつの言語の持つ現実に吸収されきってしまい、その言語以外のあらゆる言語の可能性、無限の、しかし結局は不毛である可能性を、これを限りと捨て去ってしまうことがあり得るのだろうか。それとも、獲得したばかりの言語の方に釈明を求めるべきなのだろうか。母語は、新しく加わった話者には他の言語の影さえも許容しない、ということなのだろうか。幼児は「わたし」というこの単純な言葉さえ発音できず、喃語やそれに続く無言の時期の両方においては話す主体としての意識を幼児には付与することがためらわれる故に、話は複雑になる。いずれにせよ、幼児がかつては容易に発音できていた音が、たなびく煙のようなものだけを残して、その声を永遠に離れてしまうとは考えがたい。というのも、かつてその声のうちに住まっていた様々な音が退場し、空っぽになった声から、少なくとも、ひとつの言語と、話すことのできる存在という二つの事柄が生まれるからだ。それは、おそらく避けようのないことなのかもしれない。幼児は、「喃語の極み」において一時は発音していた無限の音の数々を忘却しなければ、ひとつの言語を特徴づける母音と子音の有限のシステムを身につけることができないのかもしれない。際限のない無数の音を失う、という代価を払うことなしには、幼児はひとつの言語の共同体内に正式な位置を占めることができないのかもしれない。

はたして、成人が話す諸言語は、かつてそこから生まれ出た限りなく変化に富んだ喃語のなにがしかを留めているのだろうか。あるとしたら、それは谺《こだま》でしかないだろう。というのも、言語があるところには、幼児の喃語はとうの昔に消え去ってしまっているからだ。少なくとも、まだ言葉を話せない幼児の唇がかつて発した形ではもう残されていない。それは、他の言葉、あるいは言葉でさえない何ものかの反響なのかもしれない。谺《エコラリアス》する言語は、自らが消滅することで言語の出現を可能にする言葉にならない記憶の彼方の喃語の痕跡なのだ。

第二章　感嘆詞

　しかし、子供がもう発音できなくなってしまった音は、だからといって彼らのもとを離れることは決してないのだともいえる。というのも、そういった音が再び現れてくる言語領域があるからだ。わたしたちが「オノマトペ」という用語で呼んでいる領域がそれである。子供たちが言葉を話し始める時、彼らの身近にある人間のものではない音を模倣することは、しばしば指摘されてきた。新しく獲得する言語の中で自分たちが発音することが可能な音ではなく、その言語の中では発音が不可能だと思われている、しかしながらかつては彼らが難なく発音することのできた音を発しようとするのである。ヤコブソンは「幼児言語、失語症および一般音法則」の中でこのテーマを詳細に観察し、この現象に普遍的な法則があることを強調した。彼は次のように書いている。

　まだ軟口蓋音を習得していない幼児たちが、ブラインドが降りる音を「gi」、鴉の鳴き声を「kra kra」

という音で模倣したり、気持ちがいい状態を「gaga」、喜びを「ch-ch」と表現したり、不快を表す際「kha」と発音することが観察される。摩擦音は幼児の「事物を名指す言葉」にあっては、閉鎖音に置き換えられているが、オノマトペの機能を持った物まねの音として出現することがある。例えば、路面電車は「zin-zi」と表現され、「ss」はある子供にとっては猫、他の子供にとってはハエの真似になる。多くの場合、「f」音は、飛行機の音として、また、犬や鶏を追い払う時に使われる。流音「r」は、大人から借用した言葉の中にはあまり現れないが、鳥の声や荷馬車のきしむ音を真似る時にはよく使用される。また、「i」音を使いこなせない子供でも、犬の吠える声を「didi」、雀の鳴き声を「titi」、「mimimi」、または「bibibi」、「pipi」などの音で真似することができるのである。(1)

動物の鳴き声や機械音の模倣は幼児の言語の中でも奇妙で複雑な領域に属していて、言語の発達における位置は曖昧である。幼児がオノマトペにおいて用いる音は、失われてしまっただろう喃語の最後の遺物なのだろうか、それとも、来るべき言語の最初の兆候なのだろうか。幼児の用いる感嘆詞は、言語が、統御された一方向の時間の中で発達するのではないということを表している。それらの感嘆詞は、言葉が、発達を逆行できないとはいえ、その中に常に、もうひとつの言語の要素を、痕跡のように、または予感のように含み続けていることを示唆している。

子供は、その意味では、その後大人になってもさして変わらない要素を持ち続けていると言えるだろう。ヤコブソンが、言語の獲得と喪失についての画期的な著作を執筆しているまさにその頃、彼の友人で、彼と共にその何年か前にプラハ学派を創設したニコライ・セルゲーエヴィチ・トルベツコイは、オノマトペは特殊な分野の発話に属し、幼児言語にも成人のそれにも共通して現れることを論証した。未完成の大著『音韻論の原理』第四章の最後で、彼は、あらゆる言語は「弁別可能な音韻的対立」による有限の「音韻体系」であると定義し、その体系の母音、子音、そして韻律素論上の特徴を規定した。トルベツコイはこの章の補遺で、彼自身が言語における「変則的な弁別的要素」と定義していたものについての、簡潔ではあるが広域にわたる考察を行った。彼は次のように記している。

多くの言語は、正規の音韻体系以外にも、特別な音韻要素を保持している。これらの要素は、他とは根本的に異なる機能を持って現れる。(2)

ある言語の発話者が他の言語を模倣しようとする時に体験する「異言語の音」がこのカテゴリーに属する。例えば、外国語由来の言葉に存在する音素は、ある言語から他の言語に移る時に不可避の現象として変容を被るが、多くの場合、結果的には、元の言語にもその言葉を受け入れた言語にも還元不可能な新しい独自の形を獲得することになる。トルベツコイはこの著書を執筆していた時にはウィーンに住んでいたが、ドイツ語圏の人間が、ドイツ語の音韻体系には通常存在しない、フランス語やスラヴ語の単語が含む「ʃ」の有声音（つまり「ž」音）や鼻母音を発音する時の状況を例に挙げている。「Telefon」という単語が、ドイツ語の「電話」にあたるFernsprecherと異なり、外来語由来だということを示すために、ウィーンっ子たちは、最後の音節を後方の半開鼻母音で発音する。「telefõ」と言うことによって、彼らは、ドイツ語にはないフランス語の音（鼻母音のõ）を喚起するが、しかしそれは、フランス語の「téléphone」という発音にも存在しない音なのだ。トルベツコイによると、この「変則的な弁別的要素」のカテゴリーには、「感嘆詞、オノマトペ、ペットへの呼びかけや命令[3]」などに現れるあらゆる音が含まれ、これは幼児においても成人においても同様に当てはまるという。トルベツコイはさらに詳しく、以下のように述べている。これら感嘆表現は「本来の意味での表象機能（Darstellungsfunktion）は全く持っていない[4]」。これは今日の言語理論では「言語行為」と呼ばれるだろう。というのも、意味を持たないわけではないが、これら感嘆文は何かを主張したり、否定したりすることはなく、唯一の機能はこれらを発語することの力そのものに存しているからだ。もちろん、これ自体は、新しい主張ではない。感嘆文が何らかの表明または否定ではない、ということは、少なくともアリストテレスの時代以来、言語理論にとって周知のテーマだった。哲学的伝統における命題についての決定的な論考である『命題論』において、彼は、祈りや叫びなどのあらゆる感嘆文を、厳密な意味での論理学の分野から排除している[5]。トルベツコイの炯眼が光るのは音韻論の分野で、実際彼はその定義に大いに貢献した。彼の議論は、感嘆文の論理的かつ形式的な特徴が、音韻的にも同様に例外的な構造と対応していることを示した。例えば、人間のものではない音を模倣する時、また、動物に対する命令の表現などに使われている音は、慣用句にはほとんど見られることがない。間投詞は、各言語ごとに限定された音の領域を越えるという点で特徴づけられる。トルベツコイは、ヨーロッパ諸語の中だけでも、次のような例を挙げている。

「hm」という音で表される間投詞や、馬を急がせる時に使われる舌打ち音、馬を止める時に発する「r」の唇音や、震えを表現する際の間投詞（「brr!」など[6]）。

他の例をこのリストに加えることはたやすいだろう。たったひとつの言語に典型的な表現にいつも現れる目立った音だけに限ったとしても。例えば、うんざりした時のありふれた感嘆詞のukhは収縮子音の「kh」を含んでいる（これはカスティリャ語では子音jotaで、アラビア語では「خ」の文字で書き表される音を思い起こさせる）。また、幾つかの言語においてこの音は軟口蓋音「k」や、さらに喉音の「h」とはっきりとした弁別的対立にあるが、この音は、英語の音韻体系には正式な位置が与えられていないのだ。他にも、英語圏の子供たちが電話の音を真似する時に使う、「歯茎ふるえ音」、あるいは巻き舌の「r」や、猫が喉を鳴らす真似をする時に使う「舌背軟口蓋音」、あるいは「震音」の「r」などがある。後者の「r」は、フランス語や近代ドイツ語の流音に驚くほど似ている。最後に、嫌な予感を表す際に英語圏で使う「Uh-oh」という表現は、アラビア語やデンマーク語には欠かせない声門閉鎖音に酷似しているが、標準英語の音韻論においては、この音は明確な機能を持つものとしては捉えられていない。どの例を取ってみても、間投詞は、ある音韻体系を、通常はその体系に無縁の音素に向かって開く。トルベツコイが書いたように、間投詞は、言語を「音韻体系が成り立たない[7]」限界の地点にまで連れて行くのである。言語の統一性を定義する境界を越え、言語は、どの言語体系にも決して属することのない音の世界へと足を踏み入れ、人間に固有の言語からも逃れていくように思われる。

　このような間投詞の位置づけをある言語の中で明確に定義することは容易ではない。トルベツコイは、「変則的な弁別的要素」の分析を、音韻体系を扱った章の補遺に追いやり、そうすることで、この問題に直面するのをためらっていることを露わにしてしまっている。結局のところ、幼児の場合にせよ大人の場合にせよ、間投詞は、それが所属する言語とどのような関係を持っているのだろうか。間投詞はどの言語にも共通する側面を持っていると思われる。というのも、間投詞に見られる音を全く持たない言語があると考えることは、不可能ではないとしても非常に困難なのだから。しかしながら、間投詞は、ある言語についての音韻論において、過剰な部分を担っている。間投詞は、定義上、間投詞がなければその言語には存在し得ないような音を含んでいるからだ。つまり、「変則的な弁別的要素」は言語体系の中に含まれつつも排除されているのだ。より正確に言うと、これらの要素は、ある言語から自分自身を除外する限りにおいてその言語に含まれている。集合論がその始原においてそれ自らの学問分野から排除した逆説的な実在物の音声的等価物である間投詞が含むノイズは、それぞれの言語において、その言語の音の集合に属しつつも属さない「要素」を構成している。それは音韻体系の全体にとって好ましからざる要因であると共に、分離不可能な部分でもある。いかなる言語もそれなしには存在できないのだが、いかなる言語も自分の一部としてそれらの要素を認識することは決してないのだ。

このような音声要素が、見かけよりは「変則的」ではないと示唆しているのは、思想家かつ言語の創造者に他ならないダンテで、彼は言語に関する未完の論考『俗語論（De vulgari eloquentia）』の中で、楽園追放以来、人間の言葉は常に絶望の感嘆詞「Heu !」から始まると述べている（そして、この言葉の最初の文字が、ダンテの時代の中世ラテン語では消えてしまっていたに違いない、純粋な気息音の子音「h」から成り立っていることは注目に値する）(8)。この詩人の仮説は真面目に取り上げる価値がある。人間が最初に発した言葉の形態が、断定文でも質問文でも名付け文でもなく、感嘆文だったということは、何を意味しているのだろうか。ダンテの見解を文字通りに受け取ると誤解を招くだろう。彼の見解はむしろ、言語を定義するための、経験的条件というよりは構造的条件を定義していて、それは間投詞の定義にも関わっている。ダンテにとっては、言語と感嘆詞の二つはお互いがお互いを包含していたのだ。感嘆の叫びが生まれた瞬間から言語は存在しうるが、その逆はない。叫びの可能性を認めない言語は人間の言語ではあり得ないだろう。おそらくそれは、間投詞やオノマトペ、そして人間ではないものを人間が模倣する時ほどに、言語が強度を持って存在する場所が他にないからだ。言語は、それ自身の音から離れ、言葉を持たない、あるいは持ち得ないものの音、すなわち動物の鳴き声、自然や機械の出す音を引き受ける時にこそもっとも言葉そのものになりうる。そしてその時、言語そのものを越えて、言語は自らの前にありその後に続く、沈黙、非言語に自らを開く。自らが発することのできないと思い込んでいた、異質な音を発することで、言語は本来の意味で「exclamation」、つまり「外への呼びかけ」(ex-clamare, Aus-ruf)として理解されうる。言語の外へ、または言語の手前に、人間のものではない言葉の持つ音の中に、かつてそこにいたという記憶を思い出すことも完全に忘却することもできないまま。

第三章　アレフ

ヘブライ語には、誰にとっても発音することの不可能な文字がひとつある。発音することが難しいからではない。例えば正則アラビア語の強調音の歯音「ض」は発音の難しさで知られており、アラビア語を母国語とする人たちでさえその多くは完全に正確に習得できない程だ。また、チェコ語の複合的歯擦流音「ř」は外国人にとっては再現するのが困難であり、ロマン・ヤコブソンでさえ、この音を夢の中でさえ再現できたことは一度もない、と例外的な告白をしているくらいなのだが(1)、ヘブライ語の文字、アレフ「א」が発音できないのは、その音が複雑すぎるからではなく、単純すぎるからだ。つまり、他のあらゆる文字と異なり、この文字はどんな音も表していないのだ。最初からずっとそうだったというわけではない。アレフは、そもそもは、声門閉鎖音を発生する喉頭の動きを表していたと推測されている。アラビア語ではアリフ「ا」よりもむしろハムザ「ء」がそれにあたるだろうが、このヘブライ語の文字はおそらく、なんらかの音を出そうとするときの動作を表していたに過ぎなかったと思われる。そこで発された音は、古典アラビア語の偉大な文法学者シーバワイヒがハムザに関して記した記述のように、「突然の胸の痙攣であり、この実践にはなにがしかの肉体的努力が必要とされる」ものであったのだろう。[2] スピノザは『ヘブライ語文法綱要』の中で、アレフという文字の音声的特徴を正確に描写しようと試み、そして、「西欧語のいかなる文字も、この文字を理解する助けにはならない」と書いている。[3] 厳密に言えば、アレフはいかなる明確な発音も表していない。というのも、スピノザによれば、この文字は、「もともとは、喉を開く音が聞かれる」ことを示す記号に過ぎないからだ。[4] しかし、この文字をそのように記述することで隠されてしまうのは、この文字の持つ本来の性質、文法学者がこの文字に与えているものよりもさらにささやかな性質である。ヘブライ語のアレフが、正則アラビア語のハムザが示すような「調音的」価値を持たなくなってから長い時が経っている。そして、この文字がかつてはそのような機能を持っていたという推測も、言語学上の再構成の成果以上でも以下でもない。アレフの音は、それをかつて発音していた人々から忘れ去られてしまったようだ。現代ヘブライ語の様々な再現の過程においても、この文字に何らかの音が付与されることはなかった。そして、どこでも、アレフはそこに母音があることを示す単なる支えとなり、また、かつてこの文字は、少なくとも調音の断絶を表していたと解釈されていたのだが、その「音の欠如」というささやかな定義さえもこの文字から奪われてしまったのだ。[5]

しかしながら、ユダヤ教の伝統において、アレフは、その音声の欠如にもかかわらず特権的な地位を占めている。そして、ヘブライ語の文法学者たちがこの文字のうちにアルファベットの始原を見たのは偶然ではない。最も初期のカバラの著作のひとつ、『清明の書《バーヒール》』は、アレフを、あらゆる記号に先立つもの、聖典編纂の時代よりさかのぼるとしている。「どうしてアレフは文字の最初に位置するのか。それは、この文字が、トーラーにさえ先立つからだ(6)」。アレフに音が不在であることがこの文字の優位の徴《しるし》であるばかりか、まさにその根拠になっているかのように論が立てられていく。『光輝の書《ゾーハル》』の序文では、この文字の優位が改めて確認されているが、そこでは、この文字がすぐれて謙虚であったゆえに報われても当然だとされている。

> 聖なるもの——称えられてあれ——が天地を創ろうとした時、（ヘブライ）文字たちは聖なるものとともにあった。天地創造に先立つ二千年の間、聖なるものは文字を眺め、文字と戯れていた。そして、聖なるものが世界を創ろうと決めた時に、文字たちは全て、最後の文字から最初の文字まで、例外なくその御許に姿を現した(7)。

アルファベットの全ての文字が天地創造の道具として役立とうとしたこと自体は驚くべきことではない。tav「ת」からgimel「ג」まで、それぞれの文字が優れたものを持っていたが、それらの長所は、候補としてはどれも完全ではなかった。tavは、自分が「真実のあかし（emet）（אמת）〔ヘブライ語で「真実」を意味する〕」を形成していると言い、shin（ש）は、神の名「全能者（shaddaï）（שדי）〔shaddaïはヘブライ語で「全能者」「神」を意味する〕」の最初の文字を構成しているのは自分だと訴え、tsadi（צ）は、自分は「正義（tsadikim）（צדיקים）」という言葉を開くものだ、と、そして他の文字たちも、最後の文字から順番に、自分たちの徳性をここぞとばかりに主張した。最後に、bet（ב）が神の前に現れ、自分のおかげで神は「天上天下で祝福されて（barukh）（ברוך）」いることを思い起こさせた。このようにして、この文字は、トーラーの最初の二つの単語において特権的な地位を得たのである「最初に（神は）お創りになった（bereshit bara）（בראשית ברא）」。

聖なるもの—称えられてあれ—は bet にこういった。確かにそうだ。それならおまえによってわたしは世界を創ることにしよう。おまえは天地創造を行うものとなるだろう[8]。

これらが行われている間、アレフは離れたところで控えていた、と語られている。

アレフは神の前に姿を現すことを控えていた。聖なるもの—称えられてあれ—はアレフにこう言われた。アレフよ、アレフよ、なぜおまえは他の文字のようにわたしの前に出てこないのか。アレフは答えた。おお、世界の主、わたしは他の文字があなたの前に次々と立ち現れては何の成果も得られなかったのを見てきました。わたしにこの上何ができるでしょうか。その上、あなたはすでに文字 bet に貴重な贈り物をお授けになった。最上の王が、自らの下僕にお与えになったばかりのものを取り上げて、他の下僕に授けるのはふさわしいことではないでしょう。聖なるもの—称えられてあれ—はこう言った。アレフよ、アレフよ、わたしは文字 bet と共に世界を創るが、その代わりおまえはアルファベットの最初の文字になるだろう。おまえはそれだけで完全な単位となり、世界のあらゆる業と計算の始まりになるだろう。統一は、唯一アレフという文字によってのみなされるのだ[9]「アドナイという神の名がアレフによって象徴されている」。

天地創造の最初の言葉からは外されたとはいえ、アレフはここで、あらゆる構成物の基盤となった。

アルファベットの最初の文字となり、数字の1を示す文字ともなり、そしてこの文字が元々沈黙を保ったということが、まさにこの栄光をもたらす原因ともなったのだ。

ヘブライ語聖書の中でも最も有名な古代の解釈を含んでいる『ベレシート・ラバー』の冒頭は天地創造の際のアレフの不在について頁を割き、トーラーの冒頭にこのような明白な欠如が生じている理由を様々に解釈している。ラビ・ヨーナはラビ・レヴィに代わって問いつつ議論を重ねている。「どうして天地はbetの文字によって創られたのでしょうか」[10]。『ミドラーシュ・アッガダー』の件はよりいっそう正確である。

テキスト（創世記）は、「神は最初にお造りになった」という文章から始まることもできただろう。そうなれば、最初の文字は「アレフ」になり得たのだ（アレフの文字は創世記の最初の数節において用いられている神の名、Elohim（אלהים）に現れるから[11]）。

betの持つ様々な美徳が引き合いに出されるにとどまらず、賢人たちは次第に、アレフが不在であることに疑問を持つようになる。

どうしてアレフではないのか。それはアレフが呪い（「arira」（ארירה）、アレフから始まる単語）をもたらす文字だからだ。どうしてアレフではだめなのか。それは、そうでもなければ異端者たちが「呪われた徴の元に創られたこの世界が、どうやって存在し続けることができるだろう！」などと言い出すだろうからだ。実際、聖なるもの―称えられてあれ―は次のようにおっしゃった。「わたしは、（世界が）存在し続けることができるように、祝福（「barukh」）（ברוך）の徴の元に創るであろう」[12]。

聖書の冒頭句《インキピット》は初期ユダヤ教のラビたちに動揺の種を蒔いてきた。しかしながら、彼らよりもっと前に、アレフの文字自体がこの点については厄介事の原因そのものとなっていたのだ。

ラビ・アハの名を持つラビ・エレアザル・バル・アヴィナの言葉。二十六世代（アダムから数えて、シナイ山の啓示までの二十六世代の意）の間、アレフは聖なるもの―称えられてあれ―の栄光の玉座の御前で異議を唱えた。世界を統べるお方、あなたはわたしと共に世界をお創りにはならなかった、わたしは始まりの文字だというのに！　聖なるもの―称えられてあれ―はこう答えた。世界と世界を満たすものは、トーラーでの功績に応じてのみ創られた。次の言葉がそれを象徴している。「ＹＨＶＨは天地を叡智（すなわちトーラー）と共にお創りになった」（箴言三―十九）。だが、明日、トーラーをシナイ山で与える時、わたしは他ならぬおまえの文字から言葉を始めるだろう。次のように。「我（anokhi〔「わたしは（〜である）」という意味〕、この言葉はアレフから始まる）、ＹＨＶＨ、おまえの神は」と（出エジプト記二十―二）[13]。

十戒の冒頭の文章を思い出させることで、この物語（これはずっと時代が下ってからの『ミドラーシュ』の中にも再び現れる）[14]は、天地創造に関する議論をもう一つの議論に転換させることになる。つまり、天地創造の本質的な部分でアレフの文字が不在であることを、トーラーの啓示の場面を通じアレフが決定的な形で存在していることで置き換えているのだ。シナイ山での啓示はユダヤ教の伝統にあってあらゆる点で根本的な出来事であるということを思い起こすならば、アレフにこのように示された敬意がどれほどのものであるか想像できるだろう。これは文字が受けられる考えられる限りの栄光なのだ。

解釈者は啓示の本来の性質を理解しようとして、アレフという文字から始まる神の言葉の本来の形を検証することになった。この問いに関する根本的な分析を含んでいるタルムードの「マコット」篇によると、シナイ山の麓ではユダヤ教徒たちは二つの文章しか耳にしなかったと述べている。出エジプト記の中では、アレフから始まる「わたし（anokhi）（אנכי）」という単語のあとにこの二つの文章が続いている。この二つの文章とは十戒で、「わたしは（永遠なるおまえの神）……」と「おまえは（わたしより他に神を持たない）」である[15]。マイモニデスはこの問題を『迷える人々のための導き』第二巻で正面から取り扱っている。ここでは、マイモニデスはタルムードに依拠しつつ同時にそこからも距離を取っている。彼は、ラビの教義の中に思弁的な意味を見いだす。ユダヤ教徒たちがいと高き者から十戒を授けられるということは、「二つの原則、つまり、神の存在とその一体性を人間が受容可能であることを意味している」[16]。そして、ユダヤ人たちが実際に自ら聞いたことについても控えめに付け加える。「シナイ山での場面で、モーセの耳に入ったことがイスラエルの民全員に聞こえたわけではないのはわたしにとっては明白である」[17]。この哲学者は、神はこの部分では二人称単数で語りかけており、聖書のテキストは、民が「声（qol）（קול）」を聞いたと記すに留めていることを指摘し、そこからこう結論づけている。「イスラエルの民は「大きな声」を聞いたが、何が語られているかまでは聞こえなかった」（al-ṣawt al-ʿaẓīm la tafsīr al-kalām、直訳すれば「大きな声、しかし言葉の判別はない」[18]）。

マイモニデスは、いささか厳格にこう説明する。「この光景では、イスラエルの民はただひとつの音を、ただ一度聴いただけだった」[19]。ここでは、マイモニデスの立場はラビの教義を全面的に修正するよう求めていると同時に、聖書の最も徹底した神秘的解釈を先取りしている。『迷える人々のための導き』で語られている唯一の「音」は、タルムードの解釈に近づけられているようだ。それによれば、シナイ山で発された最初の言葉、「わたし」(anokhi) は、「わたし、わたしという存在は、(トーラーを) 書き、作成した」(ana nafshi ketivat yahavit)[20] というアラム語の表現が一単語に凝縮されて記されたのだろうということだ。しかし同時に、十八世紀のハシディスムのラビ、メンデル・フン・リマノフの論とマイモニデスを分かつごく僅かな隔たりが存在する。ゲルショム・ショーレムはその点を以下のように要約した。「イスラエルの民が聞いたことは、ヘブライ語の聖書での十戒の始まりの文字「アレフ」につきる。つまり、「わたし anokhi」という単語のアレフだ」[21]。

言葉を切り詰めることによって強度を高めるという現象にのっとって、神の啓示はこのように最も小さな要素にまで還元されることになった。まず、シナイ山で啓示を受けたトーラーのテキスト全体から、皆の耳に入った唯一のテキスト、十戒の最初の二つの文章にまず凝縮され、さらにそれらの文章は、「わたし」というただひとつの単語の中に含まれうるとし、最終的には、単語の最初の文字、「アレフ」に圧縮されることになる。『清明《バーヒール》の書』ではこれは「十戒の本質をなすもの」(iqarhan deʿaseret hadverot) と見なされ、『光輝《ゾーハル》の書』では「あらゆる段階の始まりであり終わりである」とされている。マイモニデスが引用している「大きな声」は、奇妙にも静かである。啓示全体がただひとつの文字に還元され、その文字の発音は誰も覚えていないのだ。しかし神学的な側面を理解すれば、この現象はそれほど驚くべきことではない。神は、民がいつでもとっくに忘れ果ててしまった文字によって以外にどうやって姿を現すことができるというのだろうか。神の言葉の唯一の素材として、アレフは、言葉が出現する場所、かつ忘却そのものである場所を示している。音を持たないことで、この文字は、アルファベット全体の発端としての忘却を見守っているのだ。

第四章　消滅危惧音素

遅かれ早かれ、どんな言語も音を失う。それは逃れようのないことだ。この現象は、数世紀にわたる言語の発展や衰退、そして消失という通時態においてのみ観察できるわけではない。ひとつの言語の歴史的な流れの一部分を取り出し、共時的に分析することによって初めて、話者がすでに忘れ始めている事柄を明らかにすることができるのだ。トルベツコイは、著書『音韻論の原理』の中で、あらゆる言語は弁別的対立の有限の総体によって特徴づけられるが、それは、その言語にある母音と子音が各自の特性にしたがって分類される際に現れる、と判断した。フランス語の音声体系について研究しようとする言語学者は、まず、口腔母音（例えば［i］、［y］、［u］など）と鼻母音（［ɛ̃］、［œ̃］、［ã］など）を区別し、子音を閉塞音（［p］、［t］、［k］）、狭窄音（［f］、［s］、［ʃ］）、側音（［l］）や半子音（［j］、［ɥ］、［w］）などに分類することから始めるだろう。これらの一般的な相違点が確立した後で、言語の専門家はより正確で詳細な区別を取り扱うようになる。フランス語の口腔母音の中では、閉母音と開母音、そして半閉母音と半開母音を対立させることができる。そして、開口度によって分けられる口腔母音の系列中でも、前舌母音と前舌円唇母音、そして後舌母音とを区別することが可能である。同様にして、子音の間でも、各系列の要素を区別し、このような言語の音韻的ポートレートが描かれて初めて、どの音がこの言語の中で重要な役割を持っているのか、どの音がそのような役割を持っていないのかを明確化することができる。しかし、言語の研究はその段階で終わりではない。音と意味のさらに進んだ分析が求められる。ある言語の音の形態が完全に描写されるためには、その言語が含んでいる音の総体と、それが除外している数え切れない音だけではなく、この二つの境に位置する一群の音素を付け加える必要がある。それはすなわち、その言語に取り入れられつつある音、そしてもはや失われかけている母音と子音のグループだ。

フランス語の音声形態の問題について検討した言語学者は、この言語が、現段階では自立している三十三の音素を含んでいることを確認した。しかしながら、そこに付け加えられるべき三つの音が存在し、その音については、「疑わしい」だとか「消滅の危機にある」とか「消滅危惧音素」である、などとされてきた。(1) これらの「疑わしい音素」は、この言語の中にもはや正統的な位置を占めてはいないのだが、完全に外部のものとなった訳でもない。音声要素の中には入れられないが、それでも、その言語にとって異質なものとなってしまった、と言うこともできない。「消滅危惧音素」はあらゆる音声体系の端の曖昧な領域に属する。いわば音声上のノーマンズ・ランドというべき領域に住まい、そこでは、あらゆる言語が、自分の言語ではない音と一体化したり分離したりしているのだ。現代フランス語では、絶滅危惧の音は全てが母音で、それはしばらく前から使われなくなりつつあるが、それが消滅すると、伝統的に、フランス語を特徴づけていた明確な対立が衰退せざるを得ないことになるだろう。例えばそれは、tâche［tɑʃ］（「使命」）という単語にある［ɑ］音で、これはtache［taʃ］（「しみ」）の中間母音とは明らかに異なっている。それから、brun［bʀœ̃］（「茶色」）にあるような鼻母音は、brin［bʀɛ̃］（「若木」）の鼻母音とは対照的な関係にあった。それから、通常一人称単数の代名詞je［ʒə］やmesure［məzyʀ］（「尺」）に現れる［ə］は、明確な形ではないが、nœud［nø］（「結び目」）の［ø］やheure［œʀ］（「時間」）の［œ］のような後舌母音と対立するとされていた。

おそらく最も捉えがたいのは、三番目のこの音素［ə］であろう。この音素は常にフランス語の音の中に数えられていたにもかかわらず、現代の言語学者たちはこの音素を定義するのに困難を覚えている。マルタン・リーゲル、ジャン＝クリストフ・ペラ、ルネ・リウールによる、『フランス語の体系文法』という権威ある書物の中では、この音素は自立した音素としてよりもむしろ「問題」と捉えられている。音韻的分類は、この音素をありとあらゆる用語で呼ぶことでなんとか囲い込もうとしてきたが、この音素は、明確で具体的な特性を持たないまま、そういった分類に抵抗してきた。［y］、［ø］、［œ］などの音素を含む母音系列の説明をする段階で、この著者たちは、次のような指摘をしている。

ここで「e」の問題を取り上げるのがふさわしいだろう。時として［ə］という記号で表されてきた音は（…）通常、調音の観点からは、中間的な音として、半分開き半分閉じ、半ば前舌であり半ば後舌でもあり、唇音でもあると記述される。しかし実際は、後に見られるように少しばかり異なっている。この音素は「脱落性」のeと名付けられることもあり、時として確かにこの音は「落ち」、消えてしまう。また、時には、「無音」のeとも呼ばれるが、しかしこれはもちろん、この文字が無音でない際には音素として特徴付けられることを意味する。そうでなければ観察しうるどのような現実とも対応しないことになってしまい、それならばこのような音素は存在しないと言った方が正しいだろう。または、かつての呼称、「無強勢の」eを採用するか、である。(2)

この後、この謎めいた母音について触れた章で、この著者たちは、この音の存在そのものについて、深刻な疑問を抱くに至っている。

> ［ə］の音韻上の実在性、あるいはそのはっきりした機能と言ってもいいが、これには大いに疑問を持たれるだろう。まず、この音素は決してアクセントのある音節としては現れない。また、この音素を音声学的にこの音素と近い関係にある音、［ø］や［œ］などと対比させることもできない（…）そして特に、この音素が存在する単語の中においてさえ、この音はしばしば消失し、それでも意味の伝達には何の支障も生じない。[lafənɛtʀ]と発音しようと[lafnɛtʀ]と発音しようと、それは常にla fenêtre（窓）を意味するのであり、une bonne grammaire（良い文法）は[ynbɔgʀam(m)ɛʀ]でも[ynəbɔngʀam(m)ɛʀ]でもかまわない。これはアンドレ・マルティネの言葉を借りれば、「音声上の潤滑油」であり、ある種の子音が続くことをできるだけ避けるためにのみ存在するのだろう。(3)

ここで、どうして言語学者たちがこの「不明瞭な音素」を単に棄ててしまわないのか、その理由が気になっても不思議ではないだろう。音ではないかもしれない音、音韻論的にはどのような他の音とも厳密に対比できず、意味論的にはどのような役割も果たさず、せいぜい「音声上の潤滑油」でしかない音にどうしてこれほどの注意を払う必要があるのだろうか。答えは簡単である。この「使われなくなった」、「無音」あるいは、「無強勢」のeが決定的な役割を果たす領域があるからだ。それは、詩歌の分野である。フランス語の詩のリズムを把握するためには、音節を数える際に、この音が時として現れることを考慮しなければならない。マラルメの以下の詩句を例に挙げてみよう。

Ce lac dur oublié que hante sous le givre.(4)

詩句が単独で存在する場合には断言は避けられるべきとはいえ、この十二音節の言語的文節は、アレクサンドラン〔十二音綴の詩の形式〕を構成している。しかし、アレクサンドランだと言うことができるのは、黙読の場合でも声に出した場合でも、hanteに含まれる「使われなくなった」eを音として数えた時だけなのだ。各単語を、現代フランス語ではそうであるように［sølakdyrublieãtsulegivʀ］と発音したら、十一音節になってしまい、詩句の韻律を捉えそこなってしまう。

この「消滅危惧音素」はフランス語の土地をすでに去ってしまったのかもしれないが、この音は、囚われの身とはいえ、詩歌の中には生き残っている。フランス詩の読者であれば誰でもこの絶滅の危機にある音を無視することはできないだろう。言語の音楽を聴こうとする者なら、この「問題のe」から逃れることはできない。というのも、この音なしには、詩のリズムを構成する規則的な音節の連なりを識別することは不可能だからだ。他に方法はない。はかない音節が万が一にでも現れようとするときのために、音の扉は半ば開かれていなければならない。しかし、この分野には、確約されたものは何もない。この捉えがたい音は詩句の中に聞こえてくるかもしれないし、聞こえないかもしれない。この音が存在するか否かは、一連の言語的、歴史的、または韻律法上の複雑かつ様々なファクター次第である。フランス語の韻律学者はもう長いことこの様々な要素を明らかにしようと試みてきたが、その企ては容易ではなかった。それも無理はない。すでに絶滅してしまった種の特徴をどのように確立すればいいのだろうか。

最近出版されたフランス語の作詩法のマニュアルでは、これは「不安定なe」、そしてより正確に「オプションとしてのe」と定義されていた。著者、ブノワ・ド・コルヌリエは、このような呼び方により、この音素が、同じ単語の中でも現れたり現れなかったりする可能性があるということにより定義されるということを明確にしたかったのだろう。著者は次のように書いている。「このeが持つ、「単語」の中での特性、二つのうちのどちらか一つの形を取りうる可能性、それを「(…)オプションとしてのe」と呼ぶことができるだろう(5)」。彼の定義は、詩句の中に「絶滅に脅かされた言語」が現れるという現象を見事に説明している。つまり、このeが発音される同じ場所で、発音されない場合もあり得たということだ。しかし音素が存在しないところではどうなるのだろうか。「オプションとしてのe」の発明者が妥当にも指摘するように、もしも詩句の中でこのeが音として数えられない場合、そこにその音素があると認識することは困難だ。この学者は次のような厳密な観察をしている。音節を数える際にeが現れない時には、それを厳格な意味で（無音であっても）母音と呼んだり、母音という用語をあてがったりすることはできない。それは存在しないのだから。この場合、一つの母音――そのスペルからeと呼ばれている――が（一定の条件下で）発音されたかもしれない、と言及することができるだけだ。しかしこのeの不使用または脱落は、本来の意味では、発語されなかった母音のeとは言えない。文字がその場所にあるとしても、音の不在は、聞こえない、または無音の音があるということではないのだ。(6)

「発音されたかもしれない」が、されなかった音とはなんだろうか。音声学者が「それを厳格な意味で母音と呼んだり、母音という用語をあてがったりすることはできない」のは理解できる。しかしこの音声学者でさえも、この音を完全になしですますわけにはいかない。少なくとも、その音が発音され得たかもしれない、ということに「言及し」なければならないからだ。この言語の「オプション」が、実際にはそうでなかったとしても、発音されたかもしれないことに注意を促す必要があるのだ。感知できず、存在しない、名付けられてはいるが、しかし名を呼びようのないこの母音はこのようにして詩の内部に残り、詩に取り憑いている。詩をどんなに厳密に分析しても、この「問題の音素」を自らの領域から完全に消すことはできない。自らが住まう言語のうちで沈黙を強いられ、最後の避難所である詩の中にもほとんど現れない、この「不安定な」文字は、本当のところ「消滅に脅かされている」状態を越えている。すなわち、この文字は死んでいるのだ。先の言語学者の、追悼の辞にも似た指摘はまさに正確で、この音を「聞こえない、消された音」と呼ぶことさえ言い過ぎになるだろう。しかし、それにもかかわらず、この文字はそこに残っている。「音の不在」はその消失の中に存続しているのだ。そして詩人たちが、自らの言語の、次第に薄れる文字たちから芸術の素材を引き出すことで、その音に形を与えるのである。

第五章　H & Co.

他のあらゆることに当てはまることは文字にとってもまた例外ではない。文字もまた、最終的には自分の運命に直面しなければならない。ある言語の用法の中でどれほど重要な位置にあろうと、どの文字もいずれは廃れ、使われることが稀になり、ついには全く使用されなくなる。しかしながら、これら単語の最小構成単位は、どれも同じ消え方をするわけではない。まず、程度は異なっているが、自然死があり得る。それは、言ってみれば、段階的で後戻りのできない現象であって、その文字を使っている共同体には何の責任もないことなのだ。わたしたちが知っているような古典的な形式を文学が取る前にすでに、古代ギリシャ文字が早くもギリシャ語の書記法から消え去り始めていたことを思い出すだけでそれが分かるだろう。半子音 digamma（F）は、最も多くの注解のある文字である。この文字はかつてアルファベットの六番目の文字であり、ホメロスの時代にはまだ存在していた可能性がある。それ以外にも、koppa（Ϙ）、sampi（Ϡ）、san（Ϻ）などが同じ運命をたどった。[1] しかし古代ギリシャにまでさかのぼらなくとも、使われなくなった記号を見つけることはできる。英語もまた、追悼すべき死者たちを抱えている。ノルマン人の侵略の後、古英語の eth（ð）、thorn（þ）、aesc（F）、ash（æ）、wynn（ƿ）の使用は次第に稀になり、大陸で使われていた g が英語のアルファベットに入ってくると、それに対応する古英語文字の最後の代表者 yogh（ȝ）が消失する文字の列に続いた[2]。

しかしながら、文字には、完全に意図的な決定によって使用が廃止される場合もある。それらの文字の運命は、そうなると、それらの文字を使おうとする者、使おうとしない者たちの手に委ねられることになる。文字の歴史を概観するだけでも次のような冷酷な事実が明らかになる。文字は、それが属していた文字群から強制的に排除されることがあり得るのだ。一七〇八年におこなわれた抜本的な正書法改革の際、ピョートル一世は、ギリシャ文字由来の幾つかの稀な文字（θやξやψなど）は直ちにキリル文字から出て行かなければならないという布告を出した。そして、二十世紀の十月革命から間もなく、新しいソビエト連邦の言語学の権威は、余分な一群の文字はもう印刷されることがあってはならないと宣言した。このようにして、一九一七年に、稀な記号 z（zelo, ꙃ）それから、i の珍しい記号（vos'mirichnoe, i と、desyatirichnoe, ї）、それから、長い歴史と権威を持ち敬意に値する yat「ѣ」が公式に廃用とされたのだった。古代教会スラヴ語という最も権威ある言語に起源を持つこの閉母音 e は、革命の時代に追い立てられ、ブルガリア語に亡命の地を見いだした（しかしここにも長く留まることはなかった。一九四五年には再び、バルカン地方の文字からも追放されたからだ[3]）。

文字はまた、何度か消滅し、再び現れることもある。死亡が確認された後の魂のように。古典的な例は書記素 h であり、かなり昔から、英語の h という文字の読み「aitch」の最初の文字としてもこの音は現れなくなってしまった。言語学者たちが、単なる気音であるとか声門摩擦音であると形容するこの文字、hは、ラテン文字を使用するほとんどすべての言語のアルファベットに存在する。しかしながら、この文字が指し示す音価は、耳ではほとんど聞き取ることができない。そして、一つの言語から他の言語に移行する時、この文字はほとんど常に、最初に消失する文字である。それは無視できない結果をもたらす。複数のh、その上違ったタイプの気音を自分の名に持つ（一つは純粋な「h」で、もう一つはより摩擦音の「x」）詩人ハインリヒ・ハイネはそのことを熟知していた。彼は自らがこの現象の犠牲になったのだ。一八五〇年から一八五五年の間に著した回想録の中で、彼は、ドイツ国外に移住した際に自分の名前が被った変容に触れている。

ここフランスでは、わたしがパリに来るとすぐに、わたしのドイツ語名ハインリヒはアンリと翻訳された。わたしは折り合いをつけねばならず、しまいには自分自身そのように名乗るようになった。ハインリヒはフランス人の耳には合わないのだ。そして、フランス人は通常、世界中のどんな物事でも自分たちの都合の良いようにしてしまう。アンリ・ハイネという名前でさえきちんと発音することができず、大方の場合、わたしはアンリ・エンさんという名になるのだ。多くのフランス人はこの二つの名を一つにまとめてしまって、アンリエンヌと言ったり、アン・リアン〔くだらないもの、些細なものという意味〕さんと呼んだりするのだった。(4)

「ハインリヒ・ハイネ」から四つのステップを踏んで「アン・リアン」にまで。地理的、言語的な

翻訳は、この場合には本人も予期しないような結果を生んだ。しかしこの詩人が西に移住する代わり

に東方に旅立っていたら、少なくとも同じくらい重大な結果を生んだだろう。彼は自分の生前に、同じように見分けもつかないような名前を背負い込む羽目になったに違いない。彼のイニシャルは、ささやかな音に縮小される代わりに、ずっと聞きづらいものになり、彼は「ゲンリック・ゲイネ」（Генрих Гейне）と呼ばれることになったに違いない。実際ロシア語では現在このように呼ばれている。

この帯気音は当初からデリケートな問題を引き起こしてきた。ユークリッド以前のギリシャ語の文字は、確実に、ラテン語の遠い祖先としてh音を含んでいた。この帯気音の記号は、これはより時代をさかのぼった文字「日」からおそらく来ている。この文字は、セム語族のḥēt（この文字自体がヘブライ語の「ח」とアラビア語の「ح」を生んだ）の変形版である。しかし、ギリシャ語のhは、少なくとも気音の記号としては非常に短い期間しか存在しなかった。紀元前五世紀初頭、hの書記素は母音の音価を持ち、ギリシャ語の文字êta（ệ）として自らの古典的な形を獲得することになる。それとは反対に、同じ時期、音素としての気音の方は「半H」である「Ͱ」によって表記されていた。[5] 記号としても音としても、hは無効となる傾向にあった。古典ギリシャ語が話されていた何世紀かの間に、かつては子音であったこの音素は、次第に、聞こえはするが弱い「始発気音」に場所を譲った。ヘレニズム時代に、弱体化した気音はこの言語から棄てられ始めた。文書資料が示すところによると、遅くとも紀元前四世紀には、この音は消失している。並立して、もはや自らの影でしかなくなっていた書記素「Ͱ」は、小さくなり、ギリシャ文字の中では堂々たる位置を占めていたのに、その場所を失うまでに至った。プトレマイオス期のアレクサンドリアの文献学者と文法学者は、この書記素を、文字の発音を変えるために文字の上につける小さな印にまで縮小した。後に、学識者と書記たちはさらにこの記号を短縮し、近代におけるアポストロフに形のよく似た、ピリオドとほとんど変わらないくらいの大きさの、母音が変更される時にその前に置く単なる区分符号にまでさらに縮めてしまったのだ。ギリシャ文字の書記素が最終的にたどり着いた形は、「・」であり、それ以後は文字ではなく、「気音符」、spiritus または pneuma と見なされるようになった。より正確に言えば、それは「有気音（粗い気音）」、spiritus asper、または daseia と呼ばれるものを指し、母音の前に気音が存在しない「無気音（優しい気音）」、spiritus lenis、または psilê と区別される。

その反対に、ラテン語の文字は、一見 h をアルファベットの正式な一員として認識しているように見えるが、ローマ字のこの書記素も、ギリシャ語の帯気音とほぼ同じくらい実体のない音を示しているようだ。ある文献学者は「生まれつき弱い発音は、口蓋内にどのような独自な運動も含まず、（…）消失することが危惧される」[6]。おそらくその理由から、ローマ人自身も、自分たちのアルファベット内で確固たる位置をこの文字に与えることがためらわれたのだろう。クインティリアヌスは、著書『弁論家の教育』の中で、h が本当に「文字」を構成しているのかについて疑問を呈している[7]。この立場は、一見そうは見えなくても実は当時としては大変開かれた精神の現れであるということは、プリスキアヌスやマリウス・ウィクトリヌスなど、後代の文法学者たちが、この記号を文字ではなく、「単なる息の印である」と言い切っていることから分かる（プリスキアヌスの『文法学教程』には「h litteram non esse ostendimus, sed notam aspirationis（文字ではなく、単なる息の印）」とある）[8]。ギリシャ語同様、ラテン語の h の文字も、それが単語のどの場所に置かれているかにかかわらず、あまりにも弱々しく、今にも消失しかねない状況にあったと思われる。この衰退は、僅かずつ起こったが、同時に取り返しのつかない動きでもあった。古ラテン語では、hは母音の間に置かれると消えてしまった（ne-hemo が nemo になる）。それから、単語の間で、ある種の子音の後では消えるようになった（dis-habeo が diribeo になる）。その後、共和制時代の終わりになると、hは単語の冒頭という最後の砦までも失ってしまう（一般の表記法として、Horatia, hauet は Oratia, auet となる）[9]。

その後、程なくして、最も教養のあるラテン語の使い手しか、この消えゆく音がかつて占めていた位置を間違いなく同定することはできなくなった。そうなると、この気音を一つ二つ省略する――または付け加える――ことの意図はより強く感じられることになる。カトゥルスは、アリウスなる人物が、学をひけらかそうとして、本来ならhのない単語にもその冒頭でいちいちhを発音していると風刺している[10]。アウグスティヌスは、『告白』の第一巻の有名なくだりで、同時期の教師を告発し、カルタゴ人の「博士」たちに見られる、気音に関するオブセッションをターゲットにしている。

神よ、主よ、ご覧あれ――寛容にご覧下さるよう――人の子らが、彼ら以前に話されていたことを受け継ぎ、文字と音節に関する決まりをかくも熱心に遵守しているか、その反対に、永遠の救いに関してずっと昔にあなたから受け取ったことをかくも無頓着に無視していることか！　伝統的な発音の規則を学んだ者、あるいはそれらの規則を他人に教える者は、もしも hominem（「人間」の意）のh音を発音しない（ominem）ことなどがあれば、同胞である人を憎んだことであなたの教えを破った時よりもなおいっそう人々の顰蹙を買うことになるでしょう[11]。

教師たちが正書法にやかましく注意を払うのは、実際のところ、呼吸音の語源的な位置を全く理解しない一般の人たちから自分たちを区別することを意図していたからだろう。

しかし当時の碩学の中でも、単語の中での気音の存在や不在の原因について疑問を呈していた者たちがいた。アウリス・ゲッリウスは、アウグスティヌスよりも、気音が使われていた時代に二〇〇年近い文法学者だが、彼はこのラテン語の「文字」の疑わしい地位を完璧に意識していた。彼の著書『アッティカの夜』の中で、彼は一章を割いて、hが単語の中に現れる例を挙げている。彼によれば、これはまったく意味のない付け足しで、古代のローマ人が幾つかの表現に「力と活力」(firmitas et vigor) を与えようとしたものだという。彼はまた古代のアテネ市民に特徴的なアクセントについても取り上げている。

hという文字、または、こういった方が良いのなら、気息は、我々の先祖が、単語がより力強く、生き生きと聞こえるようにと、多くの単語の音を強調するために付け加えたものである。彼らはそれを、自分たちの好みに応じ、また、アッティカの言葉を真似ようとして行ったと思われる。他のギリシャ人たちとは異なり、アッティカ人たちが、単語の冒頭に来るh音を発音しつつ、例えば「魚」をhikhthunと呼び、「馬」をhipposと呼んでいたことはよく知られている。同様に、「涙」はlachrumae、「墳墓」はseplchrum、「ブロンズの」はahenum、「激しさ」はvehemens、「始める」はincohare、「呑み込む」はhelluari、「支離滅裂なことを言う」はhalucinari、「重さ」はhonera、「荷を積んだ」はhonustumと言われていた。これらの単語は、いかなる場合も、h音、つまり気音が現れることを論理的に正当化することはできず、いってみれば、少しばかり気合いを入れることで、音に力と活力を与える、と

いう以外には考えられないのである。(12)

意味論的には特有の「理由」を何も持たない書記素であるhは、アウリス・ゲッリウスの時代にはすでに、明らかに謎の存在となっていた。かつての帯気音の音素は、紀元二世紀にはすでに、説明しがたい呼気でしかなくなっていたのだ。

古代ローマ時代、そしてそれに続く時代の古典文法の権威たちがhを正書法の印としてこの文字を発音するものとしたので、かつての「帯気音」はローマ帝国瓦解に続く何世紀かの間も消えはしなかった。中世では、学校や大学の書き言葉の中に残っていた。そして、プリスキアヌスや、その後にはペトルス・ヘリアスのように、後にhの「文字」としての地位を否定する者たちでさえも、アルファベットの中にこの文字が存在すること自体に異議を唱えるには至らなかった。(13) hが直面しなければならない本当の脅威はもう少し後にやって来る。近代初頭、ロマンス諸語に適用された文法学の台頭と共に、「気音符＝spiritus」は突然、より批判的な検討の対象となったのだ。十五世紀半ば以降、イタリア、スペイン、フランス、そしてイギリスの文法学者、活版印刷工、教師たちは、この書記素を国家の正書法裁判に出頭させるために呼び出し、何度もhを根絶しようとした。イタリア人たちは最も過激な立ち位置を取った。つまり、ラテン語に対して俗語の権利を主張しようとした者たちが、いきおい、この古典的な記号に最も敵対する者たちとなったのだ。一五二五年に出版された正書法論『イル・ポリト』の中で、クラウディオ・トロメイは、書記素に可能な機能について詳細にわたって検討した後、最終的な判断を下している。彼はこう宣告する。「誓って、いかなる権力も、hをわれわれの文字として受け入れることを強制できない」[14]。そして、同年、ジョヴァン・ジョルジョ・トリッシノは、著書『文法上の不明瞭な点について（I Dubbi grammaticali）』の中で、hは「文字ではない」と指摘し、その論理に基づいてこう付け加える。「それは全く無駄な呼気記号である」（彼が提唱する改良正書法には次のように書かれている。nota di fiato totalmente oziosa）[15]。

フランス語とスペイン語の文法学者たちはこの古い帯気音にもうすこし手加減を加えた判断をもたらしたようだ。イタリアの人文主義者たちと同じように、彼らはもちろん、hが記号として特殊であることは意識していた。ジョフロワ・トリーは、『シャンフルーリーまたは真の文字配分に関する芸術と科学』という著書の中で、hを次のように特徴付けている。「それは母音でも、子音でも、無音でも、流音でもなく、それゆえ文字ではない[16]」。一五三三年に、シャルル・ド・ボヴェルは、革新的な著書『俗語とフランス語の多様性の差異についての書』の中で、同じ件に触れ、こう断言している。

> フランス人が発音するのを聞いただけでは（少なくとも耳から判断するなら）、homo（人間）、omen（全長）、habeo（わたしは持っている）、abeo（わたしは発つ）の単語の間の違いを少しも聞き取ることができない（これらは本来なら全く異なっているのだが）。目でそれらの単語を見ることで、耳ではほとんど区別できない混乱した知覚が助けられるのでもなければ[17]。

しかし、hを言語から排除するべきだと提案した文献学者はどこにもいなかった。スペイン語の最初の文法学者であるアントニオ・デ・ネブリハは、一五一七年に、著書『カスティリャ語正書法規範』の中で、この書記素の体系立った近代的な用法を正当なものとしている。彼は、hを十全に独立した文字だと見なし、この文字は、ラテン語においてかつて知覚可能だった気音を思い起こさせるという以外にも、近代の言語の中で少なくとも「三つの役割」を「担っている」と主張する。ラテン語においてのfがスペイン語においてはhで後継されたこと（例えば、facioという単語は近代においてhagoとなった）。hはまた多くの場合に、母音と子音を分離して読ませることに貢献している。例えば母音uの場合などが顕著である（「hがあるから母音として存在できるが、hがないとwとして読まれてしまう」huerto[uerto]のケースのように）。そして最後に、cのあとに置かれた場合、「hを使わずには表すことのできない、スペイン語に特有の音を示すことになる、例えば、muchoやmuchachoのように（現代の言語学では、硬口蓋接近音「ɥ」をあらわす）[18]」。

存在を脅かされたこの記号は、少なくともルネサンス期の英語にその擁護者を見いだすことになった。近代英語は古英語の気音の廃墟の上に建立されている。十六世紀に、近代のlはもっと古い形のhl-の地位を奪った。そうして、loaf（パン一個）は古英語のhlāfに取って代わった。かつてhn-が統べていた場所には、nが一人で身を落ち着けた。Nut（木の実）は、hnutuの近代的な綴りである。そして、古英語でhr-の形を取っていた場所には、rがただひとつで場所を占めることになった。そのようにして、Hrōfに代わってroof（屋根）が現れたのだ[19]。英語の文法学者たちは、hという文字によって記されていたこの呼気の名残を進んで棄ててしまうことは望まなかったにちがいない。英語の正書法の初期の専門家たちは、この書記素を擁護するために団結したからだ。一五六八年に英語の正書法についての最初の論『英語書記法改正論（De recta et emendata linguae Anglicae scriptione）』を出版したサー・トーマス・スミスは、「ギリシャ人に倣ってhを文字の元老院から排除しようとしている者たちが存在」(quidam nimium græcissantes, è litterarum tanquam senatu moverunt) し、hを「他の文字に置き換えた」者もいると明言している。この著者も、ネブリハのように、他の文字と同じくらいこの音について書き記している。「これを文字と呼んでも気音符と呼んでもいいが、いずれにせよ英語はこの文字をまったく自由に使用している」[20]。その一世紀後、一六六九年に、ウィリアム・ホルダーはやはりこの見解を共有している。彼は、hが文字の定義を満たすとは認められないと主張する権威者がいたとしても、英語の領域にこの文字が正式に、そして完全に含まれる正当な理由がある、と主張している。「hが複数の音を有益に区別するべく働いている限りは、この文字はアルファベットに含まれているべきである」[21]と彼は書いている。

ロマンス諸語において文法と正書法の規範が確立してからかなり経っても、この次第に弱まっていく帯気音の問題は、啓蒙思想においてなお無視できない役割を果たしていた。一七七三年に、クリスティアン・ヴォルフの弟子で高名な神学者のクリスティアン・トビアス・ダムは、『宗教に関する思索』という著作を世に問うた。ここで彼は、この書記素が幾つかの単語の中間部と最後の部分で使用されることに体系的な批判を行い、hがそこで言語の現実を少しでも反映しているとは考えられないと主張する。

人間の、普遍的で健全かつ実践的な理性は、わたしたちドイツ精神に、どうして、決して発音されることのない文字hが、無頓着で思慮の足りない三文文士やいわゆる説教師たちによって音節の間に挿入されることになったのかについて説明し、件のhを厄介払いしなければならない(abgeschaffen)

と主張することを、正統と認めている。というのも、これは無益で、根拠がなく野蛮な習わしであり、あらゆる外国人から見て、我々の国家の恥辱でしかないからだ[22]。

この議論が「件のh」の問題を越えていることは、ダムの論争の最後の文章が証明している。そこでは、このプロテスタントの神学者は読者を威嚇し、次のように宣言している。

いかなる者も、正書法においてこの取るに足らない文字hにたいして不誠実に振る舞うならば、それは普遍的で健全かつ実践的な人間の宗教の偉大な神秘と啓示に対しても、進んで不誠実で不正に振る舞っていることになるのだ[23]。

ダムの『宗教に関する思索』が現在知られているのは、彼の同時代の反対派が行った返答のおかげである。ヨハン・ゲオルグ・ハマンは、この書記素に対する侮辱を危機と感じて、hの防御のため急遽駆けつけた。同年一七七三年『文字Hの新たな弁明』を出版し、ハマンは彼が言うところの「正書法の決闘」(orthographischer Zweikampf) を申し込んだ。そして彼の敵が正書法の革新を提案するために引き合いに出した二つの理由、すなわち、hは発音されず、そして、そのためにヨーロッパの民の間にドイツ国家に対する軽蔑を否応なく引き起こしているという[24]、この二つの論拠はどう小さく見積もっても詭弁であると結論づける。そこから、ダムの提案は実のところ、「何の罪もない呼吸音に対する十字軍」、「言語の番人たちが何度も自分たちの文字の中に数えていた」存在に対する攻撃を隠蔽していると続ける[25]。このhの擁護者は問いかける。どうしてダムは他のあらゆる文字の中でも特にhを非難したのだろうか。そして、もしも、ある文字が、音を持たないことで非難されるのなら、二重の「l」、二重のs（または「ß」）、そして二重のtなどの二重子音もまた排除されるべきだろうと指摘する。(26) そして、ドイツ語の風景にこのような変化が起こった際には、当然、惨憺たる結果を引き起こすと推測している。「恐ろしい分裂だ。バベルの塔の崩壊の混乱さながら、文字は秩序を失ってしまうだろう」(27)。ハマンはまた、発音されないhがあるせいで「外国人」がドイツ人を「野蛮人」扱いしているというダムの意見も却下する。イギリス人、フランス人、ひいては古代ローマ人は、古代の時代から彼らにも同様に遺産として残されたhにたいして同じように「無責任」に振る舞ってはこなかっただろうか。

　この小冊子の最後で、hの擁護者は告白に移る。彼がhの支持者として闘ってきたのは、自分の利益に関係した複数の理由によるものであり、彼が説明するところでは、この戦いは職業上のものであると同時に個人的なものでもあったというのだ。ハマンはこの後、権威者として発言する。慎ましい学校の教師の面を被った時に彼が最も望んでいることは、幾つかの正書法の基本を、それを待ち受けている三つのクラスに伝えることに他ならない。この著者はそれに加えて、自分の洗礼名、Heinrichのせいで、この書記素には特別の愛着があるという。しかしながら、この筆名はもっと親密な愛着を隠している。というのもこの著者は、自分がそう認めているよりももっと、このhの問題に関わっているからだ。つまり、彼の名前が書かれているとおりであるならば、この思想家は真に「Hの男」ということになる。正確には、Ha-mannという名前は、ドイツ語では、文字を読んでも発音しても「H－男」を意味することになるからだ。もしかしたら、そういうことから、この論客はエッセイの最後のパラグラフで、被告人自身に最後の発言をさせてもいいと思ったのかも知れない。ハマンは、最後にこう書く。「この小さな文字hは、もしも鼻に少しでも息が残されていたら、自分自身で語ることができるだろう」。この擁護の書はこのように終わる、そして、補遺は次の言葉ではじまる。「Neue Apologie des Buchstaben H von ihm selbst（文字H自身による自らの新たな弁明）」。この帯気音は著者の言わんとするところを手短に要約し、自らの名においていらだちを隠さず自己弁護を展開する。ここで、h自身が次のように述べている。「わたしがあなたに、まるで使役馬のように、人間の声で、あなた方の罪を罰するべく語りかけても、驚いてはいけません。あなたたちの生はわたし、つまり、息、でしかないのですから！」[28]。

hという、長く、しばしば脅かされてきた存在に関しては、この擁護が最後というわけではない。hの多くの友のうちの一人を挙げるとするなら、ハマンから一世紀と少し後に、カール・クラウスは、この失墜した文字の哀歌をものしている。「ある一つの音の死についての哀歌（Elegie auf den Tod eines Lautes）」の最初の一節は次のような情熱に満ちた祈念を響かせている。「言葉の神がこのhを守られますよう！」[29]。十八世紀の擁護書は、この記号があるがままの姿で権利を主張する最初の著作であった。子音でもなく、母音でもない、古典古代の文法教育の黎明からそうであったような独自の存在、つまり、書かれた「息」。この、廃れてしまった記号を擁護する弁論の中で上がる声は——囁き声でしかないにしても——死んでいった文字群のうち最も有名な声に他ならない。つまり、それは、気音符＝魂 spirit の唯一の文字なのだ。このように言うこともできるだろう。それはあらゆる文字の魂なのだ、と。というのも、正当な権利を持ちその機能が尊重され、しっかりと確立している文字でさえも、その音が「有気音」の沈黙なしに展開できる記号は何もないからだ。どんな文字も、呼気と吸気の無の中に現れ、そして消えていく。hの文字は、自分の名からその文字を取り除いた詩人の詩句をパラフレーズするなら、言語の中にわたしたちの呼吸が残していった痕跡なのだ。[30] おそらくそのせいで、この文字はわたしたちを離れることができないのだろう。その現れと消失のリズムが、わたしたち自身の言葉の、不規則ではあるが不可避の呼吸の時間を刻むのだ。

第六章　流離の地で

一つの言語がすっかり忘れ去られてしまうということがある。そうして、ある言葉が死んだ、より正確には人々が別の新しい言葉を話しだした、と言われるようになる。廃れゆく定めの対象に回顧的な視点しか持つことのない、歴史言語学特有の知のありようを思わせる言い回しだ。しかし、人々が、一度は自分のものであった言語をそろって忘れ始めるとき、状況がそれほどはっきりしていることはほとんどなく、そこには様々なケースがあり得る。誰にも気付かれることなく忘れられる言語がある。そして、人々にとってもはや思い出でしかなくなった時点で、それをかつて話していた者たちの記憶に甦ることがあるかもしれない。とはいえ、どんな言語も、たとえ聖なる言語でさえも、凋落の運命を逃れることはできない。例えば、ヘブライ語の聖書を構成する唯一かつ多様なテキストの集成であるモーセ五書の言語は、後にヘブライ語に取って代わりシリア語と呼ばれる言葉に到る以前の様々な言語形態を含んでいる。シリア語とは、ダニエル書に現れるカルデア人が使っていたとされ、近代の文献学者たちが、ヘブライ語とは別の、しかし親族言語であるアラム語のことだと結論づけた言葉である。ヘブライ語に続く二つ目のセム語系言語であるアラム語、ネブカドネザルの相談役たちの言語であるばかりでなく、イスラエルの子孫を標榜する者たちの言語でもあったこの言語は、古代オリエントの民の生活において、その後、三つ目のセム語系言語に場所を譲ることになった。アラビア語である。

聖書の言語であるヘブライ語を失ったことにより、ユダヤ人は、神学が避けて通れない幾つもの問題と直面することになった。確かに、聖書は、少なくともその一部は解釈または翻訳されることが可能であったし、聖書の表現は、後に聖書の言語に続く諸言語に移し替えることができた。例えばタルムードの一節に、ただ一つの法的規範を解説するために少なくとも三つの言語が援用されていることを思い出すだけでいいだろう。また、タージュという、アラブ・ユダヤの文学の中でも歴史的重要性を持つ大著のことを考えてみてもいい。タージュとは、原語がヘブライ語のモーセ五書の数カ国語版で、アラム語訳はタルグムと呼ばれ、十世紀にはサーディアー・ガオンによって卓越したアラビア語訳が完成した。このアラビア語訳はヘブライ文字を使って記されているのだが、それにもかかわらず、ユダヤ人の聖書のこのアラビア語版の文体には、コーランに特有の言い回しや言葉遣いを様々な面で想起させるところがある。タルムードやタージュのような書物は、解釈学、注釈研究または文献学の技術を駆使し、一つの言語形態を他のそれと隔ててしまった時を遡ることを意図していた。二冊とも、一つの言語の歴史における様々な時期を切り離しつつ結びつける、忘却の幾つもの層を横断しようとしているのだ。

しかしながら、失われた言語のなかでも幾つかの様相は、再現するのが特に難しいと思われる。音声要素がその好例だ。早くから、聖なる言語の音声学はヘブライ語の文献学者の間で議論の的になっていた。彼らは主に、古典アラビア文法学の知識を受け継いでいた。とりわけ、音声形式が創作の母体となる言語分野である詩の規則を定義する段になると、議論は当然ながら熱を帯びた。ユダヤ人が元来使っていた言語が、他の諸言語のように詩を生み出すことができたと考える者にとっては、これは差し迫った問題だった。ヘブライ語の詩は、どのように書かれていたのか。聖書自体はおおまかな情報しかもたらさず、そこには、明確な詩法の原則を批評家や作家が引き出せるような部分は全く含まれていない。十世紀、モロッコ人の文献学者かつ詩人であるデュナーシュ・ハレヴィ・ベン・ラブラットは、独創的な案を打ち出した。彼は、イスラームの台頭以前にアラビア半島の詩人たちが使用していたのと同じ韻律を使ってヘブライ語で詩が書けるのではないか、と提案したのだ。もちろん、ベドゥインたちの使用していた韻律体系が、セム語系で最も古い言語に移植されるにあたっては、なにがしかの調整が必要だ。特に、ヘブライ語の母音体系は、古典アラビア語とはかなり異なっているし、アラビア語の幾つかの韻律は聖書の言語では再現不可能だということも分かった。しかし、それら幾つかの制約が解消しさえすれば、アラビア語の詩法体系はヘブライ語にも適用されうるということを、デュナーシュは自らが書いた詩作品によって証明したのである。古典アラビア詩に固有な十六のリズムのうち、十二のリズムは少なくとも韻律の「翻訳」が可能だという（そして、現在わたしたちの手元に残されているアラビア語からヘブライ語への作詩法の中でも最も充実した論を展開した、十五世紀のスペイン人文献学者サーディーア・ベン・マイムーン・イブン・ダナーンの主張を信ずるならば、残りの四韻律さえも聖書の言語に採用することが可能であるという[1]。

外国語のリズムを体系的にヘブライ語に適用することが、古代言語の番人を自称する者たちを仰天させたことは想像に難くない。十二世紀のスペイン人哲学者で詩人のイェフダ・ハレヴィは、『ハザールの書』の題でも知られている『虐げられた宗教の擁護』の中で、アラビア語の韻律がヘブライ語に使用されたことにより、聖なる言語は廃語の位置へと引きずり下ろされたとまで言っている（とはいえ、それ自体がアラビア語で書かれているこの主張を、この論の著者自身のものと推定してよいものか、ためらわれるところだ。というのも、ハレヴィは彼自身、アラビア語の韻律をヘブライ語に適用した比類のない書き手のうちに入るからだ[2]）。アラビア語の詩法体系の適用は、デュナーシュが提案するやいなや反対意見にあったのである。特に、スペイン人の偉大な文法学者かつ語彙論研究者、メナヘム・ベン・サルークの弟子たちは、この画期的な案に対し強硬に反対した。メナヘム・ベン・サルークは十世紀末に聖書ヘブライ語の初めての辞書を著し、デュナーシュはその業績に対し、文献学的に容赦のない幾つもの「応答《ツュヴァ》」をしている。自分たちの師匠が批判されたのを救うべく、弟子たちはこのライバル文法学者の「応答」にもう一つの「応答」集をもって応え、そこで彼らはデュナーシュによって提案された作詩法体系と彼が書いた詩を、デュナーシュがしたのと同じくらい容赦ない批判に晒したのである。『デュナーシュ・ハレヴィ・ベン・ラブラットに対するメナヘムの弟子たちの応答書』は、デュナーシュの詩の中に見いだされるあらゆる破格語法を一つ一つ取り上げたリストから始まっている。そして、弟子たちはこのような言葉を投げかける。「これらの例からしても、あなたの論の誤謬、あなたの詩の信憑性の低さは明らかであるというのに、アラビア語の韻律がユダヤ人の言語に適応されるなんてどうしたらあなたは主張できるのでしょう」[3]。

この序説での思索を通じ、メナヘムの弟子たちは、これらの語彙や音声、文法についての論争をどうしてこの論敵と始めたか、究極的な理由について問いを投げかける。答えは分かり切っている。ヘブライ語のアイデンティティそのものが俎上に載せられているのだ、と彼らは説明する。というのもヘブライ語のアイデンティティは長い間彼らのもとを逃れてしまっていたし、十四世紀プロヴァンス地方の思想家ジョセフ・カスピが繰り返し主張していたように、「わたしたちの言語は失われている」[4]からだ。このような事実が、中世の文法学者たちにとって重大な意味を持っていたのは明らかだろう。聖なる言語の運命と、その言語をかつて託された民の運命とを切り離して考えることがどうしてできるだろうか。弟子たちはこう言う。ユダヤ人は彼らに与えられた土地から放逐されたが、それと同じ理由で自らの言語をもまた忘れてしまったのだ。彼らにはその資格がなかったからだ。彼らの流亡は単に地理的なものではない。それは言語的なものでもあって、神がそれを使って民に話しかけた音から彼らは決定的に切り離されている。「神による追放」をヘブライ語で意味する「ガルート」という特殊な用語を用いて、彼らはこのように書いている。

わたしたちが我らの土地から砂漠へと追放されずにいたなら、平和な地で安全に暮らしていた古代のように、わたしたちの言語を保持していただろう。わたしたちは、自分の言語をどんな細部に至るまでも把握し、韻律を知るために言語の境を侵犯する必要などなかったろう。それぞれの民の言語は固有の韻律と文法を持っているのだから。しかしわたしたちが流亡の旅に出た日から、犯した罪の重さに釣り合うかのように、わたしたちの言語はこの手から失われた。わたしたちの罪科に見合うかのごとく、この言語は我々のもとから隠されてしまったのだ。わたしたちの言語がかつて持っていた豊かさは、封じられ、覆い隠された。わたしたちの言語は消え去ったのだ。もしも神が自らの民の追放を鑑みて奇跡を起こしてくださらなかったら、現在残されている僅かな痕跡もとっくに消え去り、消滅していたことだろう。(5)

言語が流離を強いられるとはどういう意味だろうか。自分の土地から追放された個人や民について語られることはより一般的である。そういった場合に、言語がその運命に巻き込まれることはあり得るだろう。例えば、亡命作家のように。ヨシフ・ブロツキーはあるテキストでそうした忘れがたい描写をしている。「亡命作家とは、宇宙カプセルに入れられ、宇宙に放り出された犬や人間のようなものだ（人、というよりはむしろ犬だろう。カプセルは決して地球に戻されることはないからだ）。カプセルは亡命作家の母語である。この隠喩を徹底させるなら、付け加えなければならないことがある。カプセルに入れられた人は、それが地球に向かっているのではなく、地球から遠ざかっているのだとすぐに気付くのだ(6)」。

しかしながら、中世の文法作家たちによって描写された状況はより込み入っている。追放されているのは特定の作家ではなく、言語全体だからだ。ブロツキーの隠喩を借りて言えば、そのカプセルは誰も乗せることがない。犬さえも。入れ物と中身を区別することはできない。なぜなら、ヘブライ語全体が自らの神話的な土地を離れ、その場合乗組員と宇宙船は一体化しているからだ。亡命作家と、流亡言語の違いはそこにある。前者は、故国にまだ住んでいる者たちによって「引き戻される」のを夢見ることができる。たとえその希望が、ブロツキーが書いた、暗示に富んだ括弧内で、「戻されることはない」と付け加えられているように、裏切りに終わるものであっても。しかし後者の場合は、放逐はもはや取り返しがつかない。言語に「現在残された僅かなもの」は追放されたままだろう。「豊かさ」が永久に失われてしまった土地への帰還はあり得ないのだから。

メナヘムの弟子たちは、もはや失われてしまったと自分たちでも意識している言語の純粋性を擁護するというむなしい意志に突き動かされていると見なすことができるだろう。そして実際に、この熱心な文法学者たちは、後に、自分たちがあれほどまでにやっきになって妨害しようとした文学の開花にうち負かされることになる。彼らの「応答」が流布されてから一世紀も過ぎないうちに、スペインでは、アラビア語の韻律に基づいて作られたヘブライ語の詩集成が現れるからだ。その美しく卓越した複合性は、すでに、あらゆる形で言語の枠が外され、ヘブライ語文学の歴史にやってくることを先触れしていた。それは例えば、カンソやソネットのような、ロマンス語の詩形式で書かれた中世・ルネサンスのイタリアまたはプロヴァンス地方のユダヤ人の詩に始まり、後世、東欧のユダヤ人が、自分たちが話していたスラヴ語やゲルマン系言語から借用した強勢アクセント韻律で書いた詩にまで至ったのだった。しかしながら、この弟子たちは、それ以前もその後もほとんど気付かれなかった点を把握していた。言語もまた、故郷から放逐されることがあり得るということ、かつてその言語が保持していた豊かさがあらかた消え去った後も——あるいはそうだからこそ——聖なる言語であり得るということ。ヘブライ語詩の「黄金期」が、この言語での詩を初めて生んだ祖国から書き手たちが完璧に遠ざかってしまった後の、イスラーム時代のスペインにおいて出現したことはたぶん偶然ではない。流離こそがおそらくは言葉の祖国だからだ。そして、言語を忘却した瞬間にはじめて、言語の秘密にたどり着けるのだから。

第七章　行き止まり

時として、言語が、この先は言語でなくなる境界にたどり着くと思われることがある。そういった時、わたしたちは、生物に対して使う用語を用いる。つまり、「死」である。この用語はあまりにも広範に使われているので、元々は何のメタファーだったのかを正確に見つけるのが難しい。いかなる意味で、ある言語が「死んでいる」と言えるのだろうか。この表現は比較的最近になって現れたので、西欧の言語にまつわる思索に貢献した文化にはほとんど知られていなかったようだ。例えば、プトレマイオス期のアレクサンドリアの哲学者や文献学者たち、「文法術」（Τέχνη γραμματική）の創案者たちは、ホメロスの使っていた言葉や、アッティカ方言を「生きている」とか「死んでいる」という言い方で形容しようとは思いもつかなかっただろう。そして、ドナトゥスやプリスキアヌスが、先人たちがギリシャ語について行ったのと同様にラテン語の体系的な描写を初めて練り上げた時、二人とも、今日ではよく使われている生物学的な用語を用いることに考えていない。また、イスラーム古典文化においても、「文法」（naḥw）という用語を包含する分野では、「生」や「死」といった用語の使用がそぐわない対象、つまり、コーランで使われている模倣不可能な「明瞭なアラビア語」（al-ʿarabiya al-mubīna）が扱われていた。それはアラブ文学の弁舌（al-luġa al-fuṣḥa または al-luġa al-faṣīḥa）の主要な規範となった言語でもある。聖書の言語の衰退を記録していたユダヤ人の文人たちは、だからといって言葉を死にゆく定めの生き物として描写することは決してできなかっただろう。というのも、ヘブライ語は彼らにとっては「聖なる言語」（lashon ha-qodesh）であり、死んで消滅する運命にある生き物とは本質的に異なっているからだ。人間たちが聖典の言葉を忘れることはあり得るが、この言語が自らの過ちで消え去ることはあり得ない。それを証明している注目すべき著作がある。十二世紀のスペインの作家、アル＝ハリジの著作、『英知の書（Tahkemoni）』の寓意に満ちた序文では、聖書のヘブライ語が人間の形を取り、詩人に、このユダヤ人たちの言葉をアラブ人の言葉と同じくらい雄弁にしてくれるように頼む。ヘブライ語は、この言葉を託された民が自分をおろそかにしていることを嘆くが、とはいえ失われることのない形を保持し続けている。堪え忍ばなければならなかったあらゆる迫害にもかかわらず、ヘブライ語は美しいまま、永遠に「英知の娘」、「太陽のように純潔な処女」であり続けるのだ。[1]

いつからいかなる事情で、言語について語る際、言葉が死ぬことがある、などと考えるようになったのだろうか。ホラティウスが『詩論』の中で、言語の諸要素を有機的な成長と衰微の用語で描写し、「単語」（vocabula）を、枝から生え、落ちる木の葉に例えている事実が指摘されている。[2] セビリャのイシドルスは、『語源』の中で、ラテン語の歴史を明確に区別できる四つの時代に分け、それを人間の生の各年代に比較している。すなわち、prisca（初期）、Latina（ラテン期）、Romana（ローマ期）そして mixta（混交期）である。[3] とはいえ、ある言語に関する表現が、わたしたちが今日知るような、出現と衰退の用語を借用して語られるようになり、言語に固有の時間と死すべき人間の時間の流れとが完璧に同化するようになるには、イタリア・ルネサンスを待たなければならない。この時期から、言語に関して生と死のメタファーが使われるケースが一気に増える。初期の一例として、ロレンツォ・デ・メディチの、ラテン語とイタリア語との比較に関する文章がある。それによると、この俗語は「幼年期」を経た後、現在は「青年期」のとば口にあるが、いずれは「青年期」を経て成人に達することが約束されている。[4] 一五四二年、スペローネ・スペローニの『言語の対話』の中で、ピエトロ・ベンボは「近代言語」を「短く、か細い枝」と紹介し、そしてこう語っている。「花を咲かせたばかりなのだから、果実はまだ実るはずはないだろう」。そして、彼は近代と古典古代の二つの言語を対比し、後者はすでに「年を取り」「死んでい」て、実際には「もはや言語ではなく、単にインクと紙にすぎない、とした。[5] この宮廷詩人はさらに論を進め、ラテン語は「冷たく」「乾ききって」しまった「聖遺物」にすぎず、もはや口をつぐむのがふさわしい、と断ずる。[6] そして、俗語を擁護するこの書の中で、わたしたちは初めて言語の死を確認する文章に出会う。コルティジャーノはやはりこの本の中で、ラテン語に関して「この偶像を崇拝したければすればよい。しかし、この言葉では語ることはできず、発音したとしてもそれが死んだ言葉であることには変わりなく、話せたとしてもせいぜいあなたたちの間でだけなのだ。わたしたち無知な者たちには、神がくださった言葉をこの口で、妨げられることなく話させておいてほしい[7]」。

スペローニの後、この生物学的なメタファーは頻繁に使われる用語となり、何十年か後にはすでに、古典語と近代語の類似と差違についての思索において重要な役割を果たすようになっていた。ジョアシャン・デュ・ベレーは、一五四九年に『フランス語の擁護と顕揚』、国民語としてのフランス語の歴史の中で評価してしすぎることはない重要な著書の中で、その論の展開のあらゆる段階でこの表現に頼っている。スペローニと同様、デュ・ベレーは俗語を植物の開花時と見なし、その反対にラテン語は「つけるべき実をすべてつけてしまった」老木だと考えた。ベネデット・ヴァルキが一五七〇年に出版された著書『エルコラーノ(l'Ercolano)』を執筆していた時代には、すでに、死語とまだ生きている言葉との違いには普遍的な部分があり、それは「分節」言語(または書かれた言語)と「非分節」言語(または書かれない言語)の違いと同じだとした。「言語の分離と表現」の問題について割かれた章では、半世紀前にスペローニが提案した区分を採用しつつより複雑にした次のような文章が見られる。

言語の中でも、生きている言語と生きていない言語がある。生きていない言語には二種類ある。完全に死んでしまっているもの(morte affatto)と、まだ半ばは生きているもの(mezze vive)である。[8]この、言語を生死によって分類するやり方には、幾つかの段階があるというわけだ。ヨーロッパのロマンス諸語は生を謳歌しているが、エトルリア語などの古代言語は「完全に死んでいる」。他の、もう一般には話されなくなっている言語は、しかしながらまだ使用に耐えている。それが、ギリシャ語、ラテン語、古オック語であり、これらの言語は死と生の間という奇妙な状態に置かれている。

この新しい分類法は、かつてその分類法に結びつけられていた言語に適用されるばかりでなく、やがて、あらゆる言語が生きているか死んでいるかで形容されることになった。十六世紀後半には、それを全く覆すような現象が生じる。あらゆるロマンス諸語のうち、最初に生きている言語として認められたイタリア語が、いきなり「死んでいる」と形容されることになったのだ。一五九九年に書かれた手紙の中で、ベルナルド・ダヴァンザーティは、俗語の擁護者たちがイタリア語を正当化するために練り上げたレトリックを覆す。彼は、この世紀の初頭には栄誉を受けていたイタリア語、他ならぬ彼自身がこの手紙を書いているこの言語は、もはや古典古代の他の言語と区別がつかなくなってしまった、と指摘する。彼が言うには、

> 我々は、我々固有の生きた言葉（lingua nostra propria e viva）ではなく、もはや話されることなく、死語を学ぶように習得されるこの共通イタリア語で書くようになった。フィレンツェの三人の作家「ダンテ・ボッカチオ・ペトラルカ」が、その中では全てを語ることはできなかったこの言葉で。[9]

人文主義者たちが、このメタファーがこれだけ好評を得ることを予測していたとは考えにくい。この生物的な比喩は、ルネサンス期に最初に現れてから影響力を強め続け、こう言うことが許されるなら、ある言語の死という考え自体をますます生き生きとしたものにした。現在のわたしたちにとって、あらゆる言語が定義上は死んでいたり生きていたりすると断言することは、あまりにも自明だと思われるだろう。学術的な正確さを伴って「言語の死」と名付けられた現象に割り当てられた言語学の研究領域が存在するのだからなおのことだ。その言語の死と生の境界の間に、研究者たちはさらに、言

語が廃用となるまでの様々の段階を設けたが、それは、十六世紀、十七世紀の学者たちが想像し得たどんな区別よりもはるかに細微に亘るものであった。ヴァルキは言語が「半ば生きている」という状態を定義するに留まったが、現在の社会言語学者は言語が衰亡にいたるまでの様々な段階を区分けすることに全力を尽くし、幽霊的言語に様々な役割を振り分けた。三分割の分類は単純すぎて、言語の衰亡の様々な多様性を正当に扱うことができないという点で多くの学者たちの意見は一致していた。この見地に基づき、マイケル・クラウスは一九九二年に「危篤の」言語という、成功の約束された概念を導入した。この概念は消滅の危機にある言語に適用され、例えば、ある共同体で、成人たちはなおその言語を話しているが、子供たちに継承されていないという際に用いられる。[10] 同様な理由から、他の学者も「消滅の危機にある」言語をより細かく二つに分けているが、それは「消滅危惧」言語と、まさに「消滅寸前」の言語である。[11] この主題に関する多くの出版物の中に、言語の運命に関して一層細かい分類を見いだすことも容易だ。例えば、衰弱した言語には、はっきりとした少なくとも四つのタイプがあり、それぞれが抱えている「病」の症状に従って等級がつけられるべきだという議論がある。すなわち、「消滅の危険がある」言語、「消滅危惧」言語、「消滅の段階の進んだ」言語、そして「消滅寸前」の言語であって、これは「ほんの一握りの正確な話者しか残されておらず、しかもそのほとんどが大変な高齢者」である場合を指している。[12]

この「消滅が危惧される」言語について、しばしば論争的に語られる多くの文献から窺えるはっきりとした印象は、多くの作家たちが、現代は言語の消滅が加速している時代だと考えている、ということである。二十世紀末の最後の十年間に、憂慮すべきだと考えられているこの現象の改善を目的として多くの組織が設立された。これは国別の機関もあれば国際的な機関もあり、政府主導のものや非営利組織のものもあるが、そのどれもが、地球全体が現在、今後「単一言語のミレニアム」(the monoglot millenium)を生きるかもしれないという脅威にさらされていると見なしている。一九九三年の十一月にはユネスコが公式に「危機に瀕する言語支援プロジェクト」(Endangered Languages Project)設立を宣言した。その二年後にはアメリカ政府は自ら「危機に瀕する言語支援基金」(Endangered languages Fund)を立ち上げ、その設立宣言では、悲壮なトーンで、世界中の言語学者に直ちに協力するよう呼びかけた。

歴史を通して常に言語は消滅してきたが、現代ほど、地球全体を脅かすレベルでの大量の消滅に立ち向かわなければならない時代はない。わたしたちは「言語の専門家たち」(language professionals)として厳しい現実に直面している。わたしたちの研究対象のほとんどは、来たる世代にはすでにアクセス不可能になっているだろう。わたしたちは、多くの民族の文化遺産が散逸していくのを目の当たりにしている。後代、わたしたちは手をこまねいてこの状況を見ているだけだった、という非難を甘んじて受けるのだろうか?(13)

それにつづいて一九九五年イギリスで設立された「危機に瀕する言語基金」(Foundation for Endangered Languages)によるレポートは、この現象の増加と深刻化を強調し、人類の歴史における「破滅への転換点」(Catastrophic inflecion point)にあるとしている。

この状況を憂慮してきた言語学者たちは、世界の言語の半分以上が消失寸前にある、すなわち、若い世代にしかるべく受け継がれていないという点で一致を見ている。わたしたちの子供たち、そしてわたしたち自身が、人類の歴史の中でも、あと二世代もしたら、世界の言語のほとんどが消えてしまうだろうという時代に生きているのだ。[14]

このような状況にあって、生物学的、植物学的、そして動物学的なメタファーが持つ意味についての明確な理論を、この分野で見いだすことはほとんどない。そして、それも理由のないことではない。現代のある学者は、「今に至るまで、言語の死についての理論は存在しない」[15]と指摘している。個体や、ある種全体に使うのと同じ意味である言語が「死ぬ」と言うことができるのは、これらの研究の全体がある本質的な前提の上に立脚しているからのように思われる。この前提は力説されたりされなかったり、しばしば言及されたり、ほぼまったく言及されなかったりという違いはあるが、その前提自体が問題とされたことはなかった。『消滅する言語』という、この新しい分野についての最近の手引き書は、大げさな声明で始まっていて、その言い回しは明快であるものの、内容は漠然としている。著者はこう述べている。「言語の死は現実に起こっている」(language death is real)[16]。それに続く文章も、この謎めいた文章を解く手がかりにはほとんどなってくれない。というのも、著者は、言語と生物を同一視するのは適切である、と繰り返し主張するばかりで、その説明がなされないのである。

「言語の死」という表現は、この不快な言葉が他の文章で現れた時と同じくらい、暴力的で決定的な響きを持っている。ある言語が死んだと言うことは、一人の人間が死んだ、と言うのと同じようなものだ。他の表現はあり得ないだろう、なぜなら言語は人間なしには存在しないからだ（It could be no other way - for languages have no existence without people）[17]。

このような理屈に欠陥を見つけるのは難しくはない。この理論を推し進めれば、間違いなく、言語の死に関する専門家たちがやすやすと受け入れるとは考え難い一連の命題を包含することだろう。すなわち、「人間なしには存在しない」のだから、ピルエット〔バレエのつま先での旋回〕や、タブー、アルペジオや標準時間帯も、人間と同じように生まれたり死んだりする、ということになってしまうのだ。

しかし、言語の死の信奉者にとっては、いずれにしてもこの現象の理論的、そして実践的結果は歴然としている。言語の生と死の専門家が、自分の研究対象である言語の病因を明らかにする役割を担っているのだ。その原因は幾つかのタイプに分かれる。自然災害（噴火、地震など）、地政学的事件（亡命、大量虐殺など）、そして外国語によるメディアの普及などテクノロジーによる要因があるが、これは、生物学的メタファーを身につけたある社会言語学者によって、「文化的神経ガス」と名付けられたことがある。また、定義するのがさらに難しい、心理学的・社会学的な多様な要因があり、それは、話者が自分たちの言語に対して「信頼を欠いて」いる場合に、専門用語で「言語的自死」[18]と呼ぶ行為を引き起こすと思われている。このような病因学に基づいて、専門家は治療法を提案するのだが、客観的にはその効果は疑わしい。その分野の論文には、病んだ言語を話す人たちの権威や力、富が実際に増大している、という例が挙げられている。楽観的な著者の言葉によれば、消滅が危惧される言語を書きとどめることを促進し、インターネットのような電子テクノロジーにその話者を紹介することによって、「地理的な状況に依存しないアイデンティティを今後提供してい」き、そうしなければ消失してしまう話者が「自分の言語的アイデンティティを、自分の近親者、友人や同僚と、世界のどこにいても分かち合う」ことが可能になるのである。[19] 何人かの専門家に言わせれば、このようなテクニックは、例えば国家のような大規模な政治機構の支援なしには効果を上げない。言語の健康保持は、民衆の身体の健康を維持しようとする行政の一環であるべきだと断言する社会学者たちもいる。言語学的現象と生物学的現象の同一化のもたらす結果はこの時深刻なものとなる。

デイヴィッド・クリスタルは、生物、言語、政治に相互に関連するプログラムを考案し、こう語っている。

> わたしの考えははっきりしている。医師たちが、自分たちの患者の肉体的健康を保持するという最重要目的のために処置を行うのと同様、言語学者たちも、消滅危惧言語を話す者たちの言語的健康を維持するという最重要の目的のために行動しなければならない。[20]

言語の死をもたらすと考えられている現象は多様で、言語学者たちが受け入れ得るレベルを越えて困難なものであることが多い。幾つかの例を挙げるだけで、問題の複雑さは見て取れるだろう。一九九八年、「危機に瀕する言語支援基金」の第二回会議の際、オレ・スティグ・アンデルセンは、「ウビフ語の埋葬」という講演を行い、近年消滅したある言語について公式報告めいたことを試みている。

アンデルセンは「言語の死」というテクニカルタームを用いてこうはっきりと宣言している。

西コーカサス言語のウビフ語は一九九二年十月八日未明に死語となった。それは、最後の話者であったテヴフィク・エセンチが亡くなったからである。わたしは丁度この日、この有名な最後の話者にインタヴューを行うために、前もって連絡を取らず村を訪れていたところだった。しかし、そこで聞かされたのは、彼がほんの二時間前に亡くなったということだった。彼はその日のうちに埋葬された。(21)

「言語の死」の研究が現れる半世紀近く前に、イタリア人の文献学者ベンヴェヌート・テッラチーニは、フランス・プロヴァンス地方の谷、ヴィウの住人たちがかつて話していたイタリア語方言について、同様の歴史上の出来事を紹介している。テッラチーニは、この方言が、この谷周辺の山岳地方の方言にはほとんど全く似ていないことを指摘した。そして、この方言は、歴史的にはこの地域に属するのではなく、イタリア北部にある別の地域、東部ピエモンテの言葉から派生したものであり、それは、その地方の炭坑夫と鍛冶屋の小集団が、サヴォア公爵によって十三世紀にこの谷に送り込まれたためだとしている。(22) 彼は以下のように書いている。

わたしが初めてここを訪れた時、人々はわたしに、この地の古い習慣に基づいて話すことのできるほとんど唯一の、そして最良の語り手だと考えられている一人の老人を紹介した。この老人は、その方言をただ話せるばかりではなく、この言葉についてよく知っており、コレクターとしての情熱をこの方言に捧げてもいるのだった。彼は質素な自宅の敷居に座り、慎ましい人生の思い出を生き生きと思い起こし喜んでわたしに語ってくれたが、民俗に関わる部分や、この集落の起源や歴史に関わっている挿話もあった。例えば、この礼拝堂は誰それの一族が建てたものだとか、山の上の方、あの場所で、自分の先祖がかつてあちらの方にある他の谷の民を打ち負かしたのだとか（…）。彼はしばしば、今自分が話している母語を若い世代が忘れてしまったことを嘆き（そしてわたしはそこに彼の誇りが現れるのを見た）、わたしはこのことから、自分が確かに今この小さな共同体の言語の最後の体現者を前にしていることを理解したのだった。(23)

言語の消滅に関するこのような物語は二十世紀以前にも見いだすことができる。それらの物語は、まさに、その詳細さ故によく知られている。例えば、ジョゼフ・ヴァンドリエスは、ごく狭い地域のロマンス語方言であるヴェリア方言が、最後の話者であるアントニオ・ウディナが七十七歳で事故で海に落ちて溺死した日、一八九八年六月十日に決定的に死語となったことを伝えている。そして、十八世紀のある学者が伝えることを信じるならば、コーンウォール語が地上から消え去ったのは、一七七七年十二月二十六日にミセス・ドリー・ペントリスが亡くなり、ケルト語属のこの消滅しかけていた一言語を道連れにしたときである。近代の学者たちよりもさらに遡れば、ネンニウスはすでに、言語が突然消滅することについて典型的な物語を書いていた。それは近代の報告と同じくらい正確であり、それよりはるかに気が滅入るものである。この歴史家は、ラテン語で次のように書いている。

ブルトン民族は、最初にアルモリカに着いた時、そこに住む男たちを全て殺戮し、ただ女性と子供は生かしておいた。しかし彼らはその後、生き残った住民全ての舌を切り落とした。そうすることで、アルモリカの女性たちとの結びつきで生まれた子供たちが、父親の純粋なブルトン語だけを話すようにしたのである。[24]

これら複数の物語から、作り話的な部分を無視することは不可能だ。それは最後の挿話に特にはっきりと現れる。そこでは、極度の暴力的行為だけが一つの言語を地球上から消し去ることができるのだ。おそらくこれらの物語は、言語の終焉についてのフィクションに他なるまい。それは、ある言語が本当に消滅したと、どうしたら確信できるのか、という解決できない恐れがある問題に対して、ただひとつの可能な答えを引き出すためのフィクションなのである。確かに、これらの物語の目的は、言語の死亡診断書に必要な資料を提供することにあるのかもしれないが、これらの資料自体が、幾つもの読みを許してしまっている。

ある言語学者は、「ウビフ語の埋葬」のアンデルセンの説明について解説し、現実はアンデルセンの主張とは異なっていたのではと指摘している。

本当は、ウビフ語はテヴフィク・エセンチが死去するずっと前にすでに死んでいたのだ。ある言語の最後の話者が一人しかいない時、言語を伝達の道具と考えるならば、その言語はすでに死んでいる。[25]

そうなると、言語の死は思ったよりもさらに複雑になるだろう。この言語の死は公式な死亡確認よりも前に起こっていたことになり、そして、件の出来事が起こった日には、実際には何も起こっていないことになるのだ。ヴァンドリエスは、コーンウォール語の消失がミセス・ペントリスの死亡において具現化していることにも同様の問いを投げかけている。

神はその恩寵によって、ドリー・ペントリスに稀にみる長寿を与えた。彼女は百二歳の誕生日を過ぎるまで生きた。もし人の平均寿命で考えるなら、コーンウォール語はもっと早く死んでいて当然だったのだ。それにしても、コーンウォール語は彼女の死の瞬間に本当に死んだことになるのだろうか。老いたドリーはこの言葉を話すただ一人の人間だった。しかし、言葉を話すには少なくとも二人の人間が必要だ。コーンウォール語は、彼女に返答できる最後の人間がいなくなった日に消え去ったのだ。[26]

対照的に、テッラチーニは逆の意味での過ちを犯したことを認めている。彼が会話をしたヴィウの谷の老人の死後も、この、弱々しく老いさらばえた個人言語は生き延びたのだ。最初は、この方言を話す「最後の代表者を目の前にしている」と思い込んでいたこの言語学者は、自分が間違っていたことに気づく。実際のところ、言語の消滅を確認するのは困難である。テッラチーニは、この言語が苦しんでいる病気はいずれにしても致命的なものだと確信しているのだが。しかし、彼はこうも認めている。

わたしは間違っていた。十年後、わたしはこの村を再び訪れる機会があった。わたしの会った老人は死んでいて、彼と共に、彼の物語はことごとく永遠に埋葬されてしまったのだ。にもかかわらず、この、幽霊のような言語は生き続けていた。わたしは、この老人の努力が、彼の孫たちや生徒たち

（彼らは老人を「マエストロ」と呼んでいた）の間に、一種の再生を実現しているのを認めた。それはまるで、歴史によって消失を余儀なくされた生が最後の跳躍を試みたかのようだった。いつそれは起こったのか。わたしには分からない。しかし、同じような苦悩が引き延ばされても、ある時がくればこれを限りと止んでしまうように思われる。(27)

どの「ある時」に、幽霊言語は最終的な終わりにたどり着くのだろうか。この文献学者は、その時期を見定めることができなかったことを認めている。しかしだからといって、いずれは最期が来ることを彼は疑おうとはしない。決定的瞬間を捉える試みは、それがどれほど決然としたものであったとしても、失敗する運命にあるという印象は避けがたい。実際、このはかない瞬間を同定したいと望んでいる専門家たちは、結局、言語が消えた後の時間を示すことしかできない。テヴフィク・エセンチの死しかり、ドリー・ペントリスの死しかり。または、言語の死に先立つ時間、ヴィウの谷の、テッラチーニの年長の友人の死のように。臨界点は常に逃れていく。決定的な消失を書き留めようとする学者たちの努力に言語自身が抗っているかのように。言語の死亡証明書を作成するのは容易なことではない。そしてもっとも正式な死亡証明書でさえも、それが示しているのは件の言語についての何かであるよりも、その証明書を発行した係官の確信なのだ。ある言語が死んだということを立証する試みは、良かれ悪しかれ言葉とはほとんど関わりなく、むしろ、言葉の守護者たらんとするものの欲求によって維持されているからだ。その守護者の多くは、言語が永遠の眠りにつき、墓に埋められ、そこから戻ることは決してないことを確認したいのだ。あらゆる死亡証明書は、その発行者の言語で書かれているが、言語学者たちが記す言語死亡証明書もまた例外ではなく、常に、専門家たちが知りたがらないことから目をそらすための配慮をしている。それは、言語には終末はないかもしれず、言葉が留まったり消えたりする時間と、人間の時間とは異なっている、ということなのだ。

第八章　閾

言語の領域では、天変地異はほとんど起こらない。言語が「アトランティスの言語」のような運命に遭遇し、海に沈んだ伝説の大陸と共に、永遠に姿を消してしまうことは、まずない。たいていの場合、言語の終焉は突然ではなく段階的に訪れる。ほとんど気づかれないうちに起こるために、その終焉はいっそう決定的なものになる。例えば、ヘブライ語はいつアラム語になり、古代ローマの路上で話されていた口語ラテン語は、いったいいつ、わたしたちが「イタリア語」と呼ぶ言語になったのだろうか。言語の死の年代を正確に推定しようとしている言語学者でさえも、言語の誕生については意見の表明を躊躇する。ある言語が終わる時期を正確に示すことが可能であれば、言語が始まる時期を同定することも可能であっていいはずなのに。それは、言語の始まりに関して、歴史の中で記されるべき大きな出来事はほとんどなく、あったとしてもそれらは、本来の意味での死よりもむしろ変容に属しているように思われるからだろう。最も頑固な「言語の死」の支持者であっても、この事実を否定することはできない。テッラチーニは次のように指摘する。全体的に見ると、死ぬ言語とは、「他の言語に変容する言語のことである」(1)り、ヴァンドリエスは、この変化は一般的に非常に長期にわたるとしている。「ひとつの言語は死ぬまでに長い時間がかかる」(2)。より詳細に見ると、言語の終わりはただ一瞬というよりも、何世紀にもわたって起こる変遷である。多くの場合、これが死の瞬間だと人がいう時、それは出来事ではなくて、ひとつの閾であり、それを通じて、あらゆる言語は、不可避の「ある言語体系から他の言語体系への通過」を通して、最終的には消滅することを強いられるのだ(3)。

しかしながら、この閾が正確にはどんな性質を持っているのかという問いは、言語史家に重大な困難をもたらし、その答えは理論的にも実践としても得られていないことが多いように思われる。ある研究者は、この問題の専門家が試みた挑戦を、ホメロスの『オデュッセイア』の主人公が、第四歌で、変幻自在の海の神プロテウスの姿を見定めようとした時のことに例えている。一瞬ごとに人間の観察者の眼を逃れ、獅子や蛇、巨大な幹の樹木にまで変身する姿をどうやって捉えることができるのだろうか(4)。問題は、言語が、この神話の神のように絶えず変容しているというだけではない。言語の変化は留まることなく続き、そのために、言語の変遷において、一つの形から他の形へと移行する瞬間がはっきりと示されることはあり得ないのだが、さらにそれ以上のことがあるのだ。言語の分野で、形を変える身体はどこにあるのだろうか、そして、何がその手足に当たるのだろうか。十九世紀に歴史言語学が登場した時、種の進化についての新ラマルク説から論理を借用していたことが指摘されている。つまり、言語という生き物は、生物がその解剖学的特徴を変えることで進化してきたように、時と共に変化していると考えられていたのだ。この学説の創始者にはこの仮説が魅力的に思われたのかもしれないが、この二つに相応関係があると考えることにはほとんど意味がない。理由は簡単で、言語には手足も他の器官もないからだ。ベルナール・セルキリーニは以下のように鋭く観察している。

言語には、有機システムの内部に位置する要素である鰓《えら》も鰭《ひれ》も翼も全くない。あるのはただ不均質な領域(統辞、語彙、意味など)であり、そうした領域そのものが、複雑で独自の歴史を持っているのだ。(5)

メタモルフォーズの過程を跡づけるためには、変容する身体の最初と最後の形を決定する特徴を知らなければならない。しかし、言語を観察する場合、そのアプローチの方法は多様で、時にはその結論が矛盾するような方法も採用できてしまう。ベルナール・セルキリーニが啓発的な分析を提供している、ラテン語からフランス語への移行の例を見てみよう。(6) この古代言語の核心となる特徴が語尾変化の体系にあると仮定するならば、この言語に取って代わった新たな言語は一世紀から五世紀の間に出現したと判定できる。しかし、もしもこの言語の核となる特徴が動詞の構造にあると仮定するならば、この二つの言語が入れ替わる決定的な瞬間を、六世紀と十世紀の間のどこかに位置づけるべきだろう。というのも、その頃になってはじめて、時制が「avoir」(ラテン語ではhabere)という動詞の活用と動詞の原形または過去分詞との組み合わせで形成されるという、ロマンス語の活用の特性が現れるからだ。しかしながら言語の発展を測定する物差しが形態論ではなく音声学にあるとするならば、他に可能な時期を選択する必要があるだろうし、その時代の選択は、どのような現象が決定的であると捉えるかによって異なるだろう。新しく現れる言語に本質的な特徴が、その前の言語と比べて、無強勢母音の消失にあるとした場合、新しい言語は一世紀から三世紀の間に現れたことになるだろうし、著しい差違が旋律アクセントから強勢アクセントへの移行にあるとするならば、変化が現れた時期を五世紀以降にまでずらさなければならない。そして、言語の移行の決定的な要素が単語の最終母音の脱落にあるとするなら、ラテン語がフランス語になったのは八世紀になってからだと結論づけることになるだろう。

認識論的に見れば、この問題は厳密には解決不可能だとはいえ、時代区分の問題は解決されていると考えた方が実際として便利ではある。アントワーヌ・メイエが提案した、この探究に役立つ規範によれば、ある言語共同体が、それが他の言語へと変わったと考えられる証拠がある時点で、その言語は「死んだ」と言えるという(7)。この規範は確かに一部は妥当ではあるが、しかしそれは、良かれ悪しかれ、言語の生や死を話者たちの見解に委ねてしまうことになる。たとえ外部にいる研究者が、ある言語がずっと前から死語になっていると見なしていても、かつてそれを使用していた共同体がその言語を死んだものとして認識しない限り、それが消失したと言語学者が言うのは許されないことになる。例えば、ガリア地方の住民たちが、自分たちがラテン語で話していると考えている限り、歴史家はその言語の中にラテン語とは大いに異なる要素があるとする証拠資料を見いだしたとしても、彼らがフランス語を話している、と主張することはできない。歴史研究においては、このような基準はせいぜい大まかな結論を導くにすぎない。現在まで残された証拠が文書として存在しないという偶然の出来事だけで、言語の変容が認識されていなかったとどうして断言できるのだろう。そもそも、ある言語の出現、あるいは死を同定するに十分な意識の現れを測る、信頼できる基準など存在するのだろうか。

いずれにしても、時代測定は、その性質上偽造が可能な経験的データに基づくのではなく、解釈に基づくのであり、そうであるからこそ歴史家は、現在まで保存されていた種々雑多な資料に秩序を与えることが可能になるのだ。

例えば、ベルナール・セルキリーニは、フランス語は、国家による公的な書類が初めて記された八四二年に生まれたという説を支持する。フランス語正史によると、それは「ストラスブールの誓約」という宣言であり、ニタールが『ルイ敬虔王の息子たちの歴史』に転載したものを通じて知られている。「フランス語はいつから存在しているのか」という古典的な問いに対して、この言語史家は次のように答えている。「フランス語の誕生」は、カロリング朝のこの貴重な文書に帰されるべきだ。「この日より、この言語が、その内在的な発展により、ラテン語とは異なる固有な言語であることが認められ認識された。さらにその日より、それが、伝達の道具として権力関係の中で意識的に使われるようになり、その使用が筆記という知の形式を持つようになったのである(8)」。

同様に、フランソワ・ヴィヨンが十五世紀末に「古いフランス語によるバラード」を書いた時にも、変化は続いていて、我々が今日「中世フランス語」と呼ぶ新しい言語がすでに現れていたと結論づけることができる。しかしこの詩人は、近代の文献学者とは違い、それを「過渡期の」言語と呼ぶことには躊躇したに違いない。この「古い言葉」で書かれたテキストで、ヴィヨンは十二―十三世紀の詩人たちの言葉をパロディの対象とし、オイル語の形態論においてかつて持っていた弁別的特徴を当時には失っていた名詞接尾辞の s を名詞に適当に付け加えたりしている。

「生」や「死」という用語は、このような文脈ではほとんど有効性を持たない。これらの用語は、言語の時間について誤ったイメージを提供するが、本当は言語の時間は非連続ではなく繋がっていて、その出現と衰退をはっきりとした瞬間として識別することができないのだ。この点に関して、わたしたちは現在でも、言語のアイデンティティと言語間の差違についての中世の思索を完全には超えていない。そうであれば、ダンテが『俗語論』の中で、俗語を特徴づけるために用いた用語に注意を払うのは有益であろう。この詩人かつ哲学者は、あらゆる人間に共通する、「幼児が、彼らを取り巻く環境から学ぶ」(9) 話し言葉を取り上げている。しかしながら近代の言語学者と異なり、彼はこの共通言語を、語りの音声や形態を決定する一連の規則には全く言及することなしに定義している。ダンテの論じるところによれば、人の言語の特徴は、時間の経過の中での本質的な「移ろいやすさ」なのである。言語に内在する、何世紀にもわたる「多様化傾向」(variebilitas) は、不可避的に、人の言語に多様性をもたらしている。ダンテは、『俗語論』の第一巻でこう説明している。

ひとつの民に与えられた言語は、時を経るにつれ多様化し、同じ姿に留まることはできない。これが、互いに離れて暮らす人々の間で、言語が様々に異なってしまう理由なのだ。(10)

ダンテが書いたように、誰もが、「一つの言語はどのようにしても同じ姿を留めることができない」と知っている。しかし、この単純な事実がもたらす結果は意外に容認するのが難しく、言語の性質と発展について論じた者たちの頭からは時に抜けてしまっているように思われる。ヴァンドリエスは「言語の死」についての調査を「死は自然な行為であって、生の一環をなしている」という前提で始めている。そしてその結論の部分で、この著者は、少なくとも暗黙のうちに、言語の「生」をその変化への能力によってはっきりと定義し、そして、「死語は、その中では誤りを犯すことができない、という点で生きている言語と区別される」[11]と続けている。テッラチーニもやはり、言語の「死」は、その発展が中断されることにあるのではなく、その言語が、不可避的に別の言語へと変化することにあるのだという。しかしながら、生物学的なメタファーはやはり根強く、テッラチーニもヴァンドリエスも、最終的には、二人とも、自分たち自身が容認した言語の本質的な変動性を裏切るに至る。彼らは、言語の生と死というフィクションの持つパトスに自らをゆだねているのだ。ヴァンドリエスはこのテーマについての論文を、フランス語のアイデンティティの維持についての訴えでしめくくる。

我々は誰しも、この美しい言語の遺産を完全な形で残しておく価値があると思っている。そしてそれぞれがそのために貢献しなければならない。これは協同作業であり、成功するかしないかは各人の努力にかかっている。我々の言語を、決定的に自分たちの手に入った、不変なものと考えてはならない。それは意志により獲得されたのであり、我々は、毎日、我々の先祖がしてきたように、たゆまぬ戦いによってこの言語を守らなければならない。フランス語が生き続けられるか否かはわたしたちにかかっている。もしわたしたちが、フランス語が死んではならないと思うならば、この言語の安寧に努めよう。[12]

このような結論は、言語に内在する変わりやすさを認識することに関しては一歩後退してしまっている。つまり、言語は変化するからこそ残っているので、「この美しい言語の遺産を完全な形で残しておく」ことなどできないのだから。あらゆる言語が持つ本質的な多様化傾向について、テッラチーニの方は、言語の「生」のメタファーは、対象の性質を理解するには不十分だと認め、この用語を使うのを放棄するという善意は見せる。しかし、彼はすぐに、もっと強度な生物学的メタファーを取り込み、次のように書いている。

最新の分析によると、言語の変容性は死の概念を、そして生の概念をさえ包含する無限の生命力を表している。(13)

「死の概念を、そして生の概念をさえ包含する無限の生命力」とは一体何なのだろうか。この学者は、方法論上の理由で放棄しなければならないと自分が認めたメタファーさえも取っておきたいと思ったかのように見える。このいわゆる高位の「力」は謎に満ちていて、「生命」以外のどんな呼称でも同じように当てはめることができるだろう。この文献学者は、「死の概念だけではなく、生の概念をも包含する亡霊的な力」について語ることもできたのではないだろうか。言語の分野では、「生」と「死」の用語は、どの段階で引き合いに出すにしても、どちらも適当ではないだろう。少なくともこの用語を使用することを避けることはできる。生き物の発生や腐敗ではない表現を考えることは可能で、例を出したいのなら、砂漠の風が絶え間なく動かす砂、手で摑もうとしても指の間からこぼれてしまう砂のイメージを挙げてもいい。モンテーニュが、彼の知っている逃れゆく言葉について、まさにその言語、フランス語を用いて書いた『エセー』の中にそのようなイメージを見いだすことができる。彼は、「虚栄について」の中で、こう記している。

わたしは自分の本を僅かな読者のために書いた。そして、この本は間もなく読むに耐えなくなってしまうだろう。もしもこれが、長く読まれ続けることが目的だったなら、わたしはもっとしっかりした言語を使ってこれを書くべきだっただろう。わたしたちの言語が今までに被ってきた、そして今この時にも続いている絶え間ない変化に思いをいたすならば、誰が、現在の形態が今から五十年後まで使用可能であると期待できるだろうか。この言語は毎日わたしたちの手からこぼれ落ちていくのであり、わたしが生きている間にもすでにその半分は変わってしまった。わたしたちは、今この言葉は完璧だと主張することはできる。いつの時代も、同じように言われてきたのだろう。しかしこの言語が、今そうであるように、絶えず逃れ去り、形を変えていくのであれば、わたしはこの言語をここに引き留めておこうとは思わない。(14)

言語の始まりと終わりは、モンテーニュの表現によって最も適切に把握されていると言える。実際、言語の「始まり」と「終わり」とは、「絶え間ない変化」によってその話者から「逃れ」、自ら「形を変え」る過程にある二つの瞬間に他ならず、この飛びさっていく二つの地点では、様々な理由によって、言語を話す存在であるわたしたち自身があまりにも忘れがちなある事実に気づく。それは、「ある」言語がすでにその言語であるのを止めた、ということである。これらの閾においては、ある共同体は、自分たちが確かに新しい言語を採用したことを認識し、それが新しい言語として初めて明示されるが、それればかりではなく、その閾において、話者は、かつて自分たちのものであった言語を失ってしまったと知るのだ。この絶え間ない変質が言語そのものであり、そこでは形成と変形、発生と衰退、「生」と「死」は切り離されるものではなく、記憶は忘却と区別することがほとんどできない。「ストラスブールの誓約」の起草者たちは、自分たちがフランス語を話していたと認識していたのだろうか、それとも、反対に、自分たちはすでにラテン語を忘れてしまったと感じたのだろうか。そのような問いは偽りの二者択一に過ぎない。言語の到来を認識することは、もう一つの言語の消失を必然的に導くからだ。そして、新しい言語を意識するようになることは同時に、かつての言語を「意識しなくなる」(coming to unconsciousness) ことをも意味しているに違いない。ある共同体は、新たに発見された言語の新大陸に名を与えることで、おそらく無意識にすでに別れを告げていた言語のことを思い出すのだ。始めと終わりは同じ闘の二つの面であって、同じ時の二つの形であり、あらゆる言語が、知覚されないまま、しかし後戻りはできない形で、他の言語に変容を遂げることになるのだ。

言語の逃れ去る流れを遅くしたり止めたりしようとする試みの空しさはここから来る。ナショナリストであれ、国際的な見地からであれ、文献学上からであれエコロジカルな理由からであれ、そのような様々なプロジェクトは、言語があるアイデンティティから離れようとする際に、言語学者がそれを維持し、保存するために介入でき、またそうする必要があるという共通の信仰に支えられている。ある言語がすでに放棄した形態を固定しようとする意志の中でも、このような試みはせいぜい無駄なことでしかない。どんな努力をしようと、言語はわたしたちが生きている間に少なくともその「半分」は変わってしまうのだし、それが「今そうであるように、絶えず逃れさり形を変えていく」だろうからだ。言語はいかにしても同じ形でいることはできず、好むと好まざるとにかかわらず、「毎日我々の手からこぼれ落ちていく」のだ。本質的に変わりやすい言葉は、自らの構成要素である時間のおかげで、人の所有物に完全になることはなく、また、それゆえに、完全に失われることもない。いかなる時もすでに忘れられたものとして、言語はあらゆる想起に抗う。あらゆる努力にもかかわらず、どの伝記作家も、このプロテウスのメタモルフォーズを捉えることはできないのだ。

第九章　地層

ある言語が別の言語に変化する時には、常にその残余があるが、誰もそれが何かを思い出すことはできない。言語の中には話し手よりも多くの記憶が残っていて、それは生き物より古い歴史の厚みの痕跡を示す地層に似ている。それは必然的に、言語が通ってきた幾つもの時代の跡を残している。ラルフ・ワルド・エマソンが書いているように、「言語は歴史のアーカイヴ」であるのなら、言語はその仕事を学芸員もカタログもなしに行っていることになる。[1] しかしその蔵書は一部しか参照することができず、言語が研究者に提供する要素は、伝記よりはむしろ、始まりも終わりも分からない時間をかけて堆積した沈殿物を地質学的に研究するのに似ている。『失われた時を求めて』の中で、ほとんど匿名の語り手が繰り出す、いつどこから来たのかよく分からない多くの思い出のように、言語の中には、過去の遺跡が計り知れない密度と複雑さで次々と積み重なっている。そこでは、プルーストの精神の中のように、現在はいつでも複数の過去の層を含んでおり、その層を発見した個人の記憶よりもさらに遡ることが判明するのだ。

次々に付け加えられていくこれらの記憶はひとつの塊を形成するが、個々の記憶を区別することはできる。例えば、その中の最も古いもの、最も新しいもの、香りから呼び出された記憶、それから、他の人の記憶でしかないのだが、わたしが話に聞いて覚えているものなど。感じられるのはただ、亀裂や真の断層、少なくとも、起源や年代、「層位」の違いを露わにする、岩や大理石に刻みつけられた石目や雑多な色だけだ。(2)

デンマークの博物学者・言語学者ヤコブ・ホーネマン・ブレッズドルフは、歴史言語学と一般言語学に大きな影響を及ぼしたに違いない言語進化論を十九世紀初頭に練り上げた時、同じような地質学的な概念に駆り立てられていたように思われる。(3) 一八二一年にブレッズドルフがうち立てた命題の主要な点を要約するのは簡単だ。言語が時を経るにつれて受ける変質は、それを話す人々の民族的構成に起こった歴史的変化を反映している。征服という現象はその典型的な例である。ある国が他の国に従属するに従って、二つの民族が必然的に混ざることになる。一見、支配者の軛《くびき》により、支配された集団は完全に消え去ってしまうと思いがちだが、この歴史的な出会いから生まれる民族は実のところ二つの国のもたらす果実であり、征服者の子孫を体現しているだけではなく、被征服者の子孫も含むことになる。ブレッズドルフはまた次のようにも推論する。民族同士の接触において、一方の言語はもう一方の言語に場所を譲るように見えるかもしれない。しかしながら、その言語の地位を奪った言語のうちに、追放されたかに見える言語がなお生き延びていることがあり得る。新しい言語の下に埋められながらも、かつての言語はその民族の新たな言葉の中になおも生き続けているかもしれない。そして、それをかつて話していた者たちの眼からは隠れ、それに続く言語の中に潜って力を及ぼし、時と共に、新しい言語として脱皮することがある。

「基層」というのは、ある言語がもう一つの言語に残す残存物、忘れられてはいても、見たところ継続している移行の際密かに保持され、ある言語をそれに続く言語に結びつけている要素に対してブレッズドルフがつけた用語である。この考えはほとんどすぐに言語学者たちの好意を勝ち得た。十九世紀には、この用語は多くの文献学者たち、特に最も著名なロマンス語学者たちによって引き合いに出されていた。クロード・シャルル・フォーリエル、フリードリヒ・ディーツ、フーゴー・シューハルトとグラツィアディオ・アスコリといった学者たちは皆、ラテン語の後に現れた諸言語発展の幾つかの面を、その言語が包含している基層、ローマ人到来の前にヨーロッパの各地域に住んでいた諸民族の時代、はっきりと同定できない時代にまで遡る基層によって説明しようとした[4]。二十世紀になると、我々が「基層理論」の名で知っている学説は、十九世紀の学者たちにはまだ手つかずのままだった複数の言語にまで広がった。この用語は、近代アラビア諸方言、日本語、カリブ海地域のクレオール語などの全く異なった対象を理解するためにも同じように使用された。ブレッズドルフ以来、この学説の用語法はさらに複雑になり、現在では、言語の変化に興味を抱く者は少なくとも、ある言語がもう一つの言語に残した地層学的残余に関わる三つの専門用語を所有している。今では、研究者たちは、「基層」という用語を、「傍層」と「上層」と呼ばれる他の言語学的な実体と厳密に区別する。ヴァルター・フォン・ヴァルトブルクによると、「上層」とは、ある国家が征服した地域の住民の言語を受け入れ、その結果、その言語に変化を生じさせた際、その言語に起こった変化のことを指す。(5)「傍層」は、マリウス・ヴァルコフによる新語であり、ある言語の変化が他の隣接言語との接触によって説明づけられると考えられる場合に使用される。(6)

一つの言語を構成する「層」は数多く、その形も重要性も異なる。例えば、網羅的な選択の原理にはいささかもよらない一連の語彙要素である場合がある。英語に現れるスカンジナヴィア起源の一般名詞の類、例えば「skin」(皮膚)「cake」(菓子)「egg」(卵)「fellow」(仲間)は北方民族がブリテン島のアングロサクソン人と闘った時代に遡る。これらの名詞は、例えば、古ノルド語の「skirt」(スカート)が、古英語「shirt」(シャツ)と同時に存在しているように、英語の語彙に加わることもあるし、より古いアングロサクソン語の形態と置き換わることもある。例えば、「to take」(取る)という動詞が英語に入ってきたことによって、近代ドイツ語の「nehmen」の親戚である、古英語の「niman」は廃用となった。しかしながら、語彙の層はより体系的な特徴を示すことがある。例えば、ある言語は、意味論的に限定された分野において、他の言語からの借用形態を保持することがあり得る。イディッシュ語に見られる、ヘブライ語とアラム語起源の宗教や法律用語や、近代ヨーロッパ諸言語に、生物学、動物学、医学の分類学を長い間構成してきたラテン語の表現の例を挙げるだけで十分だろう。どの場合でも、ある言語はもう一つの言語の中に保たれている。ある一つの言語の語彙はこのように、その言語を構成する歴史的な層の多様性を証拠立てている。

しかしながら、複数の言語間を結ぶ層は必ずしも語彙の分野だけにあるのではない。それは音声学的なものでもあり得るし、それらが存在すると言う研究者たちによれば、ある言語の音声形態の最も基本的な特徴を決定していることさえあるという。それに関する例は、ラテン語圏に限定してみても豊富である。ラテン語のｆは、スペイン語になって、この言語の歴史音声学に重要な役割を果たしているｈに替わったが、これはイベリア半島の住民の当初の言語の音声的特徴を反映していると主張されている。[7] また、トスカーナ方言に特徴的なｋ、ｐ、ｔの母音間での帯気音が現代イタリア語に残っているのは、トスカーナ地方の言語に残った古代エトルリア語の残存によるという。[8] そして、スペイン、フランス、イタリアの海岸地帯に沿った複数の方言に共通する音声的な特徴の多さ、そしてそれが他のインド＝ヨーロッパ語と区別されることは、元々の「地中海の民族言語学上の基層」を示していると思われている。[9]

正書法の規則に基づき、uの文字だけを使って書くフランス語の硬口蓋母音、日常的に使われる「pur」（「純粋な」）や「dur」（「硬い」）のような単語に現れる音は、大いに議論され異議を唱えられてきたケースの一つである。現在では、言語学者たちはこの音を三つの前舌円唇母音、［y, ø, œ］のうちに分類する。音声学者たちによれば、この音は「フランス語の特性を形作る音の一つで、この音が母語にない外国人には幾分かの困難を与える」。[10] 十九世紀からすでに、学者たちは、フランス語の単語の中でラテン語から派生していると思われるものの中には、この音素が、かつて長母音「ū」が占めていた場所に規則的に現れるということを確認している。古代ローマ人がpurus［pūrus］というところを、フランス人はpur［pyʀ］と言い、古代人がdurus［dūrus］というところを、近代人はdur［dyʀ］と言う。[11] 当然のことながら、文献学者たちはこの［ū］から［y］への移行をどう理解し説明するべきか問うようになった。この音声上の変化は独特であるだけに説明が必要とされる。実際、ロマンス諸語の特徴を一瞥するだけで、この移行が、ラテン語が話されていたところではどこでも起こったわけではないことが確認できるだろう。音声上の変化はもっぱらフランス語と、フランスと国境を接する地域で見られる。ポルトガル語、カタルーニャ語、カスティリャ語、またはルーマニア語やイタリア語が話される地域においては、半島であれ島であれ、ラテン語のこの母音は変わることなく近代ロマンス諸語に伝えられ、一般的にはこの母音はラテン語に存在した時と同じ場所を保っている。

一八七六年に出版された古フランス語文学の文献学的研究の中で、エドワード・コシュヴィッツはこの現象についての分析を行い、その方法論は一派をなすことになった。コシュヴィッツ自身が認めるところでは、この変化の説明は彼自身のものではないという。その説明は、傑出した権威者、グスタフ・グルーバー（一八四四—一九一一）から来ている。彼の名声は、その後『ロマンス語文献学要綱（Grundriss der romanischen Philologie）』によって中世・近代文学研究に響くことになり、現在でも、その他の著書や分冊によって、準拠すべき文献であり続けている。[12] コシュヴィッツは次のように読者の注意を喚起する。グルーバー教授によると、我々は音声的な変化がフランス語でしか起こっていないと思い込みがちだが、それは正確ではないという。［ū］は同様に、「北部イタリアやラディン語の言語学的地域のように、元々の住人がケルト人に属しているロマンス語圏の他の国の[13]」言語や方言においても同様に［y］に変化したという。そこから、コシュヴィッツは次のような結論を引き出す。

自らの言葉の中にuの音が完全に欠けているケルト人は、かつてはuであった音をiと発音する習慣があり、そうすると、ラテン語のuはもはやiと発音できないので、yの発音に変換するようになったという説を支持することが正当化される。[14]

つまるところ、この母音の変化は、古代ローマ人がそのずっと前に打ち破った「種族」がガリアの住民にもたらした言語の残余によって引き起こされたのだと言える。新しいロマンス語にはケルト語の基層がずっと消えずに残っていたのだ。

これらの説明は十九世紀末の学界に大変好意的に迎えられた。それから程なくして、フランス語の音声にケルト語の成分が存在するというグルーバーの公理はこの分野では古典的な理論の一つに数えられることになった。ガストン・パリス、グラツィアディオ・アスコリや、フーゴー・シューハルトなどの卓越した人物までが、それぞれ理由は異なれど、こぞってこの「ケルト語仮説（Kelten-hypothese）」[15]に同意した。しかし異説を唱える者もすぐに現れだした。十九世紀から二十世紀にかけて、多くの研究がフランス語、オック語やラディン語に現れるこの硬口蓋母音をケルト語の基層に帰する考えを支持したが、現在は、このような概念を固く棄却する言語学者による文献も同じくらいおびただしく現れている。批判者たちは、このような仮説が成立しえないと示すための異なった論拠を進めた。それらの一つは比較論的である。この批判は、ケルト語の共同体と［y］の音を結びつける関係性に疑いを差し挟む。現在では古典となった『ロマンス語学研究入門』において、ヴィルヘルム・マイヤー＝リュプケは、ヴェリア方言はアルバニア語同様［y］の母音を持っているが、これらの言葉にはケルト語の基層を見つけることができず、反対に、イタリアのエミリア地方には、かつてケルト人が住んでいたが、近代エミリア方言に硬口蓋音を一つももたないと観察している。[16] エドアール・ポール・ルシアン・フィリポンは、論文「ローヌ川地域におけるラテン語の長母音u」の中で、一般的に、ケルト人の存在は硬口蓋音をもたらさなかったと記している。アキテーヌ地方やイタリア中部では、ケルト人がいたことは一度もなかったが、この地方の方言は現在［y］音を含んでいる。かつてケルト人の土地であったローヌ川沿岸では、現在でも古代ローマ時代のかつての［u］を見いだすことができる。そしてゲール諸語の一つアイルランド語はケルト語起源であるが、いまだに［u］は母音システムの一環をなしている。[17] その上、ガリア語の研究自体が、「ケルト語仮説」に対し、返答の余地のない論拠を提供している。「u音を全く持たない」どころか、ガリア人の言葉には当の母音があり、しかも短母音だけではなく長母音も存在したことが確認されているのだ。[18]

それだけではなく、歴史的に鑑みて母音［y］をかつてのガリアの民の言語に帰属させることはできないとする研究者たちも出てきた。ラテン語の［ū］がフランス語の［y］に変わったのが、「ケルト人がかつてuだったものをiと発音する習慣があった」ことに依るとするなら、当然この音声変化を、フランスにまだケルト人たちがいて、ガリア語がまだラテン語に完璧に取って代わられていない年代に推定することが可能なはずだっただろう。しかしこの論を裏付けする証拠はほとんどない。最初、学者たちは、音声変化が、ケルト語が、全盛期ではないにしてもいまだ使われていた時代に遡れると考えていた。ガストン・パリスは、［y］が「我々の言語で書き残された最も初期の時代」[19] に遡るとし、その後一八七八年に、この母音変化は紀元三世紀に位置づけられると論じた。[20] しかし、歴史音声学研究が進むにつれ、硬口蓋化の時代は新しくなる一方だった。一八八七年、ルドルフ・レンツは、この母音は六世紀か、さもなければ七世紀になってからやっと現れたと主張している。[21] その三年後、マイヤー゠リュプケの『ロマンス語文法』は、早くても十一世紀という説を打ち出し[22]、その後の研究者たちは、音声変化は十三世紀、つまり、ガリア語が衰退してから千年近く経って起こったと論証した[23]。

ひとつの言語はどれくらいの間ながらえることができるのだろうか。基層理論の支持者の言い分を信じるならば、かつての言語は、消え去った後も長い間なにがしかの生気を保持しているようだ。消失後千年以上経っても、ケルト人の母語の一部は生き延び、死後なお、ラテン語の後に現れた言語に影響を及ぼしているのだ。驚くべきことに、フランス語の専門家たちは、ラテン語の［ū］がフランス語の［y］に変化したのがケルト語の衰退後十世紀以上経た後だということが分かってからも、「ケルト語仮説」を放棄しなかった。それどころか、多くの文献学者が、言語が生きているかぎりこのような「影響」は及ぼせないと認めることによってガリア語の影響という理論を支持し続けた。そこで、幾つもの説明が試みられた。言語は有機的な遺伝の法に従っているに違いないという、生理学のメタファーに基づいた仮説があった。アントワーヌ・メイエは、言語の習慣は、身体的特徴同様、世代を通じて受け継がれ得ると断言し、クレメンテ・メルロは、数世紀を経る発音の変動に「複数の民の音声的素質[24]」を特徴づける多様な徴を見る。このような立場は、生物学に驚くほど似通った論理を生んだ。ヤコブス・ファン・ギンネケンは、有名な論文で、［ū］から［y］への音声的移行はフランス人の舌を遺伝的に構成する「退行的」要素の結果であると説明した[25]。フィリップ・アウグスト・ベッカーは、この「ケルトの発声器官の遺産」が「潜在的な傾向から目覚め」、生まれつき「硬口蓋的にかなった口の形」が音素［y］を作り出すに至ったのだろう、と表現するにまで至った[26]。このような論証が学問的に信憑性をほとんど持たないことは言うまでもない。これらの主張は、言語的な事実を説明するというより、二十世紀の政治状況に影響を及ぼした、国家や人種に関するイデオロギーを反映しているからだ。

他の言語学者たちは、言語が自らのうちにその前に存在していた言語の痕跡を留めているとして、それはその言語の話者の国家アイデンティティによるのでも、主張されているような生物学的遺伝によるのでもないという意見を支持した。ある言語がもう一つの言語に及ぼす事後的な影響は様々なやり方で説明づけることができる。ケルト語がインド＝ヨーロッパ語に残した痕跡に関する研究で、ユリウス・ポコルニーは一九三六年に、「何世代も経ってからある言語的な傾向が不可解にも再び現れること」は、社会的現象との相関関係に過ぎないと主張する。つまりそれは、「それまで抑圧されてきた社会階級」の台頭なのだ、と。[27] ラモン・メネンデス・ピダルは文献学の原理により忠実で、ずっと以前に死語となった言語の形態が持続したり回帰したりすることの説明として、あらゆる言語的変化はゆっくりと段階的に起こるという性質に訴えている。彼の指摘によると、言語における変化は何世紀にもわたって起こるのだという。あらゆる変化は「潜伏期間」を含み、そこである始まりと終わりが共存するのは避けられない。[28] 基層はそのような曖昧な時に依っている。言語の境で、基層は、固有の言語とその言語の話者の後もなお生き続けるのだ。

このような説明は、確かに魅力的に思われるが、先の論理と同じくらい不確定要素を含んでいる。この説明によると、言語においては、「潜伏期間」は多くの時間の一つに過ぎず、複数の形態の交錯はただ一つの時間のうちに記述されうることになる。しかし言語は、書かれた言語の歴史とは異なり、幾つもの章に分けられはしない。その動きは継続しているが故に複雑で、言語学者は、少なくとも原理的には、それが異質な基層を隠していることを否定するのは困難だ。というのも、痕跡はあらゆる言語的要素の中に隠れることができるからだ。どんな単語、音、表現が、その前に存在した複数の言語の、今も続く痕跡を隠していないと言えるだろうか。ガリア語の母音もまた例外ではないとは言える。わたしたちが思っているよりも、ある言語はそれ以前に存在した幾つもの言語を留めていて、その響きが、弱まったとはいえ、現在の言語の中にも続いていると考えられなくはない。言語の地質学者たちは、精密な研究により、その地に元からあったり、または他の土地から来たりした言語を構成し分解する、複数の層を同定していると自負している。しかし、失われた時の探求は、記憶においてそうであるように言語においても困難であり、ある言語が通り抜けた複数の時代は、歴史家や考古学者の手に容易に負えるものではない。記憶の様々な層の引き出しを開けて、その中から、最も古いものとより最近のものを区別することができると確信しているプルーストの語り手よりさらに、言語の断層や亀裂を前にした時の学者の資料は少ない。全ての知識を総動員しても、文献学者は、同様な識別能力を持っていると言い立てることはできない。というのも、言語の「潜伏期間」には始まりも終わりもなく、その中で、その特性とそれに属さないもの、始まりと衰退を分けることはできないからだ。反復と差異はそこでは分かちがたい。言語の層はあまりにも多く多様で、その絶え間ない地滑りを一目で視野に収めることなどできないのだ。

第十章　地滑り

　ある言語が、あまりにももう一つの言語に浸透してしまったために、それをもはや独立した言語と呼んでいいのか疑ってしまう場合がある。そのような曖昧なケースを最も分かりやすく説明するのが、わたしたちが、「クレオール」と呼んだり、「ピジン」と呼んだりするマージナルな言語形態であり、それは、国家言語とは似通っていながら、時に驚くべき差異を示している。カフカの次のエピソードはその格好の例だろう。一九一二年、彼は、プラハで、ドイツ語を解する聴衆を前にして、東欧のユダヤ人の言語についての講演を行う。彼は、イディッシュ語（当時の学問的慣習に倣って彼は「jargon」という用語をここでは用いているが）は「ドイツ語の遠方から」（aus der Ferne der deutschen Sprache）来たのだと論を進め、従って、ドイツ語に還元はできないにしても、このメジャーな言語から離れることはできないとする。そして、このユダヤ＝ドイツ語〔イディッシュ語の別名〕は、他のどのヨーロッパ諸国語にも翻訳することができるが、ドイツ語だけには翻訳できないと結論づける。(1) しかし、最も威厳のある幾つかの言語も、かつてはその自立性に異議が唱えられていた。最初のラテン語文法学者であり、キケロやウァロの師でもあったアエリウス・スティロは、古代ローマの言語は実際のところギリシャ語の方言でしかないという意見だった。彼が書いたものは現在何も残っていないが、幾つもの文献が、彼の判断は古典古代においては広く共有されていたことを証明している。後に、十五世紀後半になって、この意見は新しい形を取って生まれ変わり、ピエトロ・ベンボやグアリノ・ヴェロネーゼのような人文主義者によって強力に支持された。(2)

ある言語の中の異質な要素を測ることは必ずしもつねに容易ではなく、どんな基層理論も、ある言語を構成する多様な層の厚みはそれぞれに異なることを認めなければならない。ある言語が他の言語の中で生き残るには限界があることを誰も否定はしないだろう。例えば、ヤクート語は現在死語と見なされているが、エチオピアでは幾つかの植物の俗名の中に生き残っている。(3) しかし、消失した言語は、現在使われている言語にもっと複雑な形で痕跡を残し、定義が難しい場合もある。アラビア語の諸方言がその典型的な例である。アラビア語の様々な方言は、現代ではアラブ世界の広い範囲でただひとつ書かれる唯一の言語から派生しているにもかかわらず、語彙、音声、そして文法上特筆すべき多様性を呈している。言語学者たちはかなり前から、マグレブ諸国と中東諸国の様々な言葉の起源を、七世紀から広く征服を始めたベドゥインたちが使っていた古代の言語に求めようとして、困難に直面していた。多くの東洋学者たちはそこで基層理論に解決を求めた。現在の方言は、起源となる言語が、アラブ人による征服の際に話されていた現地の言葉と出会って発展してきたものだというのだ。

アイリーヌ・ガーベルは、一九五八年に、「ある言語の形成はゆっくりとしているが継続したプロセスであり、それぞれの段階は必然的に、現在の一般的な図式の他にも、過去の複数の痕跡を反映している」と指摘した。彼女は、シリア方言、レバノン方言、そしてパレスチナ方言の音韻が似ているのは、アラブ人による征服前にこの地方で話されていたセム語系言語が征服者の言語に残した残余物であるという仮説によって証明されるとしている。そして次のように書いている。「この地方近辺のアラビア諸方言に現れた音声変化がアラム語の影響によると信ずるに足る要素がある」[4]。もしそれが本当なら、これはロマンス語学者たちが議論していた硬口蓋音よりももっと重要な問題になるだろう。言語学者たちの主張を信じるならば、レヴァント地方のアラビア語の音声の中に古代セム語系言語がいまだ残っていることが、この言葉の発展や構成を規定していることになる。この論には確かに異論を唱える人はいたが、しかし言語学においてこの論は孤立しているわけではない[5]。類似の理論や、時にはもっと大胆な論によると、エジプトの方言はアラブ人侵略時代にエジプトのキリスト教徒が話していたコプト語に多くを負っている。ジョージ・ソブヒーは、基層理論の古典的な語彙を使いつつ、次のように断言する。

コプト人は、イスラーム教徒になった時アラビア語を学ばなければならなかった。それは、一朝一夕でできることではない。その人が、コプト語とアラビア語の混じった言葉で会話をしなければならなかったとしてもごく自然であろう。そういったケースは数限りなくあり、このようにして、エジプト人の間に、アラビア語とコプト語の交じった新しい方言が生まれたのだ[6]。

コプト語はこのようにして、エジプトで一般に話される言語であることを止めてから千二百年近くも生き残ったのだという。アラビア語に組み込まれるというよりむしろアラビア語の中に溶け込み、近代エジプト方言を構成する「融合物」（mixture）になったのだ。

しかしながら、この意見には異論があり、それには理由がないわけではない。どのようにして、消失した言語がいかなる力を持って生き続けているかを正確に測ることができるのだろうか。多様な層の性質についてもそれが及ぼす範囲についても、言語学者たちの意見は一致しない。一見アラビア語に見えるこのエジプト方言は、実は音声だけではなく文法にも異質な要素を含んでいると言う者がいる。子音や母音、シンタクス上の構造の一部までがコプト語の基層に遡るのではないか、と。他の者たちは反対に、この影響はもっと限られていると主張する。しかし、これら学者のうち、コプト語の遺産に関して最も懐疑的なものでさえも、古代の言語の残余物が音声だけではなく近代エジプト方言の文法にまで広がっているという意見は認めている。(7)

この分野についてのあらゆる調査は、もはや厳密には言語学的ではない、言語の概念そのものに関わる哲学的な問いに直面せざるを得ない。その問いとは、ある言語は、どこまでもう一つの言語を保持できるのだろうか、ということだ。シリア－パレスチナ方言は一体どのくらいのアラム語を残しているのだろうか、この二つをはっきり区別できるとして。そして、コプト語はどこまで、エジプト方言の音声と文法を、アラビア語の特徴を取り除くことなく規定しているのだろうか。

このような問いは、問題となる言語的対象が、国語と呼ばれる政治的結合の公式言語である場合、最も白熱する。ある民を代表する重荷を背負っている言語はあらゆる分析とカテゴリー化に抗することがある。近代ヘブライ語の例をとってみるだけでもそれは明らかだ。二千年の間国家的な機能を持たなかったこの言語は、一九四八年のイスラエル国家建国時に突然公用語となることを定められた。周知のように、この古代の言語が国家言語になった時に、その創り手たちはそれを「言語再生」と呼んだ。しかしこの呼び方は正確ではない。言語に関しては、「再生」という表現は、「生」や「死」という言葉と同じくらい不明瞭だ。学者たちが指摘しているように、ヘブライ語のケースでは、この「再生」を疑いをもって慎重に扱わなければならない歴史的かつ言語的な多くの理由がある。まず、もしも、ある言語が共同体の中で機能しなくなったことをもって「死」と呼ぶならば、ヘブライ語が死んだと言うのは不正確になる。話されるのを止めてからも、この聖書の言語は書かれ続けてきたからだ。ユダヤ人の間に広まったこの言語は、「二言語併用社会における二つの言語のうちの一方の言語」の地位を獲得してきた[8]。その上、「甦り」をある生物の再生という固有の意味でとるならば、ヘブライ語は甦ったことはないことになる。近代ヘブライ語は古代ヘブライ語とは同じではないからだ[9]。歴史的研究は、この現象をもっと違った用語で分析することを可能にしてくれる。聖書のヘブライ語を復活させたと主張している人たちは、実際のところ、そのような生まれ変わりとはほとんど何の関係もないプロジェクトを実現させることを強いられていた。発音がもはや存在しない言語に新しい発音規則を強制し、それまでの聖なる言語に俗世界の語彙を形成することで、彼らは、古代言語を基にして、全く新しい言語を出現させていたのだ。

こうして出現してきた国民言語は確かにかつてのヘブライ語に似ていた。しかし同時に、この言葉はそれを作り出した二十世紀西欧人たちの母語である多様な言語に帰する固有性を否応なく有していた。現在でも、この近代言語に注意深く耳を傾けてみれば、そのことを確認することができるだろう。

近代ヘブライ語の音声システムは、古代言語に属したとはほとんど思えない要素を含んでいるが、反対に、かつてこの古代の言語にあった複数の音が、今は欠如しているのだ。例えば「トリルする」r、または口蓋垂の r は、セム語諸言語の舌尖流音（ヘブライ語の resh［ר］の文字に類型論的に当てはまるアラビア語の文字 raʾ［ر］のような発音）よりはずっと北方ドイツのそれに近い。それ以外にも、聖書のヘブライ語は alef（א）と ʿayin（ע）、tet（ט）と tav（ת）、kaf（כ）と qof（ק）などの間に弁別的な対立を置いていて、近代アラビア語にもそれに当たるものがなお見られるが、近代ヘブライ語には、語源的な理由からただ文字が残っているだけだ。それ以外にも、その形態においても文法においても、イスラエルの言葉は、セム語に特徴的な構成からかなりの部分遠ざかっていて、よりインド＝ヨーロッパ語に近い他の形態に置き換えられている。一般的な傾向として、修飾辞がついた名詞や接尾辞のついた名詞（連結語（スミフート））を避け、前置詞 shel（שֶׁל）を使った分析的属格によってそれに代えることがあるが、この使用法は、ヨーロッパ諸言語に存在する類似の構造を思い出させる。近代ヘブライ語が古代語の形態を保持している場合には、その形態の意味を変えるという犠牲を払わされており、それによって近代ヨーロッパの言語に近づいている。イスラエルのヘブライ語の動詞体系はその良い例で、これは形態論的には聖書のヘブライ語に見かけは似ているが、意味論的にはインド＝ヨーロッパ語のそれにより近くなっている。[10]

　これらの特徴は全て否定することができない、そして、それに対して言語学者たちが様々にコメントや解釈を与えたのも頷ける。これらはさほど重要ではないとする学者たちもいる。これらの特徴は単にインド＝ヨーロッパ語族の傍層から生じているのであり、近代ヘブライ語の中に、ヘブライ語の復活者たちの多くの母語であったイディッシュ語の徴を残している。[11] 反対に、他の学者たちによれば、このような特徴は、近代ヘブライ語のセム語としてのアイデンティティに嫌疑をかけるに十分である。一九二八年、ゴットヘルフ・ベルクシュトレッサーは、著書『セム諸語入門』においてすでに、パレスチナのシオニストたちの若い言語は、セム語族と言うよりも「ヘブライ語のヴェールをまとったヨーロッパ語」[12]に似ていると指摘している。ユダヤ人国家設立から二十年後、このイスラエルの言語学者は、自分の国の近代語は「東欧諸語の翻訳」[13]にすぎないとまで喝破している。

この分野で存在する最も急進的な論は、おそらく、テルアビブ大学の言語学教授、ポール・ウェクスラーのそれであろう。彼は、短いが論戦的でタイトルも挑発的な「近代ヘブライ語の分裂的な特質——セム語の過去を探求するスラヴ系言語」という研究論文を一九九〇年に発表した。ウェクスラーによれば、イスラエル国家の言語は聖書の民の言語とはほとんど共通点を持ち合わせておらず、それはこの言語の発生からも構成からもいえる。同じ言語名が使われていることで、この二つの言語を根元から分ける差異は一層覆い隠されてしまう。古代ヘブライ語はセム語で最も古い言葉であり、この二千年近くほとんど話されていない。そしてもうひとつは、実際のところ、十九世紀末にこしらえられたインド＝ヨーロッパ語なのだ。ウェクスラーは、イスラエルの言語を聖書のヘブライ語が「甦った」形だと捉えるのは誤りであると主張し、近代ヘブライ語は実際のところ古代ヘブライ語を継承してさえいないとする。この近代言語は、ヘブライ語の改革者が古代の言語を復元しようとイディッシュ語の単語の代わりに聖書の語彙を持ってきて、その多くはアシュケナージの発音に地中海の彩りを加えた時に現れた。この「寄せ集めのプロセス」(compound process) をウェクスラーは「再音声化を伴った再語彙化」と名付ける。おそらく、そこから出てくる言語はかつてのユダヤ人たちの言語の外見だけは十分に持っているだろうが、公正な言語学者ならこの二つの言葉を混同することはないだろう。ウェクスラーが指摘するように、「セム語の語彙があるだけでは、イディッシュ語のようなインド＝ヨーロッパ語をセム語の古代ヘブライ語の「直接の継承者」とするには十分ではない」。知らず知らずのうちに、シオニストたちは、いとも奇妙なものを作り出してしまった。それは、「奇妙な語彙を持つ一種のイディッシュ語」[14]だ。

「部分的な言語の移行」(partial language shift) というのが、この言語学者が、新しい国家言語をつくりあげた複雑なプロセスを理解するために提案した名称だ。この東欧の言語であるイディッシュ語は、イスラエル国家の人工的な「ヘブライ語」の中で水面下ではあるが生き残ったのだ。誰からも死語と判断され、話者からも第三者からも忘れられていたイディッシュ語は、このようにして活力を取り戻すことができたのだ。このような「移行＝地滑り」は、確かに複雑だ。この「地滑り」を持ち出した時、ウェクスラーは、言語の中の要素と総体、ただひとつの層とそこに重なる地質の塊の区別を可能にする基層理論の公理を疑ってかかることもできただろうからだ。ここでイスラエルの言語にあるイディッシュ語の「成分」だと考えられるものは、全体の一部分以上をなし、この国家言語の音声と文法を本質において規定しているにもかかわらず、基層理論の前提に忠実なこの言語学者は、このような複数の層の動きの中になお付随的な層と主要な層を区別することができると考えていた。ウェクスラーは伝統的な判断を反転し、近代ヘブライ語はセム語にヨーロッパ語の堆積物が被さったのではなく、むしろ、セム語（彼自身の表現を再び取り上げるなら、「奇妙な語彙」）の添加されたヨーロッパ語だと考えた。しかしながら、つじつまが合わないと糾弾している身振りを彼自身が最終的に反復することで、この言語学者は自分自身の直感を裏切ってしまったのではないだろうか。この国家言語のアイデンティティを、その構成要素が不均質であるという理由で正統なものと認めずにいるにもかかわらず、彼は装いの新たなアイデンティティを主張し、近代ヘブライ語は今までのイディッシュ語の位置を奪ったと見えるが、実はイディッシュ語そのものの継続に他ならないとする。

この論は魅力的ではあるが、より広大で見えにくい可能性には口をつぐんだままでいる。言語学においては、地滑りは研究者たちが認めているよりもっと複雑であり得る。ここでひとつの問いが残る。どのような原理によって、言語の、複数で密接な関係を持つ厚みの異なった層の移動が、単なる継承や入れ替えに留まることがあり得るというのか。どんな場合にも様々な層を明確に区別し、根源的な層とその後沈殿した薄い層を正確に分けられると言い切ることができるのだろうか。もちろん、専門家たちは、同定可能だと考えている層を主に対象として論じるだろう。そしてそれは故なきことではない。というのも、そういった層だけが、どの言語から何が派生し、そこに何が付け加えられたかを論じることを可能にするからだ。しかしまさにその地点で研究者たちは間違いを犯すこともありうる。論を進めすぎたからではなく慎重であるが故に過ちを犯し、何がしかの学術的良心の咎めから、調査の幅を主要で揺らぐことのない言語の断片として代表させられ得る層だけに限定してしまう。それよりも言語そのものを、それを構成する沈殿物の層の絶え間ない地滑りであると定義することができないだろうか。沈殿物はあまりにも多く多様であるために、ある総体の一部としては存在することができないのだ。言語は自らの要素の移動にしか存在しない。言語の一貫性は、その前に存在した様々な言語と関係を結んだり離したりする忘却と記憶の形成の中にある。国家言語は、自分自身が越えようと試みた移動性に貫かれている。現代アラビア語の方言に生き続けている亡くなった言語もそうだし、ラテン語とケルト語が、フランス語に場所を譲りながら、それをかつて話していた民よりも長く生き延びたこともそのひとつだ。「ひとつの」言語はその時、際限のないひとつの塊となり、浸食により隠れてしまった多くの言語の不在を隅から隅まで帯びている。言語はそれらの、知覚可能だったり不可能だったりする、時が言語から絶えず取り上げていく複数の層の総体なのだろう。

第十一章　文献学の星

ある言語の中に、もうひとつの言語の影を見ることは常に可能だ。言語により、また傾ける耳の繊細さによって、その響きの性質はかなり変わる。もうひとつの言語を喚起するのには、ただひとつの音や文字で十分な時もある。ロシア語の狭窄音 tche（ч）は「tsch」と書かれるドイツ語の音に似ているし（例えば「またね」という意味の「tschüss」など）、英語の thing（物）という単語の最初にある歯間音は、古典アラビア語の文字 thā（ث）とほとんど識別不可能だ。他のケースでは、それはイントネーションの問題であるかもしれない。ひとつの言語の響きが別の言語の響きを思い出させることがある。例えばイタリア語のそれとしばしば比較されるアルゼンチンのカスティリャ語のリズムなどだ。また他の場合には、ある言語の単語すべての響きが、もう一つの言語の記憶を喚起することがある。そのような類似を証明する文献は無数にあり、多くの場合、言語間の類似性に対する意識は、言語に関する思索と同じくらい古いことが明らかになっている。タルムードのラビたちは、ユダヤの法の注解を体系的に説明する際、聖書の分かりにくい単語をアラム語やアラビア語で音が似た表現を参照しながら解釈していた。何世紀か後、中世のユダヤ文献学者もやはりこの実践を続行し、ヘブライ語の初期の文法分析を行う際に、聖書の語彙と文法をコーランのそれと照合した。(1) 古典ギリシャ・ローマの西欧においては、多様な言語間の類似を知覚することは、もう少し間接的な形ではあるが、言語に関する思索の発展に貢献した。『クラテュロス』の中には、幾つかのギリシャ語の音の響きがフリギア語のほかの単語を喚起するとした分析が見られる。そして、ポンペイウス・フェストゥスは、著書『言葉の意味について』で、ラテン語の単語の中には、ギリシャ語に形式面で規則的な対応関係を持ち酷似する単語が存在すると示した。(2)

しかしながら、二つの言語間の類似を観察することと説明することとの間には、その二つが重ねて語られることがあるにせよ、大きな隔たりがある。ソクラテスは、プラトンが書きとめた対話の中でギリシャ語とフリギア語に共通の形を列挙しつつ、それらギリシャ語の単語がフリギア語から派生していると躊躇せずに述べる。そして、ポンペイウス・フェストゥスは、ギリシャ語とラテン語の類似について論じつつ、これらの類似はすべてただひとつの事実に帰するという結論に達する。彼が言うには、かつて、ローマ人たちは、ギリシャ語の音を変容させたのだ、と。しかし、ある言語が他の言語に残す谺《こだま》の問題と、その理由についての省察を結びつける論理的な必然性はどこにもない。言語間の類似問題は言語構造と、原因の追究は歴史と関係がある。前者は現在の現象を分析し、後者は類似の理由の再構成を必要とする。その意味では、スペインの文献学者で詩人のイスハーク・アブー・イブラヒーム・イブン・バルーンが、アラビア語とヘブライ語の間の類似研究を行った際、類似の原因を全く問わなかったとしても納得がいく。[3] この十一世紀の文法学者が、二言語間の歴史的関係の問題に与えただろう答えをわたしたちは容易に想像することができるが、その答えは彼の分析外にある。

現在この二つの問題を分けて考えるのが難しいのは、おそらく歴史的な事情による。十九世紀の初頭から発展した言語学は、言語間の類似とその主要な原因を理解するという唯一の目的のもと、この二つの問題を統一したからだ。言語学はその始まりの時点から、言語間の対応とそれらの言語を結びつけている複雑な継承関係を明らかにすることを目的としていた。結果として、言語学は、方法論においても目標においても、比較論的であると同時に歴史的でなければならなかった。この壮大なプロジェクトは、一七八八年二月二日、コルカタの「アジアティック・ソサエティ」でサー・ウィリアム・ジョーンズが行った講演「インド人について」の中で初めて明言された。ベンガル州フォート・ウィリアムの最高裁判所の裁判官であったジョーンズは、ギリシャ語、ラテン語、ドイツ語、そしてペルシャ語を習得し、古典に関する知識を持っていた。その上、彼はインドにいる間にサンスクリット語の勉強を始めていた。[4] ジョーンズは、この講演を行った時期、まだサンスクリット語のごく初歩的な知識しか持ち合わせていなかったようだ。しかし、その僅かな知識は、サンスクリット語がギリシャ語やラテン語との表面的な類似以上の要素を持っていると感じさせるには十分だった。[5]

サンスクリットはかなり古代に遡るが、素晴らしい構造を持ち、ギリシャ語より完璧で、ラテン語より豊かであり、ギリシャ語よりもラテン語よりも洗練されている。しかしながら、それ以上に、サンスクリットとこの二つの言語の間には類似が認められる。それは動詞の語根と文法形態においてであり、偶然とは到底思われない。この点について検討を行う文献学者は、おそらく今は存在しない、起源となる一つの言語からこの三つの言語が出てきたと考えずにはいられないだろう。同様に、前者ほど説得力があるわけではないが、ゴート語とケルト語が、全く異なる言語と混じってしまったにせよ、サンスクリットと同じ起源を持つという理由がある。そして、ペルシャ語もその仲間に加えることができるだろう、もしもここでペルシャ語の古代性に関する問いを議論する事ができるのであれば。(6)

この「文献学者」の論は検討する価値がある。まずサンスクリット語の美しさと複雑さに注意を促した後、ジョーンズは、この言葉はギリシャ語と「より大きな類似性があり」、ラテン語との類似性は「偶然とは思われない」と認める。そして、このように、言語のあらゆる偶然性を拒否するところから出発して、彼によればどんな学者も異議を唱えることはできない説をそこから派生させる。それはほとんど信仰の域に達しているが、それでも断固として擁護されてもいる。ジョーンズは、この三つの古典言語は同じ起源を持っていて、それはゴート語やケルト語、ペルシャ語の起源ともなると主張する。この啓示に興奮するあまり、論理的な幾つもの段階はあまりにも手短に飛び越されてしまう。ジョーンズは、ただ一つの文章で、このサンスクリット語の「素晴らしい構造」への情熱的な描写から古典語間が呼応するという仮説にまで飛び、そして、インド諸語とヨーロッパ諸語全てがただひとつの「家族」に含まれるという公準にいたる。これらの言語はみな同じ系統に属し、「おそらく今は存在しない、起源となる一つの言語」によって結ばれている。

ジョーンズは、語彙（「動詞の語根」）や形態論（「文法形態」）についてもふれはするものの、その講演のよりどころとなる立証を何も提供しない。その声明はおそらく、なにがしかの学問的な精神から来るよりも、文献学的直感によるのだろう。現在では、この声明を読む者は、この論理はいささか神話めいているという印象をぬぐうことができない。特に、第三番目の演説を締めくくる「結論」の中で、この学者はこう説明している。「インド人は、太古の昔からずっと、古代ペルシャ人、エチオピア人、エジプト人、フェニキア人、ギリシャ人、エトルリア人、スキタイ人、またはゴート族やケルト人、中国人、日本人、そしてペルー人たちとの親近性を持ってきた」。そして、泰然とこう付け加える。「ここから、我々は、こう結論づけるにいたる（…）。これらの国家と民族はただひとつの「中央」の地域から出てきたのだと（they all proceeded from some central country）」[7]。主要なヨーロッパ言語に「共通の起源」があり、それはサンスクリットやペルシャ語とも結びついていたという仮定を投げかけることで、ジョーンズは、十九世紀に発展する言語学がその後、既成事実として扱うことになる一連の説を進めていた。これから一世紀も経たずして、学問的に精密さを増す言語学研究の一分野が現れる。この分野は、ほとんどのヨーロッパの言語とインド＝イラン語族の間の古代、中世、近代に亘る複雑な系統を同定し、それらを皆、すべての元となる「共通の起源」につなげる事を試みていた。

この、新しく生まれた文献学の分野は、技術的にも結論としても驚くほどの速さで実績を挙げていった。五十年ほどの間に、大学研究の丸々一分野が生まれ、成熟していった。一八〇八年に、フリードリヒ・シュレーゲルは、『インド人たちの言語と英知について』という革新的な試論を出版する。一八一六年、フランツ・ボップは、古典〔ギリシャ語、ラテン語、サンスクリット語〕動詞体系の最初の比較研究を発表する[8]。一八一九年から一八三七年にかけ、ヤーコプ・グリムは、ゲルマン語派の歴史と言語類型学を論じた『ドイツ語文法』を執筆する。そして、一八三三年から一八五二年の間に、ボップは大著の比較文法論を著す。アウグスト・シュライヒャーが、先駆者たちの業績を再検討した比較文法大全の第一巻を一八六一年に出した時、ジョーンズが想像した「共通の起源」はそれ自体がひとつの研究対象になっていた。シュライヒャーはこの新しい文献学の部門を広く知らしめるのに貢献した。それは「インド＝ヨーロッパ」(indoeuropäisch)、正確には「インド＝ゲルマン」(indogermanisch)[9]という名を持つことになる。ヨーロッパとインド諸語派の間の類似を生んだ、古代に遡る起源は、その後ひとつの独立した言語としての地位を獲得することになる。それは、祖語(Ursprache)であり、シュライヒャーの言葉によれば、そこから、「チュートン語、リトアニア語、スラヴ語、ケルト語、イタリア語、アルバニア語、ギリシャ語、ペルシャ語族、そしてインド語族」が発生したという。この、先史のただひとつの祖語から、あのベンガル地方の裁判官、サー・ウィリアム・ジョーンズがかつて夢見た多くの言語が生まれてきたのだ。[10]

あらゆる知がそうであるように、インド＝ヨーロッパ語の文献学にも原則がある。その原則は証明不可能だが、いったん受け入れられると、命題の一貫性を保証する。ジャン＝クロード・ミルネールは、原則は二つしかないとした。[11]その第一は、言語間の音声上の類似には理由があるというもので、二番目は、その原因は言語内に存在するというものだ。この二重の前提事項に基づき——これはつまり、祖語が存在するという前提に他ならないのだが——比較言語学者はヨーロッパ諸語とアジア諸語の間の呼応を確立する。ミルネールはこう書く。

インド゠ヨーロッパ語研究者であるということは、

（a）元となる一つの言語をつくりあげるということ

（b）観察された諸言語の各形態を元となる言語に結びつけること（いわゆる語源学と呼ばれるものである）

を意味する。

わたしたちはすぐにインド゠ヨーロッパという用語の奇妙さに気がつく。それは独立した言語としての地位を持ち、知られているあらゆる言語と比較可能であるが、話者を持った言語としては立証されたことがない。実際のところ、もしも偶然に観察されたその言語の痕跡を描写することがあったとしても、それは、結果となる言語の諸要素によってしか示されえず、求められている当の元となる言語は常に身を隠しているのだ。[12]

インド゠ヨーロッパ語の言語学者たちが発展させた語源に関する知識は、この試みの独自性をよく表している。アウグスト・ポットの『インド゠ヨーロッパ語族の語源研究（Etymologische Forschungen auf dem Gebiete der indogermanischen Sprachen）』が一八三〇年代に出版されてから、インド゠ヨーロッパ語族の文献学は自らの研究の実践を「祖語」の語彙の確立に求め始めた。第一巻は三七〇の祖語に属する語根の調査目録を作っている。そして、一八七三年の『インド゠ヨーロッパ語語源辞典（Wurzel-Wörterbuch der indogermanischen Sprachen）』出版時には、その総数は二二二六語根に達した。[13] これらの貢献は一見それ以前の伝統であった語彙研究の系統にあるように思われる。しかし学問としての根拠も新しい分野における様々な方法論は、実際のところは大いに新しいものであった。古代や中世における語源に関する思索は、セビリャのイシドルスによれば、物事の「起源」（origo）と「力」（vis）を、それを意味している単語から説明することが目的であったが、[14]「語根の形態」を求める新たな試みは、それらとははっきりと袂を分かっていた。インド＝ヨーロッパ語の語源学者たちの方法論や目的は、当時の文献学者とも決定的に異なっていた。同時期、文献学者たちは、例えば、グリム兄弟が『ドイツ語辞典』で、そしてブロックとヴァルトブルクが『フランス語語源辞典』で行ったように、壮大な語彙記述研究を実現しようと試みていた。[15]近代の国家言語の辞書は単語の歴史の概観を提供し、それは様々な次元で、伝統的な意味でのテキスト文献学の原理に基づいている。多種多様な引用を通じ、それらの辞書の見出しは、ある用語の最近の用法を、さらに昔の用例に導くことで結果的に最初の用例に合流させる。それに対し、インド＝ヨーロッパ語の語源学にはほとんどテキストがなく、目的に達するためには文献を脇にやらなければならない。そのプロセスは、あらゆる方法論を使い、ある言語の単語を、それらが依って来たであろう形態に遡ることで成り立っているが、その形態は、理論上はどんな実例も持たないのだ。ここから、祖型の奇妙さが現れる。伝統的な辞書に含まれる単語と異なり、インド＝ヨーロッパ語の語彙の語根は全て、本質的には、「再建する」よりほかない要素の結果なのだ。

この事実は大いに重要性を持っている。というのも、それはインド＝ヨーロッパ語言語学に独自の学問的根拠を与えるからだ。つまり、この文献学は証明され得ない言語形態のみを調査するゆえに、すでにいつでも忘れられている言語の研究がその固有の使命になるのだ。この点を過小評価することは、この、新しい研究分野によって作り出された、伝統的な言語学とは全く異なる書記体系を何も理解しないことになってしまうだろう。インド＝ヨーロッパ語の専門家たちは、記号体系の技術を再編する必要に駆られていた。彼らは、前例のない表記の困難に直面していたのだ。問題は簡単である。ある用語が「再建された」ということを示す際に、インド＝ヨーロッパ語の文献学者は、それが本来は実例を持たないという、その用語を定義していた特質自体を消してしまう危険を侵していたのだ。確かに、祖語の要素は引用された瞬間から、他の形態と区別できなくなってしまう。文献学者がどれほど意識していても役には立たない。いったんテキストの中に招集されれば、証明されてないデータは仮定の王国を離れ、文証された領土に身を落ち着けてしまうのだ。言語学者たちはこの困難についてははっきりと述べていないが、しかし、彼らがこの問題に直面していたことは確かである。事実、まもなくして彼らはその問題を避けるための巧妙な解決策を着想した。それは印刷記号上の解決策で、アステリスク「＊」、ドイツ人の創案者たちの用語を借りれば星印（Sterne）を使用するというものだった。

シュライヒャーは、自らの著作、概説の初版において、このシンボルに、この学問分野の未来を決定する用法を与えた。彼はその序文の注でこう書いている。「《＊》は、推論された形態を示す」（* bezeichnet erschlossene formen）[16]。あらゆる「再建された」形態はこれ以後アステリスクの後に現れることになる。シュライヒャーが最初に挙げる例は「*fathār」で、これはヴェーダ語の「pitā(rs)」、ギリシャ語の「πατήρ」そしてゴート語の「fadar」の語根である。単語の頭に置かれたこの小さな星は、この単語を他のあらゆる単語と区別することに役立っていた。その記号は、いうならば、これが付いている用語を、実例によって成り立つ分野から引き離し、この用語に、文献学の公準である、証明されていない領域を与えるのだ。

この記号はすぐに成功をもって迎えられ、シュライヒャー以降、アステリスクは、歴史言語学において、そうとは分析されていないが決定的な役割を果たしてきた。過去二世紀の書籍に目を通すだけで、言語学においてこの記号の輝きを逃れる学術的論文はほとんど見つからないことが分かる。しかしながら、この記号の機能は、一見するよりもっとデリケートで複雑だ。印刷記号としてそれが付与された用語の地位を変化させるという意味においては、アステリスクは引用符を想起させるが、その機能は全く異なっている。引用の論理構造に従い、ある用語を引用符の中に入れると、その言語単位は他から切り離されるが、それはもともと引用符なしでも使われうる用語だ。よく知られているニュアンスの違いを挙げてみるならば、「「gerundium」は三シラブルの単語だ」と言う時、（「ラテン語の栄光ある gerundium は馬に乗った動詞である」[17]と）引用符なしでも同様に使用できる語彙素（gerundium）を特に取り上げて使っていることになる。しかしアステリスクの後に続く用語は、アステリスクを放棄することはできない。語根を、それが語根であると記載せずに使うわけにはいかない。そして、語根が語根であるためには、言語学者が言及する場合を除いて、この言葉が使われたという証拠は一つも存在してはならない。例えば、*fathār という用語が使われた最初の実例はシュライヒャーの声明であり、そこでは、「ゴート語の fadar は明らかに *fathār からの派生である」と書かれていた。アステリスクはこのように、ある言語形態の語義を宙づりにし、通常の指示や意味作用の領域からこの用語を逃れさせるという点では引用符と同様だが、その機能はさらに独自である。この文献学の星は、自分が結びついている要素は一連の言語形態が確立されるのに必要だが、それ自体は実例を持たないと示している。別の言い方をするならば、この記号は、言語学者によって提唱された形態はそれが以前に一度も現れたことがないという限りにおいて存在すると表明しているのだ。そこから、アステリスクとインド＝ヨーロッパ語学を繋ぐ自然な親近性が現れる。この記号は、祖語の諸要素に付け加わっているとき、自分が最もいるべき地位を占めている。この祖語は、一般的な意味での言語というよりも、「*言語」というのにふさわしいからだ。

シュライヒャー自身はこの記号は比較的控えめにしか使用しなかった。実例はないが、多くのインド＝ヨーロッパ語に必要な用語を示す時に、彼はしばしば、その後「星付け」（Besternung）と呼ばれることになる方法を用いたが、それを祖語そのものの諸形態を示すのには使用しなかった。彼は、自書の序文で、慎重に、同様の場合自分は「そういった表示をすることを控えた。それは不必要だからだ」と書いている。[18] 一八六八年、シュライヒャーは、学問の歴史の中ではこれに匹敵する例のほとんどない文献学的情熱で『インド＝ヨーロッパ祖語による寓話』を出版したが、そこではただひとつの単語にも星をつけることがなかった。しかし、星はその不在によって輝く。このドイツ人学者の卓越した学識により、一頭の羊と仔馬の群れがインド＝ヨーロッパ諸語の起源となる言語で会話をすることの想像力豊かな物語の中で、見えない星はひとつひとつの単語の周りで輝いているのだ。[19] シュライヒャー以後、学者たちはさほど躊躇なしにこの記号を使用するようになった。論理上は「余分」であるにもかかわらず、祖語のアステリスクは印刷され続けた。オスヴァルト・セメレーニの『インド＝ヨーロッパ語学序説』の、一九九〇年に出版された第四版かつ最新の版においては、言語学者たちはいまだこの記号に異常な熱意を示している。ある用語がインド＝ヨーロッパ諸語から来るにしても、それらの言語の起源である祖語から来るにしても、「ある形態が再建され、その実例が確認されていないことを示すために」[20]一様にアステリスクを使用することが奨励されている。

アステリスクの学術的威光に大いに貢献しただろうシュライヒャーの時代以前からすでに、この記号は曖昧な点を持っていたようだ。E・F・K・コーナーは、「歴史言語学における「星付け」の歴史」と題された研究論文で、この記号が近代のテクニカルタームとして使用された最初のケースは、一八四三年にハンス・コノン・フォン・デア・ガベレンツとユリウス・ロエベが出版した『ゴート語語彙集』だとしている。[21]古典文献学の継承者として、この二人の著者は、証明されていない用語をテキスト中で引き合いに出す論理の正当性に疑いを差し挟み、彼ら以前の学者、古高ドイツ語の語彙解釈において「サンスクリットのモデル」から大いに着想を得ていたエーベルハルト・ゴットリープ・グラフの実践に異議を唱えていた。しかしながら、その彼らでさえも仮定的な形態を援用する誘惑には抗うことができず、アステリスクに頼ることになったのだ。この著者たちは、序文でこう説明している。

わたしたちは、グラフが行ったように完璧に想像上の語根（ganz imaginäre Wurseln）に遡ることは疑わしいと考えていた（…）しかしながら、わたしたちには事実上失われてしまったが、かつて存在し得たと考えることができる（für uns verlorene, aber doch bestehend Stammwörter）語根に訴えるより他に選択のない場合が何度も生じた（…）そこでわたしたちはそれらの単語を＊によって同定した。[22]

また、序文の中でこの両著者は、アステリスクとダガー（†）を対置し、後者は著書の中では、ギリシャ語とラテン語から派生したゴート語の単語を示すために使用している。[23] 彼らのこのような選択は容易に理解しうる。文法学者たちにとって、ダガーは、こう言って良ければ、その先祖たちがずっと昔から永遠の眠りについていた単語を表す。その反対に、アステリスクは、これと完璧にシンメトリーをなし、死亡していず、これから生まれてくるわけでもなく、先の二人の文献学者たちの言葉を借りれば「かつて存在し得たと考えることができる」が、常に「わたしたちには失われている」単語を示しているのだ。

一八五二年、テオドール・ベンファイは『サンスクリット語文法大全』を刊行し、その中で、今度は自分の番として、アステリスクを、彼が「仮定的な形態」[24]と形容するものを示す役割で使っている。彼は自分と同時代に書かれた、ゴート語の『語彙集』を知っていたようには見えない。彼の星印の用法は、ある種の過度な特異体質によって特徴づけられる。彼がある形態に「星付け」する時、彼は少なくとも三つの星（「***」）を使用する。ともあれ、文献学の星は異なる形を身に纏うことが可能であった。「ゴート語における接尾辞Ka」という、一八五七年に発表された論文の中で、レオ・マイヤーは二つ星「**」システムという選択をとった。[25] そして、その二年前に出版された、ゴート語の二重子音体系についてのエッセイの中で、この著書は三つのレベルでのアステリスクのシステムを提案している。それは、様々なレベルで容認しうる形態のパレットを理解するためのものだった。彼は注でこう書いている。

わたしたちは「*」で文献に出てくる単語を示す。「**」では、それらの単語が純粋に理論的な方法で推論された場合で、その存在が全くあり得ないと考えられる時には「***」で示す。[26]

文献学の星はこの時ライプニッツ的な可能世界を完全に開く。「運命の宮殿」さながら、様々な現実の、最もあり得るものから一番受け入れがたい所まで降りていくのだ。この学者によって想像された言語学的「現実」(realitates)の様々な次元は、最も高度に可能なもの(存在するもの)、それよりも可能性は低いがまだ考えられるもの、そして、あまりにも可能性が少ないので、ほとんど不可能だと考えられるが、かといって仮定から外すことはできないものを区別している。

マイヤーの提唱は、歴史言語学の発展の中でも特殊なケースであったように思われる。しかしアステリスクの意味作用は、一度であらゆるケースに当てはまるように定められたことは決してなかった。少なくとも優勢な実践として幅をきかせていたのは、シュライヒャーが一八六一年から一八六二年に刊行した概説中で採用されている方法で、彼はそれをゲオルグ・ビューラーから採用したようだ。一八五九年に、ビューラーは星印を、「起源の形態」(Grundform)を示すために使用した。[27] しかしながら、マイヤーが可能性の異なる様々な形態を示すために使った使用法は、インド゠ヨーロッパ語族の文献学の表記慣習からは決して完全に消え去りはせず、それは、シュライヒャーの強力な影響下にある者たちにおいても例外ではなかった。一八七四年に出版された全集の英語ヴァージョンの中で、語根は、数学における平方根(√)の記号で表されているが、それに対しアステリスクは、この本の最初の略号表で定義づけられているように「存在しない」形態を示すに留まっているのは指摘に値する。[28] 一九七五年になってもまだ、『島嶼ケルト語の動詞の接続形及び絶対形語尾の諸起源』と題された試論において、ウォレン・コウジルはアステリスクを証明されていない形態のためにのみ使い、文献はないがより信頼性の高い形態については、パラグラフの略号である「§」で示し区別した。このケースにおいては、星印はむしろ、可能な形態というより不可能な形態を指し示している。[29] これらの例のリストは網羅的ではない。セメレーニは、再建されたあらゆる形態に対して星印を使用することを推奨するだけではなく、この記号に純粋に書誌学的な意味をさらに与えている。彼の『インド＝ヨーロッパ語学序説』の英語版の序文で、彼は次のように記していた。

幾つかのケースにおいては、わたしが参照したことのない著作について言及しておくのがふさわしく思われた。これらの文献はアステリスクによって同定されている。[30]

この小さい星は、十九世紀半ばに文献学の地平線に姿を現してから、多くの学者たちによって異なる意味作用を纏わされてきたし、これからもそうであろうと予言してもさほど間違いではないだろう。しかし、この星は決して姿を消しはしなかった。その光は常に同じ場所にある。この星は、学者たちが、言語を統一し切り離す関係を説明するために引き合いに出す、想像上の形態の際限ない領域をずっと照らしてきた。その点では、アステリスクは、それなしには比較言語学と歴史言語学の再構成作業が不可能だっただろう分野を到来させたのだ。過去二世紀のインド＝ヨーロッパ語族の文献学が見事に示したように、アステリスクのついた形態が推測を意味するからといってその記号の必要性が薄いことにはならない。過去の原資料が消え去った、星印の付いた単語は、諸言語の歴史的発展や言語間を結ぶ類似性を照らしており、逆説的に思われるかもしれないが、それは、その単語が消失しているからこそ可能なのだ。言語の正史編纂は、その点においては、個人の伝記とほとんど変わることはない。結局のところ、残されたあらゆるものを説明するのは白紙の部分にかかっていて、もしも幾つかの共通の特徴の元となる起源を確信を持って確立したいなら、非現実ではあるが、その存在が必要とされる影響関係をゼロから造り上げるほか優れた方法はない。家族のアルバムは、記憶にない過去の写真があることで初めて完全になるのだし、諸言語の年代学においては、いっときでもいいから、ずっと以前から忘れ去られている言語を再浮上させようと足を止めることなしには、どこにも進むことができないのだ。

第十二章　星はまた輝く

十九世紀の産物であるインド＝ヨーロッパ語文献学は言語学研究の主要な位置をある日放棄し、それに続く思潮に明け渡すことになった。それは構造主義である。[1] ソシュールの『一般言語学講義』から影響を受けた言語学者の様々な方法論をどのように定義するにせよ、彼らの究極的な目的は歴史にも比較にもなかった。彼らが何よりも求めていたのは、言語体系をそれとして構成する記号学的、文法的、音韻論的な特徴を確立することで、ただひとつの祖先を持つ一群の言語を統一する系統を明確にすることではなかったのだ。結果として、構造主義言語学者たちはインド＝ヨーロッパ祖語の再構成プロジェクトに特別な関心を抱いてはいなかった。時として、彼らはそのような試みを正当化する可能性自体に異を唱えるところまで行った。その最も有名な例はおそらくトルベツコイである。一九三九年、「インド＝ヨーロッパ語問題」と彼が呼ぶテーマを扱った短い論文で、彼は、あらゆるインド＝ヨーロッパ諸語が「インド＝ヨーロッパ祖語と呼ばれる、ただひとつのインド＝ヨーロッパ語」

なるものを起源とすると推測する歴史的な理由も方法論的な理由もないということを示した。彼は次のように告げている。「この仮説は、どれだけ時を遠くまで遡っても、わたしたちは常に多数のインド＝ヨーロッパ語を見いだすという事実から反論できる」。そこから、彼は、平然とこう述べる。「確かに、唯一で始原的なインド＝ヨーロッパ語があるという仮定が厳密に不可能だと断言することはできない。しかし、この仮定はいささかも必要不可欠ではなく、この仮定がなくても全く困りはしないのだ(2)」。

一九五七年、ノーム・チョムスキーの『統辞構造論』の刊行は言語学の歴史に新たな一章を開いた。それは言語学を文献学のパラダイムとさらに大きく区別するものだった。チョムスキーは、短いが大きなインパクトを与えたこの著作の冒頭で、言語学は「個々の文法の根底にある本質的な諸特性を見定める(3)」ことに意義を見いださなければならないと述べている。「文法」という古典的な用語を用いることで、一見この文章は伝統的なことを述べているように思われる。しかしここでは、この単語は曖昧で、『統辞構造論』によって創始された試みは根本的に新しい。この違いは単純な理由に基づいている。それまでにあった言語学の実践とは異なり、チョムスキーによって推奨された「文法」の分析は近代的な意味での「science（学問、科学）」であろうとしていた。つまり厳密な意味で経験的であった。そこから彼の認識論的確信が現れる。新しい言語の科学は、ある定められた言語の中に、文法性と非文法性を説明することを求めていた。そしてこの科学はそれを、誤りを立証できる命題により行った。時間と空間の中で実現されたものだけを扱うことで、この科学はそれ以降確認の手続きが必要とされた。あらゆるガリレイ的な科学同様、この学問も命題、予測、記述を研究対象の現実と照らし合わせる義務を負っていた。[4]

しかし、公然と認めたわけではないが、この新しい学問はかつての時代、つまり、インド＝ヨーロッパ語文献学の時代から来た亡命者を受け入れていた。それがまさにアステリスクであった。現代の言語学においては、この記号は、インド＝ヨーロッパ語研究の中で占めていたのとはかなり異なるが、同じくらい決定的な機能を担っている。アステリスクは、容認できない、または文法的に誤っていて、対象となる言語の中では非文になるものを示す。この記号は、新しい言語学とそれ以前のものを区別する、誤りを立証する機能を持つ記号となった。チョムスキーの方は『統辞構造論』でも、一九六五年に刊行された続編『統辞理論の諸相』でも、アステリスクを使わなかった。しかし、この二冊の著作では、この記号が体現する機能はすでに存在している。[5] 彼の挙げる例には、文法にかなっているものも非文法的なものもあり、それは必要に駆られてのことだった。なぜなら、そのように作られた表現によってのみ、言語学者は、自分が提案する統辞規則が有効であるかどうかを試すことができるからだ。チョムスキーは、『統辞構造論』において、Does John read books? とは言えるが、Reads John books は非文になる、と示し、疑問形の変換規則を実証している。[6] また、『統辞理論の諸相』では、この言語学者は、A very frightening person suddenly appeared というタイプの文章は可能であるが、A very hitting person appeared とは言えないという統辞的特徴を同定している。[7] アステリスクの新しい使用はそれとほぼ同時にやって来た。チョムスキーの方法論に従って研究を行っていた言語学者たちは、不可能な表現には全てアステリスクをつけるようになった。星印は次第に生成文法における形態の記号として一般的な印となり、一九五〇年以降は、共時言語学の中でも一般的に使われていた。

しかし、歴史言語学においては、文献学において再構成を意味するかつての星印は相変わらず力を及ぼしていて、現在でも、言語に関する学術的文献の中でこの二種類のアステリスク使用の双方に出会うことは珍しくない。活字の記号としては二つの記号は全く同じであり、そのため、そこに記されている記号の意味を知るためには、学者が要求している言語学的パラダイムを知ることが不可欠になる。それは容易ではないが重要だ、二つのアステリスクの機能は合致しないのだから。ある意味では、この二つは対立しているとも言える、専門家たちがこの対立には言及しないのは理解できるにしても。通時言語学においては、星印は、存在する文献によって証明されてはいないが必要な形態を示す。共時言語学においては、星印は学者が論証のために必要とする非文を表している。

しかし、この二つの星印は、どちらも、意味が曖昧だという点で一致している。共時的なアステリスクも通時的なそれも、曖昧な部分は多様である。正確には何をもってある文章を「受け入れがたい」とするのか。周知のように、不可能には限りがない。非文法的な表現を数え上げるのは困難だろう。『統辞構造論』刊行一年後、F・W・ハウスホルダーは、彼が教鞭を執っていたミシガン言語学院で、アステリスクを現代的な意味で使い始めた。彼は自分の学生が間違いを犯すのを避け、自分の挙げる例の幾つかの非文法的な性質について誤解のないようにしたかったのだ。その十五年後、一九七三年には、彼は、アステリスクの使用は、彼が呼ぶところの「言語学の論文執筆にとってほぼ普遍的な書式」において本質的な部分を獲得したと指摘している。「この記号の普及になにがしかの責任を感じ、ハウスホルダーはこの記号の分析についての試論を書いている。彼はそこで「わたしたちは最も奇妙で最もあり得ない文章に対してこの一時しのぎの策を用いた」と説明している。ある表現につけられたアステリスクは三つの異なった意味を有している。問題となる表現をXで表すとすると、＊Xは以下の提案を凝縮したものと言えるだろう。

（1）「わたしはけっしてXとは言わない（悪い例として出す場合を除いては）」そして、その結果として、「その問題については、Xのようなことを言ったことは決してない」

（2）「わたしはXのようなタイプの文章を決して見たことも聞いたこともない。そして、そういう例は見つけられないだろうと保証する（話し手が意図的にではなく、うっかり言ってしまった場合を除いては）」。

（3）「言いたいことは分かるし、そう言っている人を聞いたこともあるが、それは皆K（南部の人、ニューヨークのユダヤ人、等）であった。わたしの地域では、むしろYと言うだろう[8]」。

そうなると、同じ星印が文法の異なった「非容認性」のレベルを示すことになる。そして、異なった価値を持つ文章に一様に付けられることになる。すなわち、絶対に考えられない、意図的ではないが容認することができる、奇妙だがしかし──残念にも──実際に存在することが証明されている、という三つである。ここでは、ほぼ一世紀後ではあるが、レオ・マイヤーが星印の数を一つから三つまで（＊、＊＊、＊＊＊）、言語の可能性と不可能性のレベルに応じて分けたのに近い立場にいる。

この統辞記号の曖昧さは否定することができない。しかし現代の文法理論の方法論にとっては、これらの曖昧さは重大な影響はない。言語の経験論的学問は星印の機能に二つの価値しか認めていないからだ。それは、文法性と非文法性である[9]。ある主張が誤りであることを証明するためには、他の全ての測定は余計になる。確かに、チョムスキーが『統辞理論の諸相』で指摘したように、文法性はそれ自体「確かにレベルの問題だ」。非文法的な表現のある一定の総体に基づき、言語の専門家は、自分が提示する言語学的逸脱の異なった形態を理解するための類型を挙げることができるだろう[10]。しかしながら、このような区別は、ガリレイ的科学を定義する実証のプロセスにおいては全く何の役割も果たすことができない。そのような区別は、ある決まった場所と時において文法的であると見なされうる表現、つまり経験的出来事が許す命題が真実かそうでないかを決定することしか目的としていない。ある表現が「多少なりとも」文法的であるかどうかはこの見地からはほとんど重要ではない。学者が知らなければならないのは、規則によって予測された出来事が起こったか起こらなかったかということであり、はっきりと区別をするための判断だけが重要なのだ。

しかしながら、重要性を低く見積もってはいけない警告が存在する。あらゆる言語的証明が必然的に立脚する基本的な識別は、それ自体証明することはできない。文脈から外れた表現がある言語において文法的か非文法的かを言語学者が示せるような論理的、歴史的、または社会学的な基準は全く存在しない。チョムスキー自身が早い時期に示したように、文法学者がある表現の価値を評価する時、彼は、最終的には、「話者の言語的直感」、すなわち「直接の観察においてはたどり着くことができず、どんな帰納的プロセスによっても資料から抽出することはできない[11]」現象にゆだねることを強いられるのだ。ガリレイ的科学もまた、その原則を持っている。この学問はある種のことが「言われ得ない」ことを前提にしなければならない。学問的な証明の必要のために、ある言語で言えることと言えないことを対立させるのが合法だと容認し、原則的に、そのような対立を容認する。しかし実際にはその区別は証明不可能だ。経験的言語学はそのような実証の不在のうちに行われているのだ。そしてそれは、アステリスクのおかげで、言語自体を、それではないものの前提により定義することで成り立っている。

学問的パラダイムが他に移っても、アステリスクはその力を保っている。インド＝ヨーロッパ語文献学においても経験主義言語学のテクニカルコードにおいても、この小さな星は知識に不可欠のフィクションに道を開く。言語学者だけが書くことを許されている発話を定めることによって、この星は言語の不思議の国の中でも最も学問的な領域を作り上げた。その国では、発話の現実に近づくために識者たちが編み出さなければならなかった作り事に満ち溢れているのだ。しかし、知識の進歩は無駄に達成されるのではない。現在の言語学者たちは、先駆者がしたのとは全く異なる方法で造り上げた形式を使用するからだ。現代の統辞論において、アステリスクで示された発話は、その誤り自体を利用して、本来的に経験論的な証明の儀式を作り上げている。厳密にはあり得ない発話として、それは、文法を支配する原則を、必要に迫られて確立することに貢献する。しかし、学問的な責務は変わらない。実際に存在している言語を説明することを願うのであれば、人は、最終的に、言語の存在しない形態に向かわねばならないのだ。そのように、星はまた輝く。ある言語の細部はもう一つの言語の光、太古のものであれ容認できないものであれ、常に造り上げることによってのみ成り立つ言語を通じてしか観察することができない。この小さい星だけが、固有の言語の大洋の上での航行を可能にする。想像上のものではあるが常に明晰に輝く目印であるアステリスクは、その輝きによって、言語に影を投げかけ続ける闇、それなしにはどんな言語も言語にはなれない闇を払いのけるのだ。

第十三章　ニンフの蹄

昔あるところに、雌牛に姿を変えられたニンフがいた。オウィディウスの『変身物語』第一巻にある話だ。ユピテルは、河の神イナコスの愛らしい娘、イオを見初め、愛人にするために、彼女の意に反して連れ去る。婚姻外の関係を妻に隠すため、この神々の父は犯罪現場の付近を厚い黒雲で覆ってしまう。しかしユノーはすぐに、この常ならぬ雲に気がついた。昼の日中に夜が出現するのを見て、彼女の心に疑惑が生まれる。そして、自らの手で事情をはっきりさせようとして、地上に降り立ち、夫がこしらえた闇を取り除いた。事態はもはや一刻の猶予も許さず、ユピテルは何らかの措置を施さねばならなくなる、とオウィディウスは語る。妻から愛人を隠すべく、ユピテルはこの半神を一頭の雌牛に変えてしまう。「乳のように白い」この上なく美しい雌牛だった。勿論、この新たな術策も気づかれない訳がない。露骨に文句をつけたりはしないものの、ユノーは夫に、どうしてこの不思議な雌牛が、たった一頭、ぽつねんとオランピアの王の側に立っているのか問い質す。いつ生まれたのか。

誰が育てたのか。ユピテルが、雌牛はいうならばどこでもない場所からふってわいてきた、いわば、「大地から生まれ出た」のであって、誰のものでもないのだ、と答えると、ユノーは夫に、それではこの雌牛をプレゼントしてほしい、と言う。ユピテルには選択の余地はなかった。この要求を満たすことは不愉快きわまりないが、もしも断ったら、状況をさらに悪化させるだけだということは分かり切っていた。「この贈り物を、姉妹《きょうだい》も同然の妻に断ったら／彼が心に隠したことを露にすることになり／誰にとっても雌牛であるイオは、彼にとっては実は雌牛ではなかったと／嫉妬深い災いの元となる女性に推測させることになってしまうだろう(1)」。

そのようなわけで、件の雌牛はユノーの元に委ねられ、この最も嫉妬深い女性は雌牛を百の目を持つアルゴスにしっかりと見張らせていた。いまや、イオは日中こそ自由に移動して草を食むことができたが、夜になると注意深い番人の元に戻らねばならなかった。そして番人は雌牛の首を繋ぎ、「苦く固い草」しか与えず、残酷にも、かつてのニンフに「泥水の他には」飲むことを許さないのだった。時としてイオは許しを請おうとしたが、失敗に終わった、とオウィディウスは書いている。「しばしば、アルゴスに懇願するため／腕をのばそうと前進するのが見えた。／しかし死ぬほど悲しいことには／気がつけばもはや差し出す腕を持たなかった。／彼女は哀れみを請おうとした、そんな軽率さをあざ笑うかのように／言葉の代わりに出てくるのはモーモーという声ばかりだった。／その声に彼女は怯え上がり、自分の声を聞こうとしても／自らの鳴き声にぞっとするばかりだった(2)」。

しかしある日、この不幸な雌牛は自分が生まれた河岸へと続く道を見つけた。そして、いまだ人の言葉と手を失ったままであるにもかかわらず、彼女なりのやり方で、娘だと気がつかなかった自分の父親に、変身してしまったのだと伝えることができた。彼女は「父親の手をなめ、掌に接吻をした。そしてあふれる涙をこらえることができなかった」

もし言葉で説明できたなら
自分の名とその苦しみを語ることもできただろう。
そうできなかったので、彼女は書こうとした、
言葉で話せない事を足で記そうとした。
砂の上に記した僅かな文字で
自分の身に起きた悲しい出来事を書き残した。
イナコスはその文字を見るなり
震え上がり、その雌牛の首にすがりついた。
ああ、わしはなんて不幸なんだ、本当に不幸だ。
イオ、私の愛しい娘よ、わしが見ているのは本当にお前なのか。
至る所探しまわり、地の果て海の果てまでも
探しまわって見つからなかったお前がここにいるというのか。
天はわしからお前を永遠に奪おうという訳だな、
こんな姿でお前に会うなんて、お前を見つけなかったも同じ、
お前を失ったと思い込んでいる方が、わしの祈りが聞き届けられ、
こんな形でお前をわしの元に戻されるよりもずっとましだった。(3)

意味を持つ音を発することができず、理解してもらえるような仕草もできなかったので、イオは蹄《ひづめ》を使って書く術を発見した。イナコスの河岸で、砂の上に、声を出せない雌牛は、自分が口に出して言えなかった事を二つの文字で書き記した。幸いだったのは、彼女が、イオという名前だったことだ。もしこの雌牛が、イオという名前ではなく、グラニコス河の娘アレクシロエとかポーコスの母プサマテー、または、巨人オリオンの娘、メニッペーやメーティオケーのような名前だとしたらどうなっていたことだろうか。イオの場合、アルファベットの二文字、IとOを記すだけで、自分が変身してしまったという「悲しい出来事」を伝えることができた。そしてそれはこの河の神が最初に読むことになったのだ。

細かい部分で記憶に残る場面ではあるが、オウィディウスの変身物語の世界には類似する場面が決して少なくない。この物語の構造において、雌牛が記した文字は変身という仕組みを典型的に示すものであり、ニンフの蹄の話は、変身そのものの縮小版アレゴリーとして読みとることができる。この寓話は、オウィディウスが作品全体を通じて探求している、「様々な身体が最初の形象から離れる」という運動に触れる基本的な問題を取り上げているのだ。変身が完全なものであるためには、一つの身体が完璧にもう一つの身体に移り変わる必要がある。そうでない変化はどんなに決定的であろうと、変身ではなく単なる変容にしか過ぎない。それゆえ、ニンフは完璧に雌牛にならなければならない。イナコスから生まれ、人間の身体を持つ神的存在が持っていた特徴を微塵も示さない動物になること。しかし文学的な変身はそれにとどまらない。というのも、もう一つの身体への移行がそれとして認識されるためには、手がかりが不可欠になるからだ。新たな形態の中にあって、変化が発生したことを明白に示す何ものかが残っていなければならない。変身が残らず完全なものになるためには、逆説的なようだが、まさに変身というその出来事を記す跡を保持していなければならないのだ。新しい身体にとっては異質ではあるが、完全にその一部にもなっている要素。「新しい身体」の例外的な特徴は、かつて自分のものだった身体の跡を残している。雌牛の場合、その特徴は、消えてしまったニンフの名前であり、それを書くことで、書かれた名前の持ち主が変身を遂げたことを告げているのである。IとO、河岸に記された二つの文字は、変化を証しすると同時に変化を裏切ってもいる。二つの文字は、あらゆる意味で、変身を「裏切る－露わにする」。

牛の記した文字は見かけほど単純ではなく、砂の上に書かれてから後、多くの解釈者の注意をひきつけている。雌牛の文字をとりわけ重要視した者の中に、ジョフロワ・トリーがいる。彼は博学の持ち主で、芸術家であり文法学者、書店主かつ活字印刷職人でもあった。トリーは一五二九年、『シャンフルーリーまたは真の文字配分に関する芸術と科学』という本を出版した。フランス・ルネサンスに少なからぬ影響を与えたこの書物の冒頭で、トリーは十数頁を割いて、神話に出てくる雌牛の運命を子細に語っている。そして、寓話的な解釈を試みる。それによれば、イオは、知識の発展に中心的な役割を果たしたというのだ。トリーはこう説明している。「イオと呼ばれる、イナコスの美しい娘は、科学を（つまり知識を）体現していると見ていいだろう。この科学は、富の寓意であるユノーによって追放される」[4]。知識の精神が生み出したものと定義づけられることで、蹄で砂に書かれた文字は新しい意味を担うことになる。彼によれば、ニンフの名前を構成する文字はアルファベットの中で独自な地位を占めている。IとOは、つまるところ、「あらゆるアッティカの文字がそこから形作られることになる源なのだ」(5)。トリーは次のように記している。Aは二つのIを(または二つ半)組み合わせた文字に等しい。Bは、中央で「割られた」OにIがくっついた文字でなくてなんだろう。この人文学者は次のように続ける。「同様に、アルファベットの残りのあらゆる文字はIとOという二つの文字の一つか両方の組み合わせから成り立っているのだ」(6)。CはOの右側が軽く開いた形をしているし、DはOの半分とIがくっついたもの、Eは、Iともう一つのIが三つに分かれてくっついたものだ、等。変身させられたニンフは、たった一人で、声も手も持たないままに、父親の河岸に自分の名前を記す以上のことを実は成し遂げていたのだった。彼女は、最初に、文字の基礎となる二つの構成要素を記し、きわめて簡素ではありながら、書記記号の総体を発明したのだった。つまるところ、書くという行為は雌牛の生み出したものであって、声を決定的に失うことで新たに生み出されることになった「痕跡」なのである。

この痕跡の構造をどのように検討するかで見方は変わってくる。それというのも、言語は様々な形で生き延びている可能性があるからだ。ある言語を簡単に放棄することができたのに、意図的にその言語との関係を保持しているような事例がそうである。例えば、ハンナ・アーレントは、若い頃話していたドイツ語を忘れることがなかった。一九六四年、ドイツのテレビ局が行ったインタビューで、ギュンター・ガウスが彼女に「ヒットラー時代以前のヨーロッパで、彼女のうちに何が残ったか」と尋ねたとき、この政治理論家は、次のような良く知られている答えを返した。「残っているもの?言葉が残っています」。「わたしは常に、母語を失うのを意識的に拒否してきました」とアーレントは続けている。[7] そしてしばらくおいて、このように付け加えてもいる。「ドイツ語は、わたしに残った本質的なものであり、わたしが常に意識して保持してきたものでもあります」[8]。アーレントが語っている、忘れられずに残っている母語と、変身して言葉を話せないイオが砂に残した文字の跡とを隔てる距離を見定めるのは難しくはない。神話上の人物は、歴史上の個人とは違い、自らの言葉が「失われるのを意識的に拒否する」ことはできなかっただろうからだ。思想家アーレントは、ドイツ語話者の総体を表すと主張する国民国家の存在にもかかわらず、自分とドイツ語との関係を保持したが、寓話上の生きものは言葉を保持することができなかった。オウィディウスが言っているように、変身は、元の姿を一つとしてそのままに残すことはなかったからだ。だからこそ、変身後ニンフに残されたものは、彼女がニンフであった時には決して所有しなかったもの、絶望と窮境の果てに手にしたものでしかありえなかった。それは、書くということである。雌牛に変えられたニンフの場合、言うならば、この「残存物」は、かつての姿は何も残っていない時になって初めて現れ、結果として、「残存物」が証するものには還元できないものであり続けるのだ。ヨシフ・ブロツキーにも、残った言葉について喚起したくだりがあるが、それは、政治思想家であるアーレントの立場からというよりは、いわば雌牛の側に立ったものだった。一九八七年、ノーベル賞受賞記念講演会で、ブロツキーはW・H・オーデンの詩の一節を引用しつつこのように書いている。

詩人とは言語の存在手段である。または、敬愛するオーデンが言っているように、詩人を通じて言語は生きるのだ。この文章を書いている私は、いつか消え去る運命にある。これを読んでいるあなた方と同じように。しかし、あなた方が読んでいるこの文章が書かれている言語は残るだろう。言葉が人間より長い生を持つからというだけではなく、言語はさらなる変容が可能だからだ。(9)

ここでは、言語が残るのは、個人の意志によるのでも、共同体の意志によるのでもない。誰も「意識的に」言語を引き留めたり放棄したりすることはできない。しかし、もしブロッキーのまとめ方に、人の決定や決心が力を持たないように思われるところがあるとしても、それは人が捉えていると思い込んでいる言語が人とは別個に存続するからではない。もしも言語が話者がいなくても生き延びるというのなら、それは言語が話者を顧みないからではなく、むしろ、言語が話し手を通じて常にその姿を変えられ、その性質上「さらなる変容が可能だから」である。このようにして、言語は、それを話す者がいようといまいと、時を通じて残る、同じ言語として残ることはないにしても。言語は、別の言語としてのみ生き続ける。そう主張することで、オウィディウスの物語には究極の意味が与えられる。言葉は、その変身の中でしか存続しない、そして、あらゆる言葉は、いなくなったニンフの蹄によって砂に記された文字にほかならないのだ。

第十四章　劣った動物

　人間には多くのことができるが、他の生き物に比べるとその活動は色あせてしまう。スピノザは、著書『エチカ』第三巻の有名な備考で、彼特有の実直さでこのことを確認している。彼は、次のような表現で簡潔にそれについて述べている。「我々が動物の中にたびたび観察することがらは人間の英知をはるかに超えている」（in Brutis plura observentur, quae humanem sagacitatem longe superant）[(1)]。アラビア文学における重要な作家であるアル＝ジャーヒズは、この問題を、八世紀半ばに完成された壮大で迷路のように難解な著作『動物の書（Kitāb al-ḥayawān）』の中で、特別の鋭敏さで検討している。このアラブ人作家は、自著の中でヨーロッパ古典古代とアラブ・イスラームの中世における医学、動物学、法学、哲学そして文献学の知識の本質について注釈している。現代の編集者により、適切にも「動物の力に対する人間の弱さ」と名付けられた章において、彼は動物に見られる能力に対し賞賛を惜しまない。この作家は冒頭でこう表明する[(2)]。

神はあらゆる種類の知識を人間以外のあらゆる動物にお与えになった。いと高き者は彼らに、その技術と手腕においてすばらしい自在さを賜り、嘴や脚を備えさせ、彼らに持たせた道具に見合った知識の場を開き、多くの種類の動物に大変発達した知覚器官を創り、そうして驚くほどの技をなすことを可能にした。(3)

アル＝ジャーヒズは自分の話題を例証するため幾つもの例を易々と挙げる。

例えばクモやシロアリが受け取った能力、また、ハチが教わった知識、またはより適切な例として、ハタオリドリの素晴らしい技能、傑作を生み出すための驚異的な術、他にも多くの動物の例がある。(4)

人間以外の動物はその完璧さにおいて共通しているように思われる。そしてこの文人はこう続ける。

動物がなし遂げるほとんどの行為において、神はどの動物にも機能的欠陥を科しはしなかった。羽を持つ昆虫、小型の鳥、そして大変小さい昆虫に至るまで、あらゆる生き物は傑出した能力を有している。(5)

アル＝ジャーヒズは、人間に固有の能力は別の秩序に由来すると考えていたようだ。彼は、神は人間を「理性（ʿaql）と自分を抑制することのできる力、行動力（istitāʿa）と独立心、責任感と経験、和解の精神、競争心、理解しようとする心、模倣の遊戯への参入、自分の行為の結果を洞察力をもって測ることができる意識に富んだ生き物(6)」として創造したと認めている。アル＝ジャーヒズはこのような特質を過小評価しているわけでは全くない。しかし、昆虫や他の動物を見たとき、そうした人間の能力には限界があることについても幻想を抱いてはいない。この学識者は、人間は学ぶ能力があると深く理解している。元から備わる堅固な能力に加え、学問や訓練の助けを得て、人間は進歩することができる。しかしながら、

鋭い感性に恵まれた人間、才智に長けありとあらゆる部門に通暁し、知の多くの分野において優れている者でさえも、動物によって成し遂げられているほとんどの行動を本能的に達成することは不可能だ。(7)

学問は多くの恩恵を人に与えるが、人間を動物の英知のレベルにまでは引き上げはしない。動物たちは自然に学問や学校、文化なしに、それらを十全に成し遂げているのだ。アル＝ジャーヒズは驚きをもって解説している。

訓練や養成、教育、研修をあらかじめ受けていなくても、繰り返される段階的な練習がなくとも、これら多種の動物たちは、自然の能力のおかげで本能的に、それが初めてであっても、様々な行為をすばやく編み出したり行ったりすることが可能であるが、人間は、もっとも深い思慮に富んだ者たち、哲学者や識者、器用だったり道具を巧みに扱う者であっても、動物と同じレベルで行動することは不可能だ。(8)

この普遍的な精神の持ち主はなおもこう主張する。厳格な教育を受け、熱心に進歩しようとし、複

雑な道具を扱えたとしても、人間は多くの生き物の中でも最も劣った動物に留まるのだ。

しかしながら、最も少ない能力しか備えていないことは、何もできないことと同義ではない。そして、『動物の書』の中では、人間という種は相対的に脆弱であるがゆえに人間だけが持っている特筆すべき能力は隠されてしまうとされている。人間には与えられていない様々な長所を数え上げた後、筆者は、動物のすばらしさは必然的に人間に固有の能力を排除することになると述べている。それは、失敗、またはもう少しソフトな表現に言い換えるなら、他よりより少ないことしかできない能力である。アル＝ジャーヒズは以下のように述べている。

人間はそのように創られているので、人は困難な事柄を成し遂げられる時、それよりもより易しい事柄も行える能力を持つ（matā aḥsana shayʾin kāna kullu shayʾin dūnaha fīʾl-ġamūḍi ʿalaihi ashala）(9)。

これは他のどんな生き物も備えていない才能である。

神は人間をそのような能力を持った者としてお創りになった。しかしその能力を他の動物にはお与えにならなかった。他のあらゆる動物は、もっとも熟達した人間でもなすことができない幾つかの事柄を成し遂げられるのだが、動物は奇跡を起こしたとしても他のもっと簡単な事柄を為すことができない(10)。

アラブ人たちにかくも賞賛される鳥についても同様である。彼らの歌はメロディーも韻律も実に正確で間違いはなく、「韻律とリズムの法則」に従って、「抑揚とハーモニーのためにあらかじめ準備されていた」[11]ように思われる音を作り出す。彼らはそれ以外にしようがないのだ。反対に人間は、歌を歌えるとして、簡単にも、下手にも歌うことができる。音を外すこともできるし、都合の悪い時には、決められたメロディーをねじ曲げることもできる。そして、全く歌えないこともあるのだ。アル＝ジャーヒズは、人間の行動の本質は、このような、減少の可能性にあるのだという。その重要性がいかなるものであれ、この可能性のおかげで、人は、本来の行動よりもより少なく為すという能力を固有の美点として持つことができるのだ。そこから考えられるのは、人間によってなされた行動は、他と切り離して考えることはできないということである。ある行動そのものを検討する際には、その行動の周りに投げかけられた、より劣った行動の影に注意を払わなければならない。それは、その行動自体より少ない、完璧には成し遂げられなかった数々の行為であるが、しかしながら完全な行為の代わりに常に実現できたかもしれない行為であり、または、そうあり得たかもしれない行為より劣っている、完璧には成し遂げられなかった行為である。

人間の言語はその完全な例を提供している。言語学者たちは、自分たちの研究対象について学ぶ最良の方法は、その誤用の様々な形式を検討し、そのゆがみや脱落について研究することだと一度ならず認めている。現代の言語学にあっては、ロマン・ヤコブソンが、最も輝かしいケースである。彼は、人生において二度、言語の単純化に興味を持ち、言葉の崩壊の過程そのものの中に、言葉を統御するものの鍵を探そうとした。一九四一年の研究「幼児言語、失語症および一般音法則」の中で、彼は、まだ話すことのできない幼児に始まり、もはや話すことのできなくなった大人に至る例までを取り上げ、あらゆる言語の音声学体系の下部に横たわる、層をなした構造を露わにしようと試みている。その二十年後、彼は失語症状の分析に立ち戻り、あらゆる文章において機能している二つの軸を定義しようとした。それは、選択（類似性）の軸と結合（隣接性）の軸であって、それぞれがメタファーとメトニミーに対応する。[12] ヤコブソンの研究は多岐にわたるが、そのどれもが、言語学は対象を捉えるためには話者が話す以外のこと、話す以下のことをしている時に特別な注意を払わなければならないという信条に駆り立てられている。

精神分析の創設者、フロイトもまた、言語障害の問題に取り組み、「言語装置」（Sprachapparat）と彼が呼んでいたものの構造を定義しようと試みた。この研究は彼の初期の執筆活動を特徴づけている。一八九一年にウィーンで出版された彼の最初の著作は神経学についての試論、『失語症の理解に向けて――批判的研究（Zur Auffassung der Aphasien: Eine kritische Studie）』[13] で、フロイトはこの本を、少なくとも初期においては自分でも高く評価していたように思われる。一八八四年にヴィルヘルム・フリースに宛てた手紙の中で、フロイトは「自分自身の知的活動に対して持っているイメージと他人の評価との馬鹿げているくらいの不均衡」について語り、そして、失語症についての自らの研究を例に挙げ、学問的試論として「真に意義のある」[14] ものであると語っている。しかし最終的にはフロイトは生前出版した著作集の中にこの論文を入れることはなく、結果としてこのテキストはその後の全集からも欠けることになってしまった。[15] その責任は、少なくとも一部は確実に、フロイトが自分の研究を発表した際の控えめな態度に帰せられるだろう。この本の冒頭で、彼は、十九世紀の神経病理学のテクニカルタームにおけるこの本の目的を定義する。第一頁にはこうある。「ドイツと諸外国の神経病理学の最も優れた人材の相互影響のおかげで発展した失語についての学説は二つの仮説を含んでいるが、これは他の仮説に置き換えたほうがよいということを示そうと思う」。その最初の仮説は、「中枢の破壊によって発症する失語と伝導路の破壊によって発症する失語とを区別すること」、そして二番目の仮説は「言語機能を担っている中枢間の相互関係に関わっ[16]」ている。

この二点の反対点において、フロイトは、ポール・ブローカが一八六一年に学界に発表した有名な発見に続いて挙げてきた神経学の分野における学説全体と真っ向から対立することになった。パリの解剖学協会に提出した論文で、ブローカは、検死に基づき、大脳の第三前頭回の損傷と(この大脳回はその後、「ブローカ野」と名付けられた)、運動失語、または表出性失語とが関わっていることを証明した[17]。それに追随する神経学研究は主に言語障害と脳の領域の間の相関関係をより正確かつ広範に測定することを目的としていた。フロイトの研究の主な標的となった人物のうち二人、カール・ウェルニッケとルードヴィヒ・リヒトハイムは特に、脳の細部にわたる図表に基づきその類の照合関係の全体を例証していると称していた。フロイトは、失語症と言語の脳中枢との局所的対応関係を認めようとせず、同時代の様々な試みからは明確に袂を分かった失語症の説明を試みていた。彼の試論は、イギリスの神経医、ジョン・ヒューリングス・ジャクソンがしばしば用いてきた原理を強調している。この医師は一八九〇年代に、心理学と生理学の間には妥協しきれない違いが存在するという論を支持した。彼は次のように表明している。

神経系のあらゆる病理研究において、下部中枢における生理的な状態が上部中枢の心理的状態に対応していると信じることを警戒しなければならない。感覚神経の振動が感覚になるとか、何らかの形で観念が運動をもたらすと思い込むことについても同様である。[18]

言語の様々な機能を脳の各部位の機能に還元しようとするあらゆる試みに対抗して、フロイトは、「言語装置」はある全体として捉えられなければならないという点を強調した。つまり、「視神経や聴神経、運動に関連する脳内神経と四肢の運動神経それぞれの終末部および起始部に囲まれた左半球内の部分を占める、一連の連続体として機能する皮質領域[19]」である。フロイトは、大脳皮質と伝導路がこの領域を定義する活動において役割を果たしている事は認めていた。しかし彼は、その役割は予備的なものでしかないと考えたのだ。そして論を進め、ある考えが意識にのぼる時、脳の中で、「大脳皮質のある特定の場所から始まり、そこから大脳皮質全体にまで広がる[20]」プロセスが始まるとした。その例として、フロイトは生理的な運動が視覚的なイメージの現れにおいて働いていることを挙げる。視神経から出発した線維が、網膜上のイメージを脳の他の野（「前四丘体」）に伝える。そこから、別線維が「灰白質」を通過し、他の領域に達する（「神経質細胞」から「後頭葉」まで[21]）。フロイトは次のように書いている。

そこで、大いに考えられるのは、新しい線維が（…）ひとつの網膜上のイメージを伝えるのではなく、ひとつまたは複数のイメージと運動感覚との連合を伝えることだ（…）[22]。そこからただ結論づけられるのは、神経線維が、灰白質を通った後大脳皮質にたどり着いた時、まだ身体の局所との関係を保持してはいても、脳の地形学上類似のイメージを与えることはすでに不可能だということだ。[23]

神経線維は視覚の知覚を保持しているだろうが、それは明確に区別できる形ではない。それらの線維はそのイメージを、言うならば変形し、濁らせ、発話の諸要素を隠すアナグラムにも似た方法で表象しているのだ。フロイトが視神経を示すために使っているイメージは、文学的でもあり同時に直接的でもある。彼は以下のように述べている。

結局のところ、線維束は身体の局所との関係を、――ここで我々の関心対象となる例を借りるならば――他の目的に使われる再組織の中において、一篇の詩がアルファベットを含むように含んでいる。そこでは多くの局所的な要素が多くの方法で結びつけられていて、そのひとつが複数表象されたり、他のあるものは全く表象されなかったりするのだ。(24)

フロイトは、「言語装置の」各部分の経路も視覚のそれとは構造的に同じであるが、さらに複雑であると述べる。言語能力を定義するプロセスにおいて、同様の一連の諸要素(または「文字」)は結合し、再結合する(「他の目的に使われる再組織の中において」)。フロイトは、それらの「再組織」(umordnungen)について子細に熟知しているとは言わないものの、再組織が、「言語装置」の様々な分野、または「機能」をそれぞれに反映していることを示唆し、次のように書いている。

もし我々が、脊髄反射から大脳皮質に至るまでに起こるこうした再組織を細部まで観察することができるなら、その再組織が、純粋に機能的な原理に基づき、局所的な要因は、機能上の要請と一致する時のみ保たれていることを発見するだろう。(25)

フロイトによれば、機能的要因は言語装置の損傷をも支配している。彼によると、表現を構成する諸要素がもはや「無秩序にしか」再構成されない時、言語装置は、言語能力の各レベルを反映する諸段階に沿って崩壊していく。表現能力は最もありふれたものから一番本質的なものまで、その重要性の順に解体する。ここでも、フロイトはヒューリングス・ジャクソンの書物にその「導きの糸」を見いだしている。彼は言語障害は「高度に組織された装置の機能的退行（進行の逆行）を構成し、そのようにして、この装置の機能的発展の初期段階に対応することになる」[26]と書き、また次のように説明する。

どのような場合においても、後になって発展し高いレベルの機能に属する連合の配置が失われた際、それ以前に獲得されたよりシンプルな組織は保持される。[27]

フロイトがこの論文の別の部分で書いているように、

言語障害の病理はこのようにして、言語の諸機能習得に際して通常起こる状況をまさに再現しているのだ。[28]

失語症の様々な現象は、この時新しい解釈を得ることになる。彼の先駆者や、さらには論敵によって報告された言語障害の例に立脚しながら、フロイトは言語機能の層をなす構造の複数の例を挙げる。例えば、外国語を話す能力は消えるが、「母語を話す能力は残っている」。語彙もまたやせ細り、「「はい」か「いいえ」、それから、言語習得の初期から使われていた言葉」の使用に限られてしまう。[29]「最も頻繁に使われていた連合」は残る可能性があるが、他のものは消え去る。そこから、「失書症」のケースが出てくる。この症状においては、患者は文字を習得していない人と同じ状態になり、自分の名前のみが書ける状態になる。[30] 失語症患者が数列を認識する能力をまだ保っていることはあるが、それを構成している要素は逃れ去ってしまう。フロイトはその件に関して、自分の論敵の一人、フバート・E・グラースハイを挙げている。彼の患者は「尋ねられた数字を直接挙げることができず、一から数え上げることで、当該の数字にやっとたどり着いたのだった」。[31] 失語症と、患者が言葉の意味を思い出せなくなる生理的な「象徴不能」の症例では、フロイトは、「最初に失われる単語は、最も正確な意味を持っている単語、すなわち正確な物事の数少ない連合によってしか見いだされない単語である」。つまり、まず固有名詞、普通名詞、それから形容詞で、最後に動詞が失われる。[32]

このようにして、言語能力を失くした後でも、かつて自分たちが持っていた話す能力を証明する幾つかの表現を今でも作り出すことのできるケースをフロイトは解釈している。このような現象からは、様々な失語症を脳の損傷部分を特定することで説明したい神経学者にとっては深刻な問題が生じてくる。つまり、もしもわたしたちが、話すことが不可能になったことを、大脳皮質中枢や正確な伝導路が損傷したことに帰することができるのなら、どうして、他の能力を失った後でも長い間、与えられた表現を発語したり反復したりできる失語症患者がいるのだろうか。フロイトにとっては、このようなケースは少しも不思議なことではない。というのも、彼は、明白なやり方で、言語障害の機能的なアプローチの必要を証明するからだ。彼は次のように書いている。「稀な言語プロセスの結果かもしれないが、しばしば連合されたものは、破壊に対する抵抗力を獲得する」。[33] またもヒューリングス・

ジャクソンの「運動性失語にかかった患者」の研究ケースに立脚しつつ、フロイトは、この奇妙な言語生産について何ページをも割いている。ヒューリングス・ジャクソンは、これを二つの部門に分けた。それは「再帰性発話」と「偶発的発話」である。フロイトの方は、これを、彼の著書のオリジナル版の題となるタームを使って名付け直した。すなわち、「言葉の残余」または「最後の言葉」(Sprachresten) である。[34]

フロイトは、このような「残余」を、言うならば、失語症患者がまだ話せた頃のもので、貧しくなった言葉の中に放棄されたのだろう言語のかけらだと見なしている。この著書で紹介されている限りは、これらの残余は異なった形態を取ることが可能で、元々の形はそうであったような、完全な談話を様々に異なったやり方で参照することができる。一方で、一部の患者は、一貫性のある文章を作ることが不可能ではあるが、まだ「はい」「いいえ」で答えることができる。もう一方では、ヒステリー患者に症状が似ている失語症患者がいて、フロイトは彼の『失語症の理解に向けて』のすぐ後にこういったケースに興味を示している。これらのケースでは、患者はただ「エネルギーに満ちた罵倒語」を作り出すことができるだけだ。例として、フロイトは二つの外国語の表現を引用している。それは「sacré nom de dieu」と「Goddam」(どちらも「ちくしょう!」の意) である。[35] しかし言葉の残余はもっと長い場合もありもっと特異な場合もある。時として、それらは、患者が、話せなくなる前の生活において重要な役割を果たしていた、会話や声明、感嘆の断片であったりする。フロイトはこう語っている。「例えば、「I want protection (助けて)」としか言えなかった男は、乱闘し、頭部に一撃を食らって意識を失い倒れた後に失語症になったのだった」[36]。仕事ができあがった後に言葉を失った複写人のケースも、同じように心を動かされるものである。彼は「大変苦労の多い目録を完成した後に病に倒れたのだが」、それ以来彼は「list complete（リスト完成）」としか言えなくなった[37]。フロイトによれば、「このような例が我々に教えていることは、これらの言葉の残余は、言語装置が病にむしばまれる前に形成した最後の言葉だということで、もしかしたら病の兆候をすでに感じていたのかもしれない。わたしは、この最後の変化の持続をその強度によって説明したいという気に駆られている、つまり、それが内部の大きな興奮から来た時の強度、ということだ[38]」。

この「批判的研究」の、中立的な文体から急に一人称単数での語りに移った部分を読むと、驚かずにはいられない。この部分である。「わたしは、この最後の変化の持続をその強度によって説明したいという気に駆られている、つまり、それが内部の大きな興奮から来た時の強度、ということだ」。この一時的な一人称の割り込みは著者の人生から取られた或る啓示を予告している。それはおそらくこの本全体で言及されているケースのうち最も驚くべきもので、フロイトのこの対象に対する興味が純粋に学問的なものだけではなかったことを想像させてくれる。「言葉の残余」の分析の結論として、フロイトはこう付け加えている。

わたしは、二度、自分が死の危険にさらされた時のことを覚えている。どちらの場合にも、わたしは突然それを感じたのだった。二度とも、わたしはこう思った。「今回こそお前はおしまいだ」と。そして、通常ならば、わたしの心の中の発語は、不明瞭な声、ほんのわずかな唇の動きをともなって起こるのだが、この危機的状況においては、わたしはまるで誰かが耳元で叫んでいるかのようにこの言葉を聞いたのだ。そして同時に、それが宙に舞う紙の上に印刷されているかのようにその言葉を眼にしたのだ。(39)

「言葉の残余」についてフロイトが報告している中でも最も長く最も詳細なこのエピソードは、解釈に値する。他の例と異なり、これは純粋に想像上の「残余」であって、フロイト自身を除いてはこれを証明することができない。(40) これは音声と視覚上の幻覚に属するもので、一九〇一年にフロイトが『日常世界の精神病理』の中の伝記的な色合いの濃いエピソードの中で書いていた、偽の「予感」を先取りするものである。この本での例もまた、時間的構成によって独自性を確立している。フロイトが引用した他のよく見られる表現が、過去、つまりそれを反復している患者たちがまだ普通に話せた時代を参照しているのに対し、この想像上の表現は、著者が万が一失語症に襲われた場合の幻想を抱いた未来を考慮している。その表現はそこから、未来の「残余」、これから来るべき喪失の記憶を構成する。聴覚と文字によって訴えかけることで、この表現は、言語の残り物すべてのうちに封印されるだろう出来事に光を与えるのだ。それは、それ以降は言語装置の「文字」の再組織が不可能になり、話し手が言葉以下のものしか生み出すことができなくなる、取り返しのつかない閾である。

明らかにテキスト的な相から言語装置の機能と機能不全を紹介しているという点で、『失語症の理解に向けて』は大きな規模の精神分析研究を先取りしている。『夢解釈』（一九〇〇年）や『快原理の彼岸』（一九二〇年）、そして、『「不思議のメモ帳」についての覚え書き』（一九二五年）でのように、フロイトはプシュケーの構造を、書くという行為を参照しながらその全体において捉えようと試みた。しかしながら、一八九一年の『失語症の理解に向けて』はもっと直裁な形で、一八九六年十二月六日にヴィルヘルム・フリースに宛てた有名な手紙の中でフロイトが簡潔に書き残した、意識の発生についての図式を告げている。フロイトはそこで「新しい心理学」を試みていると宣言し、そこではまだ「完全な発表をすること」はできないが、それに向けた「素材の一部」[41]をすでに持っていると書いている。この理論はその土台を、言語装置の分析において五年前に発展させた「再構成」(Umordung)の思想に置いている。フロイトはこの年上の友人に宛てて次のように書く。

知っていると思いますが、わたしは自分の研究において、わたしたちの心的機構は多層化(Aufeinanderschichtung)のプロセスによって確立しているという仮説から出発しています。記憶の痕跡という形で存在する素材は、新しい状況に応じて時折「再構成」や書き換えなどを被っています。わたしの理論の中で本質的に新しいのは、記憶が、一つではなく何回も現れるということ、そしてこれが様々な種類の標識の中に貯えられているということです。(失語症にかかわる研究において、わたしはかつて、同じような、末梢(身体から大脳皮質まで)から来る伝導路再構成の考えを主張しました)。わたしはこれらの記録(Niederschriften)がいくつ存在するのか知りません。三つ、それより多いかもしれません。下に書いた図式は、そのような見方を説明しています(**図**)。つまり、様々な記録がそれを運ぶニューロンによっても隔てられているのです(脳の場所としてということではありませんが)。この仮定はおそらく最も重要なものではないのかもしれませんが、最も明快なものであり、現時点に

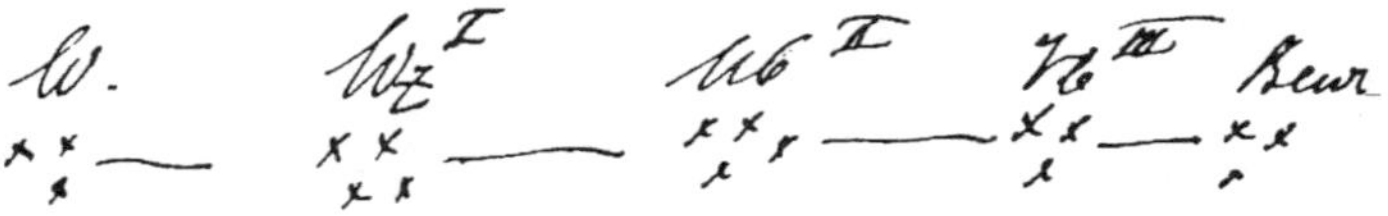

図

おいては考慮しておいてもいいものです。

Ｗ（Wahrnehmungen　知覚）――これらは知覚が現れるニューロンで、意識に結びついていますが、起こったことの痕跡はここには全く保存されません。「意識と記憶はお互いに排除し合うからです」。

Ｗｚ（Wahrnehmungszeichen　知覚標識）は知覚の最初の記録を構成しています。これは意識されることができず、同時性の連合に沿って再組織されます。

Ｕｂ（Unbewußtsein　無意識）これは第二の記録で、他の連合に沿って組織されます。もしかしたら因果関係に基づいているかもしれません。無意識の痕跡（Ｕｂ）はおそらく概念的な記憶（Begriffserinnerungen）に対応していて、これも意識にはアクセス不可能です。

Ｖｂ（Vorbewußtsein　前意識）は語表象に基づいた三回目の書き換えで、わたしたちの公的な自我に対応しています。このＶｂから流れてくるカセクシスが何回か後に意識になります。この二次的な思考意識（Denkebewußtsein）は、もう少し後になって現れますが、口頭での表象の幻覚的な再活性化とおそらく結びついています。このようにして意識的な状態のニューロンは知覚ニューロンで、それ自体は記憶とは関係がないのです。[42]

フリースへの手紙の中で、神経学研究の中で脳の神経線維に与えられた構造が精神構造全体を特徴づけるようになるのに従い、『失語症の理解に向けて』

での用語法はより心理的になってくる。多くのフロイト理論と同様、意識は書き込みと書き換えのプロセスの産物であり、複合的な再構成（Umordnungen）と書き換え（Umschriften）の結果であることが明らかにされる。「知覚」（Wahrnehmungen）を証明する「標識」（Zeichen）はこのように、「登録され」、見直され、少なくとも三回の「記録」（Niederschriften）によって再生されることになる。

フロイトは、こう説明を続ける。精神の「書き込み」は、その都度明確な時間と対応していて、二つの「記録」の間には必然的に裂け目が存在し、「翻訳」（または転置）（Übersetzungen）という他の形の書き込みがそれを埋めたり消したりする。このような「複数のヴァージョン」は精神のメカニズムにあって活発な機能を果たしている。フロイトによると、「翻訳」が「記録」の間を埋めるに至らない場合には、「アナクロニズムなるもの」（Anachronismen）が発達するのだという。例として、今でもスペインの幾つかの地方では続いている、古めかしい法則を示すのに使われる法律用語「fueros」を引き合いに出しながら、フロイトは、このような状況においては、「fueros はいつでも効力がある」と記す。その時に、「精神神経症」（Psychoneurosen）が、必然的に「抑圧」（Verdrängung）を伴って現れる。

連続して起こる記録は人生の相次ぐ時期（Lebensepochen）における精神の生産活動を象徴しているということを指摘しておきたいのです。二つのそうした時期の境界で、心的な装置の翻訳が行われます（An der Grenze von zwei solchen Epochen muss die Übersetzung des psychischen Materials folgen）。精神神経症の特徴は、幾つかの素材の翻訳が実現されないことでもたらされるある種の結果だと説明できると思います。実際、質を平板にする傾向がそこには見られます。あらゆる新しい記録はその前の記録を妨げ、記録を興奮のプロセスへ持っていってしまいます。新しい記録が全く生じないと、興奮状態は、それ以前の精神時期を支配していた心理的な法則に基づいて、アクセス可能な道を通って流れていきます。そのようにして、アナクロニズムの存在を我々は見ることになる。今でも fueros は幾つかの区域では効力があり、「過去の痕跡」は生き残ってきました (es kommen "Überlebsel" zustande)。この、翻訳の失敗 (Die Versagung der Übersetzung) が、臨床医学で「抑圧」と呼ばれているものなのです。それは常に、翻訳から生じる不快の忌避 (Unlustentbindung) から生じます。あたかもこの不快が、翻訳のプロセスを妨げ、思考を混乱させているかのように(43) (als ob diese Denkstörung hervorreife, die die Übersetzungsarbeit nicht gestattet)。

このようなプシュケーの表象においては、「翻訳」の役割は決定的である。しかしフロイトが描写したプロセスは、同じ名を持つ文学活動とはほとんど共通点を持たない。この手紙において問題となっている精神発達の過程においては、言語の転置の実践を定義するあらゆる要素が欠如している。そもそも、このようなケースにおいては誰が翻訳していると言ったらいいのだろうか。意識がまだ現れていない時に翻訳する者がいると考えるのは難しい。その上、初めての「標識」(Zeichen) があらゆる記憶を「排除する」「知覚」のすぐ後からついてきているのであれば、翻訳すべきどのような「オリジナル」も考えられない。ここには文字通り、書くことに還元できない出来事を示唆する複数のコピー(そしてコピーのコピー)しかあり得ない。このような文脈においては、ある翻訳の「言語」について話すこともためらわれる。話す主体をさらに遡る段階において、一連の記号をどの言語に刻み込み、どの言語に転置することができるのだろうか。フロイトによって定義された「翻訳」とは、翻訳可能なものに先立ち、同定できるテキストにも先立ち、その文章を最終的に発語できる言語にも先立ち、わたしたちが通常翻訳という言葉に関係づけられるあらゆるものに先立つ。しかしある事実は疑うことができない。「精神装置」はその起源をこのような「転置」のもとにおくと言うことだ。精神活動は、「翻訳」が続く限り続く。そして、知覚の「記録」が他の記録に取って代わられなくなった時に「抑圧」によって阻止される。

「失語症の理解に向けて」の最後の言葉の残余はおそらくこの「再組織」と「再書き換え」の論理の光の下に理解されるべきだろう。一八九六年のフリースへの手紙は、フロイトが最後に知覚した言葉が、「今回こそおしまいだ」(Jetzt ist's aus mit dir)だったのだろうと想像させる。それは、彼の「精神装置」の破壊がすぐ其処まで迫っていたことをあらわしているが、それはこの文章の内容がいかに恐ろしいにせよ、その意味のせいではなく、その形式のせいである。「宙に舞う紙の上に印刷されているかのよう」な単語は、文字として固定されてしまっていることで、言葉の衰えを綴っている。この表現は、それを理解するものには、これだけで十分ですぐに理解可能であり、何の注釈も必要としない。著者からも読者からも逃れ、これらの文字は再組織も再書き込みも必要としない。だからこそ、この言葉は再書き込みの動きの限界を描き、フロイトによれば、精神装置をその総体において特徴づけている。ここで、見られ、聞かれた「最後の言葉」が、走り書きだったり、一気に書かれたのではなく、「印刷された」(gedruckt)ようだったというのは興味深い。「出版認可」はこれらの言葉を決定的に下書きの状態から引き揚げてしまう。この言葉の残余はあらゆる改訂を拒んでいる。不変で翻訳不可能なこの残余は、その後失われてしまう言語能力の、忘れがたい遺書として認められている。

これら全ては、このフロイトの試論が語っていない、もっと驚くべき結果を含んでいる。言語障害は、広く知られている考えとは異なり、忘却の一形態ではなく、その反対に鋭い記憶の一形態を構成しているのだ。自分たちの知覚の「標識」を再組織したり再書き込みをすることができない失語症患者は、あまりにも完全にただひとつの表現を覚えているので、他のあらゆる文章に代わり、唯一の表現を永遠に繰り返すことを定められているのだ。自分たちの記憶から逃れることのできないこれらのほとんど無言の患者たちは、フロイトとブロイラーが、その二年後自分たちの臨床例を費やすことになる症例を予示している。一八九三年の『ヒステリー研究』での様々な症状を持つ症例のように、フロイトの失語症患者たちは自分たちの能力が「とりわけ記憶のせいで」[44]弱まっているのを感じている。それら患者たちは皆、自分たちが知覚したか発音したことに取り憑かれた者に特有の症状を呈し、自分たちの無言の中で、どんな「翻訳」も認めない過去の囚われ人になっている。彼らの沈黙は、記憶の最も情け容赦ない事柄、つまり、時が書き換えられない事柄に対して我々が無力であることをあらわしている。

フロイトは、過剰な記憶力の危険を理解したただ一人の人間ではない。彼より若い同時代人、フランツ・カフカの、死後発表されたテキストの中で、この問題を素晴らしい簡潔さで取り上げた、題名のない断片がある。

わたしは他の人と同じくらい上手に泳げる。ただ、わたしは人よりも良い記憶を持っている。わたしは「かつての、泳げない能力」を忘れることがなかった。そして、わたしがそれを忘れることがない限りは、泳げる能力は何の助けにもならず、結果としてわたしは泳ぐことができないのだ。(45)

ここでの語り手は、水泳を前にしてフロイトの失語症患者が言語を前にしたのと同じ状況に立っている。わたしたちは、カフカの表現を借りて、失語症患者たちは「ほかの人と同じ」ように話すことができる――または、できるだろう、といえる。彼らの「最後の言葉」が回帰されるというのがその証拠だ。しかし、彼らの能力の本当の性質を露わにするあるディテールが残っている。彼らの記憶は、他のあらゆる能力を上回っているのだ。失語症患者は、自分たちの精神にひとたび記録された標識を忘れることがない。しかし、忘れることがない限りは、話せる能力は何の助けにもならず、結果として彼らは話すことができないのだ。

カフカのテキストの読みをさらに進めれば、同じテーマから他のヴァリエーションが浮かび上がってくるだろう。失語症患者は、「他の人と同じ」ように話すことができる。ただ、彼らは「人よりも良い記憶を持っている」。彼らはかつての話せない能力を忘れたことがなかった。そうすると、彼らの記憶は単に良いという以上のものになるだろう。というのも、その記憶は、主観的な生に先立つ幼児の喃語の時代にまで遡るだろうからだ。その記憶は彼らに、どんな記号にも対応しない「人生の時期」(Lebensepoche)を思い出させる。または「書き込み」そのものの白い頁を。黙ったまま、失語症患者は執拗に、かつて決して書かれたことがなく、これからも言われえないことを立証している。時として、記憶が破壊的であるのと同じくらい忘却は生産的だということを結論づけなければならない。

記憶は沈黙に終わることもあるし、忘却が言葉に導くかもしれないのだ。そうであれば、話者の行為を評価することは難しくなる。話せる者たちと話せない者たちについて性急な判断をするのは軽率に過ぎるだろう。誰がより多く、誰がより少なく物事を行っていることになるのか。思い出すことができるが話せない者か、それとも忘れるがゆえに話す者だろうか。劣った動物についての可能性は多様で、欠損は複数の面を持っているのだ。

第十五章　アグロソストモグラフィー

一六三〇年、『アグロソストモグラフィー（無舌口腔学）、あるいは舌がないのに話すことができ他のあらゆる機能を遂行した口について』という奇妙なタイトルを持った小論文が刊行された。本の前扉には著者の名前として、「ジャック・ロラン師、サー・ブルバ、王子付きの外科医、王の責任執刀医かつ担当医、ソミュールの陪審員」と書かれている。この医学書の序文にロラン師は詩を挟み、そこではこの現象を目にしての感嘆に、このテーマについて研究できたことの満足が応えている。彼は、この試論の冒頭に置かれたソネットの最初の三行連句で書いている。「症例は見事で奇跡は計り知れない／だがロランの書物はそれを超え／大地に海に轟くだろう」。件の「症例」とは、ピエール・デュラン、「低地ポワトゥー地方、モンテギュー近く、サン・ジョルジュ教区、ラ・ランジュジエール村の耕人アンドレ・デュランとマルグリット・サレの息子」であった。子供の時、六歳か七歳の時天然痘にかかり、その病気のせいで口に特に激しい感染を患った。ロラン医師は、ピエールの舌がこの病気のせいで壊死し始めた時に、子供は自然に口からこの壊疽した器官を取り出そうとして、「舌を少しずつはき出した」。この医師によると、この少年が、舌を厄介払いしようとして為した真剣な努力は、やがて認められることになるだろう。程なくして、彼の口の中には、そこに保護されていた舌は「少しも見えなく」なってしまった。

　しかしながら、この著者が告げていた「奇跡」とは、舌を失ったことではない。この経験は、それがどれだけ「この小さいポワトゥーっ子」にとって根本からの変化をもたらしたとしても、それ自体は医師の注意を引かなかったであろう。もっとも驚くべき現象はその後になって現れる。それは、通常なら舌によって行われているあらゆる能力が、それがなくなっても相変わらず残っていた、という意外な事実にあるのだ。この器官がなくなっても、この少年は「失った器官が通常行っている五つの機能はほとんど失わなかった。それは、話すこと、味わうこと、唾を吐くこと、口の中にものを溜め、呑み込むことである[1]」。つまるところ、「この、舌が無くなった口は」普通の口と同じように機能していたことが明らかになる。この医師によれば、この口は、多くの点で、他の口よりももっと機能的であった。ロランは、わざと挑発的な様子でこう注釈する。「舌のない口は、口の中で舌がしていることを、道具なしに、不便もほとんどなしに全て成し遂げることができる。この、まったく（舌の）ない子供よりも（…）吃音者の方がより多くの困難を覚えるのだ[2]」。著者の言うことが正しいならば、ピエールは、病がこれほど重く、舌を完全に失わなければならなかったことを幸運に思えたに違いない。もしもこの子供が舌の先だけを失って、残りを保存できてしまっていたら、彼以前にもいた患者のように、聞き取り可能な音を発音するのに大きな困難を覚えただろう。もしも、舌の、最も大きいが最も動きのきかない部分が残っていたら、彼は、同じようなケースの、もっと不幸な者たちの列に連なり、意思伝達のためには多くの道具に頼らざるを得なかっただろう。(3) しかし、この場合には、歯茎や口蓋、喉、歯が、舌という器官の不在に適応し、舌が持っている機能を補塡したのだ。この子供の舌はこのようにして、なくなることで獲得された。口が、言語を担うこの器官からまったく自由になったことで、ピエール・デュランは何の困難もなしに話せたのだ。

一七一八年一月十五日、『アグロソストモグラフィー』の刊行から一世紀も経たない頃、『王立科学アカデミー論集』は医学と言語学の簡略な研究書を出版した。この本は、「この小さいポワトゥーっ子」のケースと響き合うものを持ち、ロラン医師の見地の真実性を新たに証明している。今回のケースでは、患者は男子ではなく少女で、ポワトゥー地方からではなくポルトガルから来ていた。この場合も、舌はなくなってしまったが、言語能力は残っていて、この器官の不在によって変質することはいささかもなかった。「舌のない少女」がこの器官に属する機能を果たすやり方について」というタイトルのこの論文は簡潔だが詳細にわたっている。最初の頁ですでに、著者はこの現象から不思議な結論を引き出している。この十八世紀の学者は以下のように書く。

この、舌がないのに話す口の特性により、口の他の器官が話すために役立ち、または舌の役割を補完するということならば、舌は話すために必要不可欠な器官ではないという結論をわたしたちは確信するものである。(4)

この論文の著者であるアントワーヌ・ド・ジュシューは、リスボン旅行の際にその研究対象に出会った。その頃、「舌のない少女」は十五歳だった。「アレンテージョ地方の村の貧しい両親から生まれた」この子供は「九歳の時にエリセイラ伯爵に紹介された。この伯爵は高貴な出自によってだけではなく、人文に対する愛によっても知られていた」。この伯爵はこの少女を今度は首都に送り、そこで少女はこのフランス人の医者に会うことになったのだろう。[5]

ジュシューは、この少女が舌がなしに生まれたという情報を得ていた。しかしながら、彼女は話すことができ、最初にこの医師と会った時、彼女は難なく、「舌がないのにどういう状態で、どうやって話すことができているか」について彼がこの少女にしたあらゆる質問に答えることができた。ジュシューは信じやすい気質ではなかったので、この患者に「日中」会うことにし、二回目の会見の際には彼女の「口を開」かせた。彼は次のように報告している。

通常なら舌が占めているその空間には、乳頭のような小さい隆起が、口腔内で二―七ミリほど伸びているだけだった。この隆起はほとんど見ることができないくらい小さく、視覚ではほとんど見えないそれを触ることでやっと確認できたのだった。指で押した感触では、そこに一種の収縮と拡張の動きがあるのが認められ、言語器官が欠けているように思われても、舌を形成し、それを動かすのに役立つ筋肉は常に存在することが分かった。というのも、顎の下には空っぽの空間があるようには見えなかったし、この隆起の交互の運動はこの筋肉から来ているようにしか思われなかったからだ。[6]

この「乳頭のような小さい隆起」の発見はこの医師を少しばかり安心させた。この隆起は、そうでもなければ感じられなかった不在の証拠をもたらしていたからだ。失われた器官の代わりには見えない小山があって、それは触診で感じられた。それがなければ、「アグロソストモグラフィー」はあまりにも信じられない話であっただろう。ジュシューは驚きつつこう付け加えている。「もしもあらかじめ知らされていなければ、言語器官が失われているとは信じがたいだろう」[7]。

フランス人の医者たちは、舌が欠如した後も残る言語発声能力の最初の証人となったが、この現象はこれらの例に止まらなかった。ロマン・ヤコブソンは、一九四二年から一九四三年にニューヨークの高等学術自由学院で行った「音と意味についての六つの講義」の中でこのことに触れ、この、論文により日の目を見た「奇妙な事実」は「それ以来何回も確認されてきた」[8]と指摘している。ヘルマン・グッツマンは、一八九四年にライプチヒで出版された革新的な研究書、『幼児言語と言語の欠如(Des Kindes Sprache und Sprachfehler)』において、ヤコブソンの論文中の言葉によると以下のように観察している。

langue(舌、言語)という同じ用語が、口の一部分と言語現象を指すのに同時に用いられるとはいえ、後者の意味は前者なしにでも行われうる。そして、わたしたちが発声している音は、やむをえない場合には、全く異なったやり方でも音を全く変質させず発声することができる。[9]

このドイツの幼児心理学者は、幾つかの音素はこの規則の例外となり、歯がなければ、[z]や[s]などの摩擦音を発音することは不可能であり、それに対応する破擦音についても同様であるとしている。しかし、それについては彼は誤っていたようだ。ヤコブソンは以下のように書いている。

その後の研究は、反駁の余地のない形で、これらの例外も理論上でしかなかったと証明した。ウィーンで言語障害関係の病院長をしているゴドフレイ・E・アーノルドは、一九三九年の『統合音声のためのアーカイヴ（Archiv für gesamte Phonetik）』の第三巻で、切歯の欠如の後でも、破擦音の正しい発音は、患者の聴覚に異常がない限りは影響を受けないことを示した。(10)

ヤコブソンは、この問題は様々な定式化が可能で、問題ははるかに音声装置の学問的研究の範囲を超えることを認めている。母音三角形の発明者クリストフ・ヘルワーグは、一七八一年に『発語形成論（De formatione loquelae）』の序文で、この謎の神学的な問題点を喚起している。もしも発語能力が本当に人間の舌に依存しているのならば、どうやってエデンの園のヘビはイヴに話しかけることができたのだろう。ヤコブソンは次のように注解している。

この奇妙な問いはもう一つの、最終的には同じだがより経験論的な問いに替えることができる。音声学は、言葉の音を、わたしたちの舌と口蓋や歯、唇との様々な接触に還元しようとしている。しかし、もしもこれらの発音の多様な点がそれ自体本当に本質的で決定的なのだとしたら、どうやって、オウムは、わたしたちの発声器官とはほとんど似通っていないのに、わたしたちの言語の多くの音を正確に再現することができるのだろうか。(11)

言語活動の表象はここで、言葉としては表現されていないが、実際のところは、「langue」という言葉自体の持つ同音異義に刻まれている困難にぶつかることになる。この用語は、多くのインド＝ヨーロッパ語がそうであるように、lingua（舌）、その運動が必ずしも言語活動とだけ同一視されるわけではない口中の器官を喚起している。「tangue」という言葉は語の本来の語義から離れた比喩的転用にも似ている。自分に特有の場を割り振られなかったために、十全に表象されることができない生き物のようだ。

エドガー・アラン・ポーの最後の短篇の一つ、「ヴァルデマール氏の病症の真相（The Facts in the Case of M. Valdemar）」は、この問題を、恐ろしいが、模範とも言える方法で扱っている。この物語は先に挙げた医学的な論の数々に対する正確な返答になっている。と言うのも、これは、「舌がないのに話す口」の話ではなく、言ってみれば、口がないのに話す舌の話であり、その舌が属していた人間がいなくなってもまだ話し続けるという物語である。語り手である「P…」氏は、医師であり、彼が語る出来事に先立つ三年間の間、「定期的に催眠術に興味を抱いていた」。最近も、彼はある考えに取り憑かれていた。「彼はこう話した。自分が今までに行った一連の実験の中で、重要な、そして説明できない空白がある。それは誰もまだ、死の間際に催眠術をかけられたことがないということだ[12]」。そして彼はこう付け加えた。「残された問題は、まず、そのような状態で、患者に催眠術を受け入れる感応力がなにがしかでもあるのかということ、第二に、そしてもしあるのなら、そのような状態では、その感応力は増加するのか減少するのかということ、そして三番目に、どのくらいのレベルで、そしてそのくらいの時間、催眠術によって死の浸食は食い留められるのかということだ[13]」。P…氏はその後自分の実験に適した対象に出会う。彼は「アーネスト・ヴァルデマール」といい、「『法廷弁論叢書』の有名な編纂者であり、（イサカール・マルクスの）筆名で、『ヴァレンシュタイン』や『ガルガンチュア』のポーランド語訳を行ってもいた」[14]。医師の見立てによれば「典型的な肺結核にかかっていて」、最期の時が近いのを悟り、ヴァルデマール氏はP…に、催眠術にかかるという彼の意志を早急に伝えた。医師たちに宣告された死亡の二十四時間少し前に、語り手はこうして患者の枕元に赴く。P…はヴァルデマール氏に易々と催眠術をかけることができた。患者は危篤に陥り、「全くもって完全な催眠下のカタレプシー状態に」急速に入った[15]。

P…は以下のように語っている。何時間か後、患者の状態は変わらないように見え、「なにがしか会話を交わしてみよう」と決心し、この催眠術師はヴァルデマール氏に、彼は眠っているかどうか尋ねた。最初、瀕死の病人は何も答えなかった。医師が再び質問を繰り返した時も同じだった。三回目に尋ねた時には、しかしながら、この問いには答えが返ってきた。「唇は物憂げに動き、ほとんど聞こえるか聞こえないかのつぶやきが唇からもれた。「そう。私は今眠っています。起こさないで下さい。このまま死なせて下さい」[16]」。その場にいた人たちは、ヴァルデマール氏の死が近いと思い、待っていた。しかし語り手は、患者の死が五分以内に起こると知り、手遅れにならないうちにもっと多くのことを知りたいと願った。そこで彼はもう一度問いを繰り返した。この医師が彼に話しかけた丁度その時、待たれていた死の瞬間がやってくるように思われた。P…はこう語っている。

わたしが話している間、この催眠術下にある男の相貌に変化が現れた。眼窩の中で眼が再び回り、瞼がゆっくりと持ち上がり瞳を再び見せた。皮膚は全体的に死人のそれになり、羊皮紙よりも白い紙に似てきた。両頰のそれぞれ真ん中にはっきりと浮かんでいた消耗熱の丸い徴は突然「吹き消された」。

わたしがこのような表現を使うのも、この黴が突然消えたことは、他のどんなイメージよりも息を吹きかけられた蠟燭を思い起こさせたからだ。上唇は同時に歪み、それまで唇が完全に覆っていた上の歯が見え、下の顎ががくんと落ち、その音が聞こえるかのようにさえ思われ、黒ずみ腫れた舌が全部見えた。(17)

このシーンは、「死の床の恐怖」の外見を全て備えている。この光景にショックを受け、心底気味が悪くなり、そこにいた人たちは「ベッドの周り」から離れた。

しかしながら、目に見える患者の死の瞬間に続く瞬間に、驚くべき「ヴァルデマール氏の病症の真相」が明らかになる。語り手はこう回想している。

ヴァルデマール氏にはもうごく僅かな生気しか残されていなかった。そして、彼が亡くなったと見切りをつけ、彼を看護人の世話に任せようとした時に、彼の舌がひどく震えた。それは一分くらい続いただろうか。それが終わると、うなだれ動かない顎から声がもれた。描写しようとするのも狂気の沙汰ではないかと思われる声だが、大体このように幾つかの形容詞を適用することが可能だろう。例えば、その音声は苦く、引き裂かれていて、洞穴の奥から聞こえてくるかのようだった。しかし最もぞっとする要素は定義不可能だ。このような声が人間の耳に響いたことは決してなかったからだ。しかしここには二つの特徴があるとわたしは感じたし、今でもそう思っている。それはイントネーション上の特徴で、それがこの世の物でない奇妙さを与えているのだ。まず最初に、声はわたしたちの耳に、少なくともわたしの耳には、とても遠く離れたところから、地下の深淵から聞こえてくるがごとく思われた。そして二番目に、その声は（実は、こう言って分かってもらえるかどうか確かではないのだが）ねばねばした、またはゼラチン質の物が触覚に与える印象と同じ感覚を与えたのだ。わたしは音と声のことを話した。この音は、はっきりとシラブルごとに区切られ、ひどく、恐ろしいほどくっきりとしてさえいた。ヴァルデマール氏が「話した」のは、無論、わたしが何分か前に彼にした質問に答えるためだった。わたしは彼がまだ寝ているのかどうか尋ねたのだった。

彼は今こう言っていた。

「はい、いいえ、わたしは眠った。そしていま、いまわたしは死んでいる」(18)。

ここではもはや、先の医師たちの研究のように、舌の死を超え話し手の身体が生き延びているのではない。その全く逆で、舌の方が、それが属していた身体が死んだ後でも生き続けているのだ。「とても遠く離れたところ」から、「うなだれ動かない顎」の間から音を出し、そしてそこに属していた、個人を超え、舌という器官がひとりでに、完璧に、楽々と動き、語り手が韻律の見地からしか描写できない音を出したのだ。「この音は、はっきりとシラブルごとに区切られ、ひどく、恐ろしいほどくっきりとしてさえいた」。

ヴァルデマール氏の最期の言葉は、彼の外見上の「死」の瞬間の少し前に彼が発したことを思い出させるが、「ほとんど聞こえるか聞こえないかのつぶやき」によって語ったことよりもこの最期の言葉はさらに人を動揺させる。確かに最初、患者は、容易に答えられるとは思えない質問に、自分は

「今」寝ている、という答えを返した。一見、この肯定は自明ではないように思われる。質問の形式ははっきりしているがその内容は明白ではない。というのも、この文章が真実であるためには、これが睡眠の無意識状態にある人間によって発語されたことになるからだ。しかし最後の文章が物語にもたらす複雑さはまた別の性質のものだ。なぜなら、「はい、いいえ、わたしは眠った。そしていま、いまわたしは死んでいる」という言葉は、それが真実であるためには、正確には、もう主体ではなくなっている主体により発せられる必要があるからだ。身体なしの舌以外に誰が、というよりもむしろ、何が、このような文章を発語できるのだろうか。ロラン・バルトがこの物語の研究において強調するように、「ここには、語りの文法の真の孤語《ハパックス》がある。それは、「わたしは死んでいる、という、発語としては不可能な発語」の演出である[19]。バルトは、「舌の強い震え」によって発せられる文章は複数の点で指摘する価値があることを示している。その理由についてはこのように表現することができるだろう。まず、この文章はそれを発語した身体にしか立脚せず、それゆえ奇妙にも分析に抗する。次に、発語においては表現不可能で前例もないことだが、この表現はよく使われるメタファー（「わたしは死んでいる（死んだも同然だ）！」）を一義的な意味に返している。それに加え、可能なあらゆる言表の中で、「一人称（わたし）」と「死（んだ）」という属詞の結合は、まさに、決定的に不可能なことを表す。これは、「空虚な点、言語の盲点である」。そして最後に、意味論的には、この文章は「二つの対立（生と死）を同時に断言している。これは鏡合わせの文章とも言うべき、ただひとつしかない文章であり得ているのだ」。これは精神分析でいうところの単なる否認ではない。「わたしは死んでいる」と言うことで、「わたしは死んでいない」と言おうとしている文章なのではなく、肯定であると同時に否定である文章なのだ。つまり、「わたしは死んでいて死んでいない」、「真否、肯定否定、そして生死が分けられないひとつの全体として考えられている」言語学的な形式の現れを示している。[20]かくして、この、服従しない舌の最後の文章は単に「信じられない」言表として現れるだけでなく──語り手は常にそう繰り返している──さらに、考えられない言表として現れてくる。そして、明白にその理由から、バルトはそこに「徹底的に不可能な」言表を見る。これは定義として、この文章が発せられた瞬間には厳密な意味では真実でありえない文章である。[21]しかしこの言葉の限界は言語にあるのではない。言葉に表せない文章は、しかしながら文章として作られることはできるからだ。それは言表行為ではない表現の分野、すなわちエクリチュールのレベルで、である。この小説自体がそれを示しているが、例えばこの物語の中では、死の瞬間、書記の道具が明らかに舞台入りする。皮膚は「全体的に死人のそれになり、羊皮紙よりも白い紙に似てき」て、舌は突き出て、今まで見たことのないように「黒く」なる。このように描写される死は、身体をインクと紙に変容させる。表現不可能な「わたしは死んでいる」という言表は、この、生がエクリチュールへ変容することを証している。それは、言ってみれば、もう生きていない身体の器官によって、耳に聞こえる形で残された墓碑銘なのだ。

この物語の中では、身体の死を宣言する舌は、舌の死についても話しているのはより意味深い。「舌の強い震え」は、三人称でそれを語ることもできただろう。語り手が「彼は死んだ」と語れたかもしれないように。しかしヴァルデマール氏の舌は「わたし」という一人称を保持しているがために、それに発話不可能な意味と、書くことの形式の歴史の中でこの物語に前例のない場所を与えている。

物語中ではなかなか見かけないにしても、この奇妙な死の宣告（「わたしは死んでいる」）が現れたのは初めてのことではない。反対に、この宣告は、その形式から、西欧の書記伝統の最も古い文献を想起させるし、ポーがそういった文献に親しんでいた可能性もある。それは古代ギリシャの墓碑である。この墓碑は、財産目録や取引記録等の文献にも、文学的作品にも時代的に先立つことはよく知られているが、[22]この種の記念碑的テキストの形式が近代のそれとはかなり異なることはおそらくあまり知られていない。一般的に、最も古い碑銘は自分のことを語る。故ヴァルデマール氏のように。そして、そのために一人称単数を使う。紀元前八世紀のテーベ人のオブジェにはこう書かれている。「わたしは　コラコスの盃である」[23]。そして、同じ時代の石碑にはこのような表現が見られる「エウマレスが我をかく建立した」。また、もっとも驚くべきなのは次のような表現である。「わたしはグラウコスの墓である[24]」。

これらの石碑の形式に注意を払う価値がある。これは、故ヴァルデマール氏の舌が発音した言葉と、単なる類似以上の近似性を持っているからだ。古代ギリシャにおける読書の実践についての卓越した研究において、ジェスペル・スヴェンブロはこれらの古代のテキストを細部にわたり検討し、そこでの第一人称の使用法についてある解釈を施している。彼は、著書『ギリシャの神』の中で、次のように説明する。

これらの言表は、口頭で言われたことを、オブジェに書き写したものではない。その反対である。これらの言表は、一種エクリチュールに固有であり、それが、これらの文章が書き込まれたオブジェに、それが物質であって生きものではないにもかかわらず、物を考え、言葉にたけた存在として、一人称で語ることを許しているのだ。[25]

純粋なエクリチュールとしての存在である石碑の一人称表記は、ある生き物の徴ではなく、その不在の徴である。であるからこそ、それが呼ぶものの死を意味することができるのだ。この点で、スヴェンブロはカール・ブルークマンが提案した語源を想起している。それによれば、ギリシャ語の「わたし［エゴー］」は、インド゠ヨーロッパ諸語のそれに相当する言葉がそうであるように、中性名詞*eĝ[h]omから派生しているが、これは単に「ここにあること」(Hierheit) を意味している。元々、「わたし」は、特に実体を持たない、「ここ」にあるもの全てを指していた。生物無生物を問わず、人間であろうとなかろうと適用され、口語でも書き言葉でもそう示すことができる。[26] スヴェンブロによれば、墓碑の「わたし」は、書記の非物質的な現れの象徴として同様に捉えるべきだという。このギリシャ古典学者は次のように書いている。「墓碑を読むことができる限り、このオブジェはそこにあり続けるだろう。書かれた言表の「ここにある」という性質を、どんな人間も、このオブジェのようには表明することはできない」[27]。墓碑の定義として、思い出の対象となる人間は不在で、墓碑を刻んだ者は墓碑の完成と共に消え去り、「彼が書いたと言うことで三人称[28]」に変容する。残るのは、ただ、文字として刻まれた「わたし」だけだ。

催眠術にかかったヴァルデマール氏の、身体のない舌はそれと同じ存在だ。それは文字で書かれるものであると共に、死に関するものでもある。その「舌の強い震え」は、それを聞くことができるものに、最も驚くべき「ヴァルデマール氏の病症の真相」を告げる。それは、言語は、それを話す者の死後も続くということであり、言葉はインクで黒ずんだ白い紙さながら、それを表象していると思われる者の消失を証明するために残っている。この短篇においては、医者が報告する「アグロソストモグラフィー、舌がないが話す口」の代わりに、「アソマグロソグラフィー、身体がないが書く言葉」が描かれている。この二つの「書記法」はしかしながら、合致しないものの物語を語っている点で一致している。話す口が舌より長く生き延びるにせよ、話す身体より舌が生き延びるにせよ、言葉は、それに繋がっていたと思われるものから自由になり、生き延びる。その言葉は遠く離れたところから、地下の深淵から聞こえてくるように思われ、ある「ひとつ」の単位を超えたり不足したりすることで、言語は消え去り、同時に残り続ける。身体を超え、声を超え、言語は、自らが属しそれに奉仕していたと思われるものの消失の後にも残る。言語はそういうものでしかあり得ない。言語とは、自らの後にも生き延びる存在なのだ。

第十六章　Hudba

舌＝言語を失うのは確かに厄介なことだ。しかし、増えることにも何がしかの困難が伴う。何も特殊なことではないにしても、遅かれ早かれ誰もが、自分のものではない言葉に直面し、それに対しては、別様に話すか、または黙り込むしかない、という状況に陥る。その時、人は、無数の言語のうちのひとつに過ぎない任意の言語をすでに学んでいたのだと意識する。知識の対象としてその言語は空間と時間によって多様である。ある者にとってそれはタミル語であるかもしれないし、他の者にとってはまたアムハラ語だったり、ブルガリア語だったりする。しかし、話者全員が共有する経験としては、その言葉は単一の名前を持っている。それは、「母語」(materna lingua)(1)である。この単語は、中世後期に作られ、その後ずっと使用され続けてきた。ダンテは、このテーマそのものを扱った初めての人物だと自負していて、母語、つまり人間の最初の言葉は、後に現れる多くの言葉とは、その数も本質も異なっていると主張していた。彼は、『俗語論』の有名な序文で、このように書いている。

「我々の第一の言語（または「最初の」言語）prima locutio」は、幼児たちが、彼らの周囲にいる者たちによって慣らされ（…）、わたしたちが何の規則もなしに、乳母を真似することで（sine regula nutricem imitatentes accipimus）話す言語のことである」。反対に、わたしたちは「第二の」言語（または「二番目の」言語）を意図的に、または方法論的に学ぶ。それは原理の全体をマスターすることによって獲得しうる。ダンテは、この時代の実践に誠実に、それを、両義的な意味を持つ「文法」（grammatica、中世においてはラテン語の意味も持つ）[2]という名で示す。おそらくダンテの見地は全く中世的であるのだろう。彼にとっては、「第二言語」は一つしかありえなかった。それは、ラテン語、つまり学校の言葉である。いずれにしても、彼が抱いた言語の多様性についての概念は今でも現在性を持っている。今日なお、母語の習得が、その後獲得する言語とは違った方法で達成されるという考えに反論する者は稀である。

「第一」と「第二」の言語の間に横たわる深淵については、少なくとも、言語の獲得に関しては、誰も疑いを抱かないだろう。しかし、それら二種類の言語の性質と、一つの言語ともう一つを繋げる通路の問題が存在する。ここで問いが生じる。もしも、それまで「何の規則もなしに」模倣していただけで話すことができていたのだとしたら、どうやって学問によって言語を学ぶことができるというのだろうか。そして、文法をマスターすることによって「第二」の言語を学ぶことができたとして、その獲得は、その前にあった言語に何の影響も及ぼさないのだろうか。話者が外国語の文法体系を確立したら、自分にとっての最初の言語の非規則的な領域にもう戻れないとは言われていない。しかしそのような疑問は母語からそれに続く言語への移行についてだけではなく、最初の言語自体にも関わってくる。時として、それらの問いは、ダンテが secunda と形容した第二言語の獲得以前に問われることがある。例外ではあるが、唯一の「母語」以上、またはそれ以下のものを保持し、外国語を学ぶ前にすでに、「何の規則もなしに」学んだ言語を忘れ始め、もう一つの言語を「乳母を真似することで」取り入れる人たちが存在するからだ。

エリアス・カネッティはその最たる例である。カネッティは一九〇五年、ブルガリアのスファラディ系ユダヤ人の家庭に生まれた。彼はまず、一四九二年の追放までスペインに住んでいたユダヤ人の言語、すなわちラディーノ語を学んだ。しかしカネッティが生まれ幼少期を過ごした都市、ルスチュクでは多くの言葉が話されていた。彼は、自伝の第一巻『救われた舌（Die gerettete Zunge）』で、「一日のうちに、七つや八つの異なった言葉が話されるのを聞くことができた」と回想している。この街の住民はスペインから逃れてきたユダヤ人だけではなく、ブルガリア人、トルコ人、それから「多くはなかったが」ルーマニア人とロシア人で構成されていたからだ。[3] カネッティの言葉を信ずるならば、彼の第一番目の言葉は、中世スペイン語から継承されたスファラディ系ユダヤ人たちの言葉であった。これは家族と近親者たちの言葉、子供の時に子守歌や易しい詩で覚えた言葉でもあった。しかしごく早くから、この未来の作家は家でもう一つの言語とつきあいを持つようになる。彼の両親はいつも子供や友人たちにスペイン語で話していたが、夫婦の間ではドイツ語を使っていた。それは「彼らのウィーンでの幸福な学生時代の言葉」だった。[4] 長男のカネッティが早くからこの外国語に興味を持ち、両親がドイツ語で話しているのを聞いてその虜になるのは自然なことだった。彼はこう書いている。「わたしは両親の話を聞き漏らすまいとし、それから、それがどういう意味なのかと聞いた。彼らは笑って、おまえにはまだ早い、まだおまえが理解するには早い話だから、といった。ウィーンという単語だけが、親がわたしに教えてくれた言葉で、それだけでもわたしには重要だった。わたしは、この言語でしか表現できない素晴らしい話をしているに違いないと想像した。親に長い間、話している内容を教えてくれと頼んでも結果が得られないと、わたしは怒って、人の出入りがほとんどない別の部屋に行き、そこで、自分が聞いた文章を、正しいアクセントで魔法の言葉のように繰り返したものだった[5]」。

一九一一年、カネッティの両親は、故郷の街の抑圧的な空気と支配的な父親の軛《くびき》から逃れ、子供たちとイギリスに移り住む。エリアスの二人の叔父はすでにマンチェスターに住み、商売を繁盛させていた。彼らはエリアスの父に、自分たちの事業に参加しないかと提案する。しかしイギリス滞在時代は突然打ち切られる。イギリスに落ち着いてから一年少し経って、エリアスの父は三十一歳になる前に急死する。その後一年も経たないうちに、カネッティの母親は、今度はウィーンに引っ越しを決める。そのようにして、カネッティ夫人とその子供は、ロンドン、パリ、そしてローザンヌと移り住み、ローザンヌでは「湖と、そこに浮かぶヨットの眺めが素晴らしい高台のアパート[6]」を借りる。エリアスは程なくして、ウィーンに行く途中にどうしてここに滞在することになったのかを理解する。その理由は、夏の避暑とは全く異なっていた。

それは、わたしがドイツ語を短期間に学ぶようにとのことだった。わたしは八歳で、ウィーンの学校の三年生、つまりわたしの年齢に見合った学年に入ることになっていた。わたしの母は、わたしの言語能力が十分でないという理由でそのクラスに入るのを断られるかもしれないという考えに我慢できず、わたしの頭にできるだけ早くドイツ語をたたき込ませようとしていたのだ。(7)

この作家は半世紀以上経っても、自分の母親が目的を達成するために用いていた方法のことをしっかりと覚えていた。彼はこう回想している。「わたしと母は食堂に行って」、エリアスは「大きなテーブルの狭い端っこ、湖とヨットが見える場所」に座り、彼の母親は、その左で、彼に見えないように気をつけながらドイツ語の教科書を持っていた。彼女には教育方針があった。言語の学習目的に達するためには、本と筆記の練習があってはならない。彼女の母親は、「言葉を習いたい時には本を警戒しなければならない」と確信していた、とカネッティは書く。そして、「全ては口頭で学ばれなければならない、そして、その言語についてなにがしかの知識を得た後で初めて、本は有害なものであることを止めるのだ」(8)と。その貴重な教科書が自分の息子の「手に渡らないように」と慎重に持ちながら、母親はある文章をドイツ語で読んだ。次にエリアスはその文章を、一シラブルごと、一単語ごと、一セクションごとに繰り返さなければならなかった。そして、母親が、その発音が、良いという程まではいかないにしても、少なくとも「聞くに堪える」と母親が判断するまでは何度も繰り返す必要があった。カネッティは次のように語っている。

その時になってやっと彼女はその文章の意味を英語で教えてくれるのだった。そして母は二度繰り返すことはなかったので、わたしはいつも一度で覚えなければならなかった。そしてすぐに次の文章に移り、全く同じ方法が繰り返された。わたしが文章をきちんと発音できると、彼女は文章を翻訳し、威圧的な様子でそれを頭に入れるようにと睨みつけ、そしてその時にはもう、次の文章が口に出されているのだった。わたしは、初回に彼女がどのくらいの文章を私の頭に叩き込むことに成功したのか覚えていない。幾つかに過ぎなかった、と言っておこう。でも沢山だったかもしれない。母はわたしにもう行ってもいいよと告げ、それからこう言いつけた。「今日の文章を何度も繰り返しなさい。一つだって忘れてはいけないよ。一つでも。明日またその続きをしましょう」。母は教科書を手に持ったまま、わたしは、どうしていいか分からず途方に暮れていた。(9)

その次の日、エリアスの成績は良くなかった。前の日に繰り返して習った文章の一つの意味を聞かれ、彼はそれに対応する英語を答えることができたが、「その後がいけなかった」。彼は他の文章の意味を何一つとして思い出すことができなかったので、新しい言葉で文章を発音した後に意味を答えるよう求められ、彼は「口籠り、黙り込むことしかできなかった(10)」。

そこで、少年は、最初に質問に答えられたせいで、かえって非難を受けたことを知る。母親は声を上げ、言った。「あなたは最初の文章を覚えられたのだから、他のも覚えられるはずでしょう。覚えたくないのね。ローザンヌに残っているつもり。それならローザンヌに一人で置いていきますよ。私はウィーンに行きますからね（…）一人でローザンヌに留まっていらっしゃい！(11)」このような場合、置いていく、というのは母親ができる脅しの中でも穏健な方だった。エリアスが、宿題になっていた文章を全く翻訳することができない時には、エリアスは、母親の反応の中でも彼が最も怖れていた反応に直面しなければならなかった。それは、軽蔑だった。「母は、堪忍袋が切れた時には、頭の上で手を叩いて、大声でこう言うのだった。「わたしの息子はうすら馬鹿！　わたしの息子は阿呆者、今まで知らなかったとは！」またはこう言った。「お父さまが聞いていたら何とおっしゃったでしょう、あんなに上手にドイツ語をお話しになったあの方が！」(12)」

このようにして、カネッティのつらい少年期が始まった。彼は、ブルガリア、そしてイギリスを順に離れた後、スイスのフランス語圏で、自分の母親が自分に教え込みたいと思っていた言語を、読むことも書くこともできないまま学んでいたのだった。この少年の人生はこの学習に振り回された。まだ知らなかったこの言語を忘れてしまうのではないかという怖れに昼となく夜となく取り憑かれ、彼は母親がいる時でもいない時でも不安に囚われるようになった。

わたしは彼女の痛烈な皮肉を聞くことを恐れながら生きていた。そして、日中は、どこにいようと、わたしは絶えず文章を繰り返していた。家庭教師の女性と散歩をしている時にも、わたしは黙り込みがちで、常に圧迫されたような気持ちでいた。吹く風も感じられず、どんな音楽も聞こえなかった。わたしの頭には、ドイツ語の文章とその英語での意味しかもう入っていなかったのだ。(13)

母親の言語の囚人となり、この少年は無口になってしまった。カネッティ自身の表現を用いるならば、催眠術にかけられたようになってしまい、そのような魔法を彼にかけた者の意向なしにはこの罠から逃れられなくなってしまったのだ。「母がわたしにかけた催眠術によって、母自身だけがわたしを解放することができるのだった(14)」。しかし、イギリス人の家庭教師の介入のおかげで解放が訪れる。

カネッティにとっては、一ヶ月も続いただろうと思われる、終わりを知らない期間の後、この家庭教師は、情けを知らない教育者であるカネッティの母に、新しい文章が書かれている貴重な教科書を見てもいいと許すように説得したのだ。こうして、エリアスはそれまで彼には禁じられていた本を手にすることができた。母親の助けを借りずして、彼はようやく、ゴシック体の「ごつごつした活字」を読み解くことを学んだのだった。「最もつらい苦しみは過ぎ去った(15)」。

確かに、この母は教科書が害になる力を及ぼすとその後もかたくなに考えていて、練習の間、エリアスはずっと、文章を書かれた頁を見ることなしに覚えなければならなかった。しかし、彼は少なくとも毎日の練習の間には、教科書を見る許しを得、「読むという手段を通じて」自分が口頭で習った全てを「正確にすることができた」。文字が加わったことは決定的だった。エリアスはより早く、よりよく学び、後に語るところによれば、母は、彼を「馬鹿扱いをする機会はその後もうなかった(16)」。それは母と子の「ほとんど牧歌的な」時期の始まりだった。練習の間、そして、その後も、彼らはこの新しい共通語を自由に使っていた。この未亡人にとって、この交流は大変大きな重要性を持っていた。そのことをエリアスは、後になってから知ることになる。

母自身も、わたしとドイツ語で話したいという強い欲求を持っていた。ドイツ語は彼女にとって親密な間柄での言葉だったのだ。わたしの父親の死は、母がまだ二十七歳の時に起き、彼女の人生にひどい切断をもたらした。そしてこの切断の中でも最悪のことは、父と母がドイツ語で話し合っていた愛情に満ちた会話にピリオドが打たれたということだった。彼らの結婚は真にこの言語から生まれていたのだ。母は父なしには人生の道しるべを失ったように感じていて、その場所を、なるべく早く、わたしが受け持つように計らったのだ。[17]

エリアスにとって、この新しい言語の獲得は、おそらくそれよりずっと重要な結果をもたらすことになった。この厳しい練習によって彼は、わたしたちが考えうるように外国語を得たのではなく、もっと驚くべきことを得たのだ。それは「真の苦悩と引き替えにして、後になって根を下ろした母語」[18]であった。この言葉は彼の創作言語になることを約束されていた。長じてカネッティはその頃のことを回想し、ドイツ語の獲得の中に自分の第二の誕生を見ている。それによって、他のやり方では決して手に入れられなかった存在が自分に与えられたのだと。

わたしたちはローザンヌで三ヶ月を過ごした。そして、その後の人生においても、これほど実りの多い期間はなかったと思うことが今でもある。しかしそれは、自分の過去のある時期に思いをなした時にあまりにも繁く言い習わすことでもあって、その反対に、一瞬一瞬が最も大事であり、一瞬ごとにあらゆる時間が含まれていると考えることもできる。そのころわたしの周りではフランス語が話されていて、それをわたしは同時に、劇的な亀裂を起こさず身につけることができたのだが、ローザンヌで、母親の影響下、わたしはドイツ語に生を受けたのだ。この二度目の誕生に先立つ苦悩の中に、わたしは、自分を二つのものと結びつける情熱を感じていた。二つのものとは、母親、そしてドイツ語である。結果として、ただひとつのものであるこの二つの要素がなければ、わたしの人生のその後の発展には何の意味もなく、理解不能に留まったことだろう[19]。

しかしカネッティの母語の物語はここで終わらなかった。この作家が幼少期に模倣によって学んだ言語はラディーノ語とドイツ語だけではなかった。ダンテの「第一の言葉」に対して与える定義を採用するならば、この少年が「親しんでいて」、そして彼が「様々な音を作り出す[20]」ようになった頃、彼を取り巻く人から「何の規則もなしに」学んだ言語がもう一つある。それはブルガリア語であった。これは、ルスチュクのカネッティ家に住み込みで働いていた若い女性たちの言葉であり、彼女たちと一緒にエリアスは幼少期長い間過ごしたのだった。成人してから、この作家は、いつ自分がこの言語を学んだのか覚えていなかったが、この言語が自分の幼少期に決定的な役割を果たしたと確信していた。しかしながら、その後この言葉をすっかり忘れてしまったことも確かである。

両親は二人の間ではドイツ語を話していて、わたしは、彼らが話していることを理解していないことになっていた。両親がわたしたち子供たち、または家族や友人たちに話しかける時には、彼らはラディーノ語を使っていた。日常使用言語は、このいささか古めかしいスペイン語で、わたしはその後もこの言語を耳にすることがあったし、この言葉を忘れたことは決してなかった[21]。

そしてカネッティはこう付け加える。

住み込みの農家出身の娘たちはブルガリア語しか知らず、わたしは彼女たちとはブルガリア語を話さなければならなかった。しかしわたしはルスチュクを離れた時には六歳だったし、ルスチュクでは学校には一度も行かなかったので、すぐにこの言葉をすっかり忘れてしまった。[22]

しかしながら、カネッティは、自分の幼少期にこのバルカンの言葉で行われていた事柄を覚えていると考えている。数々のシーンは彼の心に残っているが、実際に起こったのとは違う形で記憶されていた。彼は、自分でも、いつどこでそれが起こったのかははっきりと確定することはできないが、彼の経験や思い出は、まるまるそっくり、ドイツ語に移行してしまったのだった。

自分の人生のあらゆる光景は、人生の最初の何年間か、ラディーノ語かブルガリア語で展開していた。ずっと後に、それらの多くはその後、ドイツ語に変わってしまった。特に劇的な事件、いわば殺人や虐殺、最悪の恐怖だけがわたしの頭の中ではラディーノ語で、あらゆるディテールにいたるまで永遠に変わらず記憶に残っているのだった。しかしそれ以外、つまりほとんど全て、そして特にブルガリア語で行われたこと、語ってもらったお話しなどは今、ドイツ語でわたしは思い出すのだった。

それがどのように起こったのかを正確に話すことは不可能だ。いつ、どの機会に、これらの光景が翻訳されたのか言うことはできない。わたしはこの問題を突き詰めようと思ったことは決してなかったし、それはもしかしたら、方法論的で厳密にコントロールされた調査によって、わたしの記憶の中でもっとも貴重なものを壊すことを怖れているのかも知れない。しかしながら、確信を持って言えることがひとつある。それらの時代に遡る出来事は全て、わたしの頭の中では、今でも生き生きと、力強さを持ち続けている。わたしは六十年以上この思い出を絶えず温めてきたのだ。しかし、それらの記憶は、多くが、わたしが当時は知らなかった言葉と結びついている。それらの記憶は今日わたしの元に自然にやってきて、わたしはそれを変えたり変形したりした覚えは全くない。文学作品をある言語から他の言語に翻訳したりする時とは全く異なり、ひとりでに、無意識のうちになされた翻訳であり、使い古されたので文字通り何も意味しなくなった「無意識」という言葉、普段は蛇蝎のごとく忌避している言葉をこの機会にだけはまだ用いることを許して頂きたい。(23)

カネッティのブルガリア語に起こった運命をより子細に検討する価値はある。この言葉は、彼の幼少期の二つの言語、ラディーノ語と英語のケースとは大いに異なっている。確かに、ブルガリア語は子供時代のカネッティがマンチェスターで話していた英語とは同じ運命を辿らなかった。レマン湖のほとりでドイツ語に「再び生まれる」のに先立つ何ヶ月か、彼は英語をこの新しい母語に取り替えようと骨を折った。しかしブルガリア語は、ラディーノ語と同じ道を辿ることもまたなかった。ラディーノ語は、エリアスが意識しないうちにドイツ語に場を譲り、その後には特別に印象的な、大人になってもこの忘れることができない「特別に劇的な出来事」の証人となる言葉のかけらを残しただけだった。子供時代のカネッティが知っていたブルガリア語の方は、知らず知らずのうちに消えてしまい、永遠に失われてしまったように思われる。話し手のせいではない。文字通り、彼が自分の経験をある言語から他の言語に翻訳したり転置（übersetzt）したのではない。反対に、経験が「ひとりでに」新しい言語に「翻訳された」のだ。それは翻訳者のいない翻訳であり、元々あった言語は「ひとりでに」自分が決して持たなかった形に移し替えられることになるのだ。「すぐにすっかり忘れてしまった」この少年のブルガリア語はこのようにして大人のドイツ語に移行する。反対に、若いエリアスの経験、その後の「言葉に結びついた」経験は、成人になってからも、意志的に思い起こすことができるようになる。これらの記憶は、厳密に言えば、そのようには決して起こりえなかった出来事の記憶であり、この作家の過去にしか属さない出来事ということになるだろう。

カネッティにとって、外国語は、多くの人間にとっては母語がそうであるように、子供時代の創造物であったようだ。そもそも、スペイン系ユダヤ人家系のブルガリア人でドイツ語を創作言語とするこの作家にとって、外国語と母語の間に違いがあるのかと問うこともできる。しかしながら、カネッティの子供時代の複数の言語、特に、彼が「すぐにすっかり忘れてしまった」と断言する言語に新たな光を当ててくれるエピソードが自伝のその後に現れる。一九三七年五月、カネッティはウィーンを離れて、プラハに赴いた。その少し前に、彼は、オスカー・ココシュカの生誕五十周年を記念してウィーンの装飾博物館で開かれた、彼の作品の大回顧展を見に行ってきたばかりだった。その展覧会にすっかり感動し、この若い作家はアーティストに会いに行くことに決めた。彼は、ウィーン市民たちがこの展覧会をどれだけ熱狂して迎えたかを伝えたかったのだ。この画家との邂逅はカネッティにとっては忘れられない記憶となり、彼はそれを自伝の第三巻、『眼の戯れ（Das Augenspiel）』で詳しく伝えている。しかし彼は同時に、プラハ旅行の際、自分の周りで話されていたチェコ語の奇妙さに打たれている。「この言葉が、喧嘩腰に聞こえた。あらゆる単語が最初のシラブルにアクセントが付いているので、会話という会話は、フェンシングの剣先が常にやり合っているように聞こえるのだ(24)」。

カネッティにとって、この中欧の言語の不思議な力は、音楽を示す単語、hudba の中で最も強く表れていた。「私が知っているあらゆるヨーロッパ言語の中で、音楽を示すには「ミュージック」という単語しかない。これは響きのいい、美しい言葉だ。ドイツ語でこの単語を発音する時には、一緒に宙に飛んでいくような気がする」。最初のシラブルにアクセントを置くとき（英語やスペイン語の場合のように）、この単語は「羽を広げる前に一時止まっているよう」[25]だった。その何年か前に、この若い著者はこの単語の外見上の普遍性の問題に取りかかり、この単語が示す現象の多様性をその普遍性が本当に正当化できるのかと自問自答していた。彼はこの問題についてアルバン・ベルクに尋ねさえした。「音楽を示すのに他にも「単語」を幾つか見つけた方がいいのではないだろうか」。彼は勇気を出して――というより無謀にも――シェーンベルクの弟子にこう尋ねたのだ。「ウィーンっ子が、新しいものは何であれきっぱりと拒否するというのは、彼らが、「音楽」という単語に対して持っている「考え」にあまりにも完全に同一化してしまっているので、その単語の中身が少しでも変化すると苦しんでしまうのではないだろうか」[26]。アルバン・ベルクはこの考えを受け入れられなかったが、それも当然のことだ。この、十二音技法の創始者は、彼以前の作曲者同様、音楽を作曲していると固く信じていた。カネッティはそれきり彼にこの話をしなかった。しかし、カネッティは、hudba という言葉をプラハで発見すると、自分が考えていた件から逃れることがもはやできなかった。「これはまさに、ストラヴィンスキーの『結婚』や、バルトーク、ヤナーチェク、その他の作曲家にぴったりの単語ではないか」[27]。

しかしながら、プラハの言葉の抑揚は、カネッティに、彼が知っていた、または彼がかつて知ったことのある他の言語を思い起こさせずにはいられなかった。このスラヴ語の音がどうして彼に強い印象を与えたかについて、彼はただひとつの説明しか思いつかなかった。チェコ語は、彼に、何らかの形で、もう曖昧な記憶しか持っていないブルガリア語を思い出させたのだ。

わたしは、魔法にかけられたようになって、中庭からもう一つの中庭へと歩いていた。わたしが、挑戦状を投げつけ合っているのを聞いたと思い込んでいたのは、多分、単なる日常会話に過ぎないのであろうが、それは、より「激しさを担った」会話で、その会話は、我々が他人と話す時に自分自身をさらけ出すのよりももっと、話し手の人間性を含んでいた。チェコ語がわたしの耳まで届く時の強烈さは、もしかしたら、わたしが幼少期に聞いたブルガリア語の記憶によっているのかも知れない。しかし、わたしはそれについて一度も考えたことがなかった。というのも、ブルガリア語は全く忘れてしまっていたし、忘れ去られた言語が自分たちのうちにどのくらい残されているのかを測ることができないからだ。プラハ滞在の間、わたしの人生の幾つかの異なった時代の体験が繋がったのに違いない。わたしはスラヴ系のこの言葉の音を、説明できないながらも、わたしにとても近い言語の一環をなしているように感じたのだ。(28)

この件から現れてくるのは、カネッティが幼少期に話していたスラヴ語の運命は、わたしたちが考えているよりも、そしておそらく、作家自身が想像し得たよりなお複雑だったということである。確かに、彼がここで描写する幼少期の言語は、彼が自伝の第一巻で描き出していたそれと外見は大変似かよっている。それ以前に、ブルガリア語は、幼少期に学んだ言語の中でも彼が「すっかり」失ってしまった唯一の言語だと記しているが、カネッティはここでも読者に「ブルガリア語を全く忘れてしまった」[29]と告白する。しかし、ほぼ同じこの繰り返しはある否認（「わたしは考えたこともなかった」）を隠していないのかという疑いが残る。この否認は、否定している現象の現実を執拗に証明しているのではないか。語り手が断言していたのとは反対に、少なくともここからは、スラヴ語はラディーノ語と決定的に区別することはできないのではと推論することができる。ブルガリア語もまた、跡を残さずドイツ語に取り代わってしまったのではなかった。ルスチュクを離れて二十年以上経ってからも、カネッティはまだ、自分が忘れたつもりの言語から影響を受けていた。だからこそ、そうでもなければそれほど敏感にはならなかったかもしれない音を「知覚する」ことができたのだ。ブルガリア語は、消失することで、明確ではないが否定することのできない印象に道を開いたのだ。自伝の中でもそうと認めざるをえなかった印象、それはつまり、「すっかり忘れてしまった」言語、それでもなお「説明できないほど近い」形で彼の元に「残っていた」言語の記憶である。

　チェコ語の hudba に、カネッティは何を聞き取っていたのだろうか。それはもちろん、プラハの住人の言葉ではない、というよりはそれだけではない。というのも、彼の告白によれば、カネッティはこの言葉がほとんど分からなかったからだ。しかしそこから、作家はただブルガリア語だけを聞き取っていたのだと結論づけるのも同様に誤りだろう。カネッティは、自分自身の言ったこととは異なり、ブルガリア語の知識を保持していたとしても、それをチェコ語に見いだすことはできなかっただろうからだ。二つのスラヴ語派言語の間に類型的近親性があるからといって、一つの言語をもう片方の言語のうちに認めうるとは全く断言できない。この作家がプラハで聞いていたのは、言語ではなく、谺なのだと考えるのがより正確だろう。それは、ある言語の音、わたしたちが忘れた他者の言語なのだ。この啓が、この作家が存命のうちに出版された自伝三部作の最後、より正確には、最終章の少し前、「母の死」と題された部分で間違いようもなく聞こえてくるのは偶然ではない。カネッティが聞いたチェコ語の抑揚は、ただひとつ、母親と結びついていない幼児期の話し言葉を喚起していた。この言葉は、ローザンヌで母親から習ったドイツ語の前にあり、父親が亡くなる前には、母親がエリアスに話していたラディーノ語とも区別される。いずれにしても母語と形容されることはあり得ない言語をカネッティに思い出させつつ、プラハの住民の「激しさを担った」会話は、取り返すことのできない喪失を告げており、そのことにより自伝は終わりを告げる。それがおそらくhudbaという単語が隠し、カネッティの物語が露わにする秘密なのだ。わたしたちがどんな言語を話そうと、どれだけの数の言語を学び、忘れようと、それは問題ではない。他の言語に自分を開かない言葉はひとつもない。全き「起源」である言語はひとつもない。その意味では、どんな言語も実際には「母語」ではあり得ない。母親のそれでさえも。

マリーナ・ツヴェターエワは、一九二六年七月六日付けのライナー・マリア・リルケへの手紙で、母語について語っている。フランス亡命時代に書かれたこの手紙で、彼女は自分の考えをロシア語ではなくドイツ語で綴っている。

ゲーテはどこかで、外国語では偉大なことは何も実現することができないと言っていましたが、それはいつもわたしには真実ではないと思われました（ゲーテは総体としては正しいことを言っているように聞こえますが、それは総論としてしか正しくなく、それでわたしはここで彼に対して不当なことを敢えて言っているのです)。

詩を書くということはすでに翻訳することで、それは母語からもう一つの言語への翻訳なのです。それがフランス語であってもドイツ語であってもかまいません。母語である言語はひとつもありません(keine Sprache ist Muttersprache)。詩を書くということは、書き改めるということです(Dichten ist Nachdichten)。だからわたしは、フランス詩人とかロシア詩人などという言い方が分からないのです。人はフランス語で書くことができますが、フランス詩人にはなれないのです。それは馬鹿げた物言いです。[30]

ツヴェターエワの言葉を解釈し、「母語である言語はひとつもない」という表現に最も明白な意味を与えることは可能だ。この手紙をパラフレーズするなら、どんな言語も、自らが最初に来たる言語であり、模倣によって学ばれ、規則も表記も知らず、学校とも文法的な意識とも遠いと言い立てることはできない。あらゆる言語は、ダンテの論の用語を再び取り上げるならば、同時に「最初」であり「二番目」なのだ。しかしツヴェターエワの文章はもう少し多くのことを語っている。この文章は、その肯定文が含む、逆説的にポジティヴな意味を理解させる。「母語である言語はひとつもない」ことは、単に母語がないことだけを意味するのではない。この命題は、文字通り「一つだけの母語はどこにもない」ということを示唆しているのだ。他の言い方をすれば、母語は確かにある。しかし母語は、固有の言語のようには唯一の存在ではない(「それがフランス語であってもドイツ語であってもかまいません」)。それは、詩人が作品を書く言語を指している。唯一であり同時に複数であって、その中では、創作と翻訳、詩作すること(Dichten)と詩を書き改めること(Nachdichten)、制作と再現を分かつことができない。それは言葉の究極の次元だろう。それは、あらゆる言語が、国境を越えて響く音楽によって動かされ、自ら翻訳し、「別の——フランス語であってもドイツ語であってもかまわない」所に移っていく空間なのだ。

第十七章　分裂音声学

ルイス・ウルフソンは、自分の母語のアイデンティティに疑いを抱いたことはなかった。それだけではなく、その音が彼に嫌悪を催させることについても。一九七〇年に出版した本の中で、彼は、幼少時代に話し始め、また読み書きを始めた時に直面した困難について語っている。そして、彼は、青年時代、それを忘れようと努力した時の苦労を微に入り細にわたり報告している。この著者が、自分が嫌悪している言語から解放されようとして行った努力において、この作品の執筆は本質的な役割を担っている。家と学校で習った自分の唯一の言葉から逃げ出し、彼はこの、英語との戦いの物語を、自分が一番よく知っている外国語、すなわち害のない言葉、フランス語で記した。この物語は、彼の母国であるアメリカではなく、フランスで、『分裂病者と諸言語、または精神病患者における音声学（分裂病の語学生によるエスキス）』という題名のもと、ジル・ドゥルーズの序文入りで出版された。[1]

著者はここでは自分のことを三人称で呼ぶか、さもなければ「分裂病の若者」「精神病患者」「精神異常者」「精神病者」などの一連の表現を用いたり、本の題の最後にあるように、「分裂病の学生」などの表現を用いている。この本のいたるところに書かれている指摘からは、この分裂病患者が英語の支配から逃れるため大学時代すでに体系的なプロジェクトを抱いていたことが推測される。実際に、彼の母語に対する戦いは彼が二十六歳の時にはすでにかなり進行していた。ウルフソンの母親は彼を精神科病院に入院させたのだが、彼はそこから逃げ出し、それから「多かれ少なかれ決定的に」、複数の外国語の「知識を深めることを決心した」。彼は、そこで、自分が高校と大学で学んだ言葉、フランス語とドイツ語を選び、「その後で、外国語学習の幅をさらに広め、セム系の言語を一つ、スラヴ系の言語、他にも名前は挙げないが幾つも」学んだのだった。(2)『分裂病者と諸言語』の冒頭で、彼はその時代のことを思い返している。

それらの学習をほとんど偏執的に続けながら、彼は自分の周りで唯一使われ、他のどんな言葉よりも多くの人によって話されている母語を耳に入れないように心がけていた。中国語は例外であるが、この言語は視覚的な面で極めて優れていて、広く理解される(しかし発音は大変不完全に、そして比較的不確実にしか示さないのだが)書記言語という、多かれ少なかれ音声的な現象の対極にある。というのも中国語の話し言葉は地方により多様な発音を持ち、全てがお互いに理解し合うとは限らないからだ。しかし、母語を全く聞かないというのもほとんど不可能だったので、彼は、聞くまいとしても彼の意識に単語が入ってくるたび、ほぼ同時に(特に、彼にとってつまらないと思われる単語は特に)他の外国語の単語に入れ替えるという方法を開発しようと試みた。それは、この呪われた言葉、母語、つまり英語で自分に誰かが話しかけているると思わなくてすむようにそうしているのだった。そして自分が聞いた単語をすぐに外国語に頭の中で入れ替えたり、この忌まわしい言語、英語の単語の意味を建設的な形で頭の中で破壊したりすることができない時には、彼はひどい反応、時に苦痛さえ与える反応さえ起こすのだった。(3)

この分裂病者(彼は自分自身をこう形容している)は、敵の力を十全に認識してから反撃に移ったのだった。つまり、彼の母語が持っている比類ない偏在性を受け入れた上で、それを規制する方法を見いだしたのだった。もちろん、「この呪われた言葉」の音と意味を避けることは彼には「ほとんど不可能」ではあった。しかしこの若者は自分の知覚を変えることができた。この、邪魔な、ほとんど苦痛を与える言語に対し、彼は、その要素を「自分にとっての外国語」に変えることができた。当然のことながら、彼はまだ母語を耳に入れてしまうだろう。しかしより正確に言えば、彼はそれを別の言語に転換させるためにそれを聞いてしまわなければならないのである。そこから、この操作を増加させ、早める必要が出てくる。この精神病患者は、この防御のストラテジーを「ほとんど同時に」実践にうつして、彼が逃れられない言葉をできるだけ早く「建設的な方法で破壊し」ようとするのだ。

ドゥルーズはその序文で、分裂病者のストラテジーの実践の根本的な原理を次のように要約する。「母語の文章は(…)その要素と音声的な動きの中で分析され、「できるだけ早く」、意味が似ているだけではなく音も似ている、ひとつまたは複数の外国語に入れ替えられる(4)」。しかし、この若者は文章全体よりも文章の一部やただひとつの単語をより気にかけることがあった。「この分裂病の学生」

は、自分を取り囲むこの嫌悪すべき言語を全くの沈黙に追いやることができなかったが、少なくともそこから自らを守るためにできる限りのことをした。母親が「自分の息子を、彼女の舌と英語という言語で同時にできる限り多く叩こうとしているかの」ように彼に話しかけたときには、この精神病患者は、幾つかの簡単な身振りで自分の身を守る術を持っていた[5]。例えば、手ですぐに耳を覆ったり、ヘッドフォンを被ったりして、彼に投げかけられた文章の最初のシラブルを耳に入れないようにしたのだ。そうすればあとは、文章ではなく、独立し、ばらばらになった文章のかけらを翻訳すればいいことになる。そうして、自分の精神からそれらを追い払うと、それらから始まる話の攻撃から逃れられていると考えることができたのだった。

母親が、いつものように、あるテーマについて彼女の確信するところを彼に押しつけようとしたときには、彼は近くにある物をなんでもいいから取ってそれで耳をふさいだ。しかしその防御は完全ではなかった。一般的に、彼は、彼女が発音した最初の二つの単語をまだ区別することができ、そこで、自分の意志にもかかわらず、再び「英語の単語に浸食され[6]」てしまうのだった。彼女が「ほとんど立て続けに、大声で、彼には二十回、三十回、四十回も続くかと思われた、「分かってるわよ！(I know!)」と言っている声を聞くと」、この息子はすぐにこれを外国語の、同じ音声や意味的な特性を持っている表現に転換させた[7]。彼はこの二音節の言葉をフランス語の一単語、connais に転換させた。それは、この単語の最初の音、c が彼に know の最初の k を思い起こさせたからで、「それも、k の音が無音であってもそうなのだった」。しかし、彼はよりしばしば、I know という表現をロシアの ya znayou（я знаю）という言葉に転換した。それは、最初の半母音（ya）が英語の I を喚起し、二つ目と三つ目のシラブル（znayou）がおそらく彼にとっては母語のこの表現の最後にある二重母音を思い起こさせたからなのだろう(8)。

時として、彼が転換しなければならない言葉が、その音が我慢できない会話から来る語彙の要素によって成り立っていることもあった。sore（苦しい）という言葉を聞くと、彼は、転換可能な一連の外国語を頭に浮かべた。「例えば、英語のsoreと同じ意味を持つ、次のようなドイツ語がそうだ。Schmerzhaft, schmerzlich, schmerzvoll　ここでは、「chmèerts」と発音される最初のシラブルにアクセントが置かれているが、この三つのドイツ語の形容詞の接尾辞のうち、最初の単語の、hとtは音として聞くことができ、二番目の単語のiは開母音であるので短く、そしてchは軟子音である（iに伴われているので）。そして最後の単語のvはfのように発音する」(9)。一つの音の転換から始まり、彼はこうして言語的な変形について一般的なストラテジーを編みだし、異なった複数の音声体系を繋ぐ根本的な関係について思索した。soreのケースは特に彼が発見した「多くの英語の単語に見られるs音を、ドイツ語の、語源的には同種のsch（chと発音）にすぐに入れ替えようとする強い習慣、もっと正確に言えば抗しがたい必要(10)」を説明する手がかりになる。ここから、分裂病のこの若い学生は、sやsh（sやʃ）といった音素が構造的な関係を結んでいる他の言語や他の語族の方に再び導かれる。「国際音声記号のch音の記号と、英語（そしてスワヒリ語）の記号はそれぞれ、一種の大文字のʃ（数学での積分法の印と同じ）とshと書くグループである」ということを確認した後、筆者はそこから、アラビア語とヘブライ語のsin（שׂ、س）とshin（שׁ、ش）の関係を引き出し、そして、「ロシア語の文字c（èsといわれ、通常は無声のsとして発音され、kと発音されることはない。しかし、それに続く子音が継続するか（vは除く）一時期なのかによって無音になったり有音になったりする）」という結論にいたり、なおかつ、スラヴ語のtch（ч）とその機能、音声学上の実践と、口内のどの部分がそれに伴って動くかを検討し、そうやって母語からの逃走を行い、出発地点であった英語の単語からはどんどん遠ざかるのだった(11)。

彼は自分の母語の単語を、最も簡単な音声的作用によって英語の表現に転換することができた。英語の単語がほとんど同時に複数の外国語の語彙素に変換されることもあった。それには単に一つの単語を繰り返すことで十分だった。そして、ある有声子音を無声の子音に、または反対にすれば良かったのだ。例えば、bedという、「bèdと発音され、ベッドを意味する」単語が良い例だった。

分裂病の学生は、この単語は、最後の文字を、この単語がドイツ語（または多くのゲルマン語族の中でも、オランダ語、アフリカーンス語のような言葉）であるかのように発音しなければならないと想像した。またはロシア語（ないしはスラヴ語族のポーランド語、ブルガリア語、チェコ語）のように。つまり、有声子音のdを、それに対応する無声子音のtに変換すること、特に、帯気音のtのように発音することだ。結果として、彼の空想において、この英語はすぐに発音においては語源に近親性を持つ、同じ意味のドイツ語のBettと同じになり、そして、この単語を思い出すときには、女性名詞の複数形である語尾-enを採るが本当は中性名詞で、文法的により厳密に言うと、このドイツ語の単語が強弱の混淆した語尾変化だと彼は考え、単数では強語尾変化に従い、複数では弱語尾変化に従った(12)。

この分裂病の若者はここで、単純な音声変化だけで目的に達したと言える。この音声変化は、構造主義的な見地からいうと最小限の言語的オペレーションを構成する。彼は、ある有標の音素（英語の単語 bed の最後にある有音の歯音）を無標の音素（ドイツ語の単語 Bett の最後にある無音の歯音）で置き換えることに留めたのだ。自分が嫌悪している語彙素の音声的構造を完璧に意識しているこの若い精神病患者は、最小の要素である音素とそのもっとも基礎的で代表的な記号である文字をいじることで、このように単語を変容させることに成功したのだ。彼は、耳にした単語を解体し、様々な音声的特徴と、それが示している表記を分けた。そこで、彼は単語の音声的な形の一分子を変化させ、この恐ろしい言語から自分を救い出して、他の言語に（もっと正確に言うならば、他の複数の言語に）自分を刻み込むことができたのだ。

このニューヨークの患者の母語との戦いの物語の中で、bed の変換は最も極端な例を表している。この変換は、この「分裂病の学生」が行っていた変更の全体に横たわっている唯一の制度を露わにしている。それは、音声的な表記、もっと簡単に言うならば、書くこと（文字）である。もしこの若者が彼の意識に入り込み苦痛を与える単語を書き、書き直すことができなかったら、彼は一つの単語も変換することができなかっただろう。彼はそれらの単語をその最小の音声要素に縮小することも、その上で分析することもできなかっただろう。彼はまたその後で、彼が習った外国語に属する、意味の近い単語にそれを移し替えることも不可能だっただろう（彼の知っていた外国語の中で、ロシア語とヘブライ語は独自の文字を持っていて、表音文字でしかアルファベットに置き換えることができないことは特記すべきであろう）。彼にとっては、他の方法はなかった。自分に絶えず襲いかかる言語から身を守るためには書かなければならなかった。母語を書き写すことでしかそれを他の言語の中に溶解させることができなかったからだ。彼の文体の中にさえもそれが見え、彼の本はその良い証拠である。彼が英語の表現を引用する度に、彼はそれをすぐに音声的に書いた形で示し、その後ですぐに注解を加えるのだ。例えば次のように。「vegetable oil、この表現は vèdjtebel oil と発音し（二つ目と三つ目の e は脱落性であり、o は開口音で短い、i は消えやすい開口音で、脱落性二重母音を形成している）、植物油、という意味である」[13]。母語を表記によって完全に解体することなしには、その記憶の喪失を望めない、ということを彼は誰よりも分かっていた。

しかし、表記はその性質上曖昧で、彼の記述もまたその例にもれない。英語の通常の表記法の代わりに提案された音声的形態、そこで現れる外国語の表現や、さらにはウルフソンの本全体が、この若い言語学者が解放されようとしていた母語を参照することなしには理解することができない。この事実は不可抗力である。彼は、書けば書くほど、自分にとって我慢のならない唯一の言語の文字を――それがどれだけ解体され、混乱していても――書き続けることになるのだ。表記は、その表記が排除しているはずの言語の記憶を保持している。そしてその時、筆記は、書くことを通じて意図的な忘却が行われていること自体を頑なに証明し続けることになる。この患者は、この根本的なパラドックスに明晰に取り組んだ最初の人間だった。英語を忘れることを決して忘れないように努めながら、彼は実際のところ、常に英語を思い出すことを思い出すようにしていたのだ。この「分裂病の学生」が自分自身のプロジェクトを疑うことになっても当然である。彼はこう自問自答している。「私は本当に英語を忘れているのか、それともむしろ脳の欠陥なのか？」[14]。

忘却の対象が本当に消えたのか、その外見の消失の中に本当は意志的に保持されていないのかどうかを疑ってもいいようなケースがある。このような現象は、カール・クラウスによって、彼がひとりで編集・執筆していたウィーンの雑誌、「炬火（Die Fackel）」に記されている。クラウスは、ヴァルター・ベンヤミンが、近代のハールーン・アッ＝ラシードに例えていた人物だが、「夜中に人知れず、新聞の文法的構造を」見て「饒舌の堅固なファサードの後ろに（…）その内部では「黒魔術」のらんちき騒ぎの中に、言語に為された侮辱、単語が耐えている殉教」を見いだそうとして、自分の時代の言語的異常に取り組んでいた。彼がいなければ気がつかれなかっただろう新語、文法上の誤り、破格語法、そして、この作家が、その分析が「言語理論」[15]（Sprachlehre）の一般的な分野に属していると考えていた事柄だ。これらの言語の形成（または異常形成）の中で、二十世紀の最初の何十年間か流行していた、奇妙な表現があった。クラウスは一九二一年六月二十三日版にそれについて短い記事を書いている。現在のドイツ語では耳慣れないこの不思議な表現は、「について忘れる」（daran vergessen）と翻訳することができるだろう。クラウスは次のように書いている。

この表現がいかなる意味でも間違っていると考えてはならない。というのも、言語の中に、言語自身が直せない間違いなど何もないのだから。言語の科学を保持していることは、言語を的確に扱うためには必要不可欠の条件である。誰の目にも明らかな間違いから成り立っている文章がそれでも正確であり得ることもある。それは特殊な言語の使用法に基づいて創られた文章だけのケースではない。規則はおそらく言語のある語感（Sprachgefühl）から来ている。しかしより高度なフィーリングが規則の崩壊から生まれることもある。「について忘れる」はその極端な例だろう。この例はこの可能性の基本的な実現を提供しているから、これを考慮に入れない手はない。この表現は「について思い出す」(sie daran erinnern (直訳としては「の上を思い出す」)) という表現、または「について考える」(denken daran) に結びついていて、これらの表現の否定形が最後まで考えられていなかったので、「について」という、肯定的な意味合いを持つ言葉が生き残ってしまっているが、本当ならば、「思い出」というニュアンスを持つあらゆる言葉と共にこの単語は完全に消失しなければならないはずなのだ。このような表現はおそらく「忘却」が、決定的であったとしても、常に「何か」に繋がれているか、ある対象「の上に」接ぎ木されている、ということを含んでいる。まるで、わたしたちが、思い出したくないという意図的な欲求を持っているかのように。それはまるで、わたしたちが、思い出し過ぎることを忘れているかのように、そして、その逆転が起こり、記憶の対象がしっかりとそこに置かれているので、「忘却」がまさに記憶「について」の面倒を見、その周りに繋がっているかのように。思い出したくない何かを思い出すことができない、信用のおけない証人について、彼は文字通り「それについて忘れた」のだ、と言える。そして、そう考えても、この表現の精神をさほど裏切ったことにはならないだろう。というのも、誤った表現から言語は常に正しい表現を作ることが可能なのだから。(16)

実際のところ、著者は、彼の「言語理論」の対象の独自性を証明する必要はほとんどなかった。ドイツ語の規範に従えば、「について忘れる」は、特異な表現であって、例外的な使用に留まらなければならない(実際にはこの表現はウィーンの町中では一般的に使われており、この街の偉大な作家のひとり、ジグムント・フロイトのテキストの中にも出てくるのだが[17]。わたしたちは確かに「何かについて思い出す」（daran erinnern）ことも、「何かについて考える」（daran denken）こともできるが、一般的に忘れるという行為を示す動詞は、前置詞を受け入れない。ドイツ語で、何かを「忘れる」時、わたしたちは、ただ単純に、直接に忘れるのであって、思い出と、定められた対象への思考を繋ぐ単語は必要ない。しかし、この文章はだからといって意味を持たないわけではない、とクラウスは主張する。これは複雑さが一般文法に挑戦する「ある精神状態」を把握するのにふさわしい唯一の表現であるかもしれないのだ。「思い出したくない何かを思い出すことができない、信用のおけない証人」。このような人物のことを、彼は単純に、自分がもう思い出さないことを忘れたのだとは言えないだろう。というのもその忘却は現実ではあるが、彼が失ったように思われる対象に相変わらず繋がれているからだ。自分自身ではそのように考えていないこともあり得るが、しかし彼は、理由はどうあれ、思い出したくないもの「について」忘れているのだ。

先の精神病の音声学者のケースはその証拠であり、彼の書いたものは、匹敵するもののない症例を構成している。彼は「その逆転が起こり、記憶の対象がしっかりとそこに置かれているので、「忘却」がまさに記憶「について」の面倒を見、その周りに繋がっているかのように、思い出し過ぎてしまう事柄をただ忘れて」いるばかりだ。彼の忘却は、どれだけ決定的に思われても、永遠に「何かに繋がれているか、ある対象「の上に」接ぎ木されている。まるで、わたしたちが、思い出したくないという意図的な欲求を持っているかのように」。自分の母語について考えるという耐え難い可能性と、それについて考えないという、同じくらい耐え難い可能性の間で、この精神病者は三番目の道を選び、それを彼の著書の中で並外れた決意で続けている。彼は思い出したくない何かを思い出すことができない、信用のおけない証人として、「呪うべき言語」「について忘れる」。不可避的に、この忘却と想起の物語は曖昧な色を帯びることになる。最も情熱的な祈願と容赦のない追放によって造り上げられたこの作品は、様々な読みを可能にする。ここに、確かに「反響する脳、より正確には反響言語的な脳」が造り上げた物を見ることができるかもしれない。それは、他にはない一つの言語によって負った傷を数える救いのない行為に過ぎないのかもしれない。それは著者自身が推測していることでもあり、自分の作品は「おそらく奇形」(18)なのだと彼は言っている。しかし、この「バベルの塔」は同時に有益なプロジェクトの証だとも考えられる。実際、『分裂病者と諸言語』の最後は、書くことを通じて、作者は「いつか」母の言語と別の関係を結べるのではと示唆している。この皮肉は、辛辣ではあるが、それが表明する「希望」の真剣さをいささかも損なうものではない。

少なくとも、幸いに、この若い精神病者が、英語と外国語との間で、意味と音の類似に基づいた言語学的遊びをするにつれて、彼の母語、彼を取り巻く人々の言語は、少しずつ我慢のできるものになってきた。そして、つまるところ、そこには希望さえもある——それは彼が、本当にこのような遊びに飽きたときに初めて可能になるのかもしれないが（そして多かれ少なかれそうなるだろうが）、この若い患者はある日、再び、この言語を普通に使う事ができることになるだろう、この、よく知られた言葉、英語を。(19)

第十八章　アブー・ヌワースの試練

アラブ文学の伝統においておそらく最も輝かしい人物にアブー・ヌワースがいるが、彼は最初から偉大な詩人だったわけではない。彼は後になって偉大な詩人となるのだが、アラビア語とペルシャ語で創作を行ったこの八世紀の作家の人生と作品について書かれた様々な古典文献を信じるなら、彼が偉大な詩人になるために受けた教育は厳しいものだった。中世の伝記作家イブン・マンズールは、『アブー・ヌワースの寓話（Akhbār Abī Nuwās）』の中で、以下のように伝えている。若い詩人は、詩を書き始める前に、伝統に則って、その道の権威であるハラフ・アル＝アフマールに教えを請うた。ハラフはその教えとして、彼の弟子にほとんど誰にもできない偉業を要求した。イブン・マンズールはこう書いている。

アブー・ヌワースは彼の師であるハラフに、詩句を編む許しを請い、師はこう答えた。「おまえが古典の詩句の抜粋を千首、歌やオードや短詩も含めて空で言えるようになるまでは、わたしはおまえに書くことを許すことはできない」。アブー・ヌワースはしばらくの間姿を消し、それから師の許に戻り、要求されただけの詩を覚えたと彼に告げた。ハラフは「それならば暗唱してみよ」と答えた。

そこでアブー・ヌワースは朗唱を始め、それが終わるまでには何日もかかった。その後で、彼は師に改めて作詩の許可を請うた。するとハラフはこう答えた。「おまえが、それらの詩句を、一度も聞いたことがないぐらい完全に忘れてしまうまでは、書くことを許すことはできない」

「それはいかにも為しがたいことです」とアブー・ヌワースはいった。「わたしはこれらの詩句を今や熟知してしまっているのですから」しかし師はなおもそれを命じた。

アブー・ヌワースはそこで、修道院に引きこもり、詩句をすっかり忘れるまで隠遁生活を送った。

それから再び師の許に戻り、こう言った。

「わたしは詩をすっかり忘れてしまったので、まるで詩など一度も暗唱したことがないように思われます」

そこでハラフは答えた。「ことは為された、もう詩を書いてもよろしい!」(1)

ハラフが教育的な訓練として要求した実践は、簡単に成し遂げられることではない。それは弟子と同様、師にとっても同じだ。詩を暗記するのは比較的簡単な作業で、成功したか失敗したかを簡単に測ることができる。しかし詩を忘れることに関してはどうだろうか。アブデルファッター・キリトが、この挿話について書いた試論の中で指摘しているように、詩を忘れることが詩人を形成するという考えは、アブー・ヌワースにも、ハラフ自身にも、乗り越えられない障壁を作り出しているように思われる。キリトは次のように解説している。

記憶を鍛えることはできる。思い出を管理し、心の動きの満ち引きを統べ、指標を立てることもできる。しかしどうやって、記憶に刻まれたものを意図的に消すことができるだろうか。忘却を「引用する」、という行為をどう名付けたらいいだろうか。どうやって、千の詩のアルファベットをかき削り、消すことができるだろう。そして、師の方は、千の詩句が学ばれたことは確かめられるが、それが忘れられたと、どうしたら確かめられるのだろうか。(2)

アブー・ヌワースに要求された業は実現不可能であり、同時に、ハラフ・アル＝アフマールの方では、自分の弟子がそれを成し遂げたと確信することはできなかったとも言える。どうやったら、この若い詩人が、自分が学んだ千の詩句を忘れたと確実に証明することができるのだろうか。そして、ここで問題になっているのは忘却ではなくて、一種の進行した記憶のあり方なのではないかと問うてみてもいいかもしれない。というのも、自分の記憶から詩句を消し去らなければならないと絶えず思い返し続けることがなければ、詩人は自分が知っていた詩句を自分の身から完全に切り離すことができないだろうからだ。それ故に、アブー・ヌワースはこの試練を乗り越えたとイブン・マンズールが言い切り、ハラフの方は、自分の弟子が事を成し遂げたと認めていることには重要な意味がある。まるで、この伝記作家の目には、詩人の比類のない術はそのような創作と脱創作の実践からしか進めようがないと映っていたかのようだ。彼にとっては、詩は、文字を書き、それを消すことがひとつをなす場でしかありえないかのように。

第十九章　船長の教え

一九三七年、イタリア人の若い作家、トンマーゾ・ランドルフィは初の短篇集を出版した。そのタイトル、『大いなるシステムについての対話（Dialogo dei massimi sistemi）』は、三作目の短篇の題でもあり、この短篇に代表作としての価値を与えている。このテキストは芸術作品の性質に関わる問いを取り上げているが、そこでの描写は大いに驚くべきものだ。この物語によると、技巧の完成度においては達成と衰えが重なっていて、完璧な文学言語はその忘却と混ざり合っている。

全てはある朝、語り手の友人が突然現れるところから始まる。「内気で飾らない人物で、一人こっそりと、儀式のように奇妙な研究に打ち込んでいた」[1]。この日、Yと書かれたこの訪問者は、ほとんど我を忘れたように見え、語り手が今までに見たことのないほど興奮していた。当然のごとく、Yは語り手と話したがっていたが、話の途中で中断されないことを約束する必要があった。語り手はその条件を呑み、Yは話をすることを承知する。「随分以前の話だが、わたしは芸術作品を構成する諸要素の忍耐強く精密な研究に没頭し、多様で豊かな表現方法を持つことは芸術家にとって望ましくないという反論不可能な結論に至った。そして、不完全な知識しか持たない言語で書く方が、完璧に自分のものにしている言語で書くよりもずっとふさわしいと考えるようになった(2)」。ある言語の語彙を完全に知らない場合、作家は自分の思考に合った新しい表現を造り上げる必要を感じる。その結果、「芸術の誕生」を妨げる慣用句を使わずにすみ、新しく、時には天才的な方法で自分の考えを表現することができるのだ。Yが未知の言語の美点を信じることになったのは、ある晩、レストランで夕食をとっているときに、ひとりのイギリス人の船長の知己を得たからだ。彼は何年も東洋で過ごし、複数の言語を話すと自負していた。多言語を操ることに相手が惹かれているのを見て、船長は、自分が一番よく知っている言葉、ペルシャ語を教えることを提案した。Yはすぐにそのアイディアに惹かれた。というのも彼はそうすれば「常に物を固有名で呼ばずに(3)」話す練習ができ、自分の理論を実践に移す絶好の機会だと思ったからだ。

そこで、熱心に、何週間も、何ヶ月もの習得が続けられた。この新しい友人たちは、一緒にいるときには口頭での会話も筆記もペルシャ語でしか行わないことに決めた。Yはこう説明する。「散歩をしている間、わたしたちはこの言葉でしか話しませんでした。そして、歩くのに疲れると喫茶店に腰掛け、目の前では何枚もの白紙が、多くの小さな記号で黒く埋められていったのです(4)」。この教師は自分の生徒の進歩を祝った。船長は「わたしが彼の教えを易々と生かしているのを見て賛辞を惜しまなかった」、とYは多少自慢げに回想している。およそ一年後、レッスンは終了した。船長はスコットランドに赴かなければならなかったから、とYは説明した。しかし、この段階になれば、言語獲得は一人でもできるだろうと教師も学生も疑わなかった。それまでにもまして、Yは自分の計画を「可能な限り多くの熱意を持って」行った。彼自身作家であったので、彼は、野心を持って、今後自らの詩をペルシャ語でしか書かないことにした。言語的な、そして文学的なさまざまな規制を守りながら彼は長い間詩作と推敲に励み、ついに三篇の詩を書いた。これは、けっして「多作の詩人[5]」ではなかった彼にとってはなかなかの量だった。

しかしながらある日、彼は、学習法を変えるときが来たと思い至った。自分の創作能力は、原文を読むことによって豊かになるだろうから、いよいよ真のペルシャ文学を発見する日が来たのだと考えたのだ。「詩を読むことで言語を完璧に学ぶことができるだろう」と考え、Yはイラン人の作家の本を購入することに決め、まもなく望みの品を見つけた。彼はこう回想している。「この最初の出会いに熱に浮かされたようになって、わたしは帰宅すると明かりを灯し、煙草に火をつけて、この貴重な本がよく見えるようにランプの角度を調節し、快適に座ると最初の頁を開けた[6]」。しかしそこには思いもかけない不幸が待ち受けていた。Yはこの本を一頁も読むことができなかったのだ。文字を解読することさえできなかった。彼は自問自答した。この本はひょっとしてペルシャ語で書かれていないのだろうか。彼は程なくしてそれを確認することができたが、驚くことには、これはやはりペルシャ語の本だった。「そこで考えたのは、船長がペルシャ語の文字を忘れていて、その代わりに想像上の記号でこの言語を自分に教えたのではないか、ということだった。しかしこの希望もその後潰えてしまった」。自分の教師が不在のままに、Yは一連の調査をし、文法や文学アンソロジーを読んだり、学者に問うたり、「本物のイラン人を探し、二人見つけ」さえもしたのだった。しかし最終的に動揺を与える結論が彼を待ち受けていた。Yは語り手に話した。「恐ろしい現実が私の前に口を開けていた。船長はわたしにペルシャ語を教えたのではなかったのだ！　絶望に駆られて、わたしは、この言葉がヤクート語なのか、アイヌ語なのか、ホッテントット語なのかを知ろうとした。わたしは最も有名な言語学者にも教えを請うた。しかしその試みはむなしかった、全くむなしかった、というのも、そのような言葉は存在しないし、今までにも存在したことは全くなかったからだ！(7)」

Yは何の言語をそれほど長い時間をかけて学んだのだろう。そして、どの言語で彼はその三篇の詩を書いたのだろうか。彼にはもう、船長に直に会いに行くという選択しかなかった。船長はスコットランドに発つ前に、かつての生徒が「質問をする必要が生じた時のために」とYに住所を渡していたのだ。しかしこの教師も何の助けにもならなかった。彼がYに教えた、曰く付きのペルシャ語についての説明を求める手紙の返事として、この英国人は、礼儀正しく、しかしはっきりとこう答えた。

わたしは多くの言語習得経験を持っていますが、あなたが話しているような言語を話しているのを世界のどこでも聞いたことはありません。あなたが引用した表現は私にとっては全く未知のものですし、そして――信じていただけるのなら――あなたの奔放な想像力の産物に思われます。そして、手紙に同封して下さった奇妙な記号については、一方ではアムハラ語を、一方ではチベット語を思わせます。しかしお間違えないように。これはどちらの言語でもありません。あなたがお話しになっている、わたしたちが＊＊＊で交遊していた頃のことに戻るならば、わたしは誠実にあなたにお答えしましょう。ペルシャ語をあなたにお教えしたときに、ある規則だとかある特別な言葉だとかをわたしはあなたにお話しせずにいたのかもしれない。それは、わたしが長い間この言葉を話していなかったからですが、心配なさることはないと思います。あなたは、わたしがお教えしてしまった不正確な部分を実践で直す機会にはことかかないでしょうから。近況お聞かせ下されば幸いです。[8]

語り手には、Yが陥っている不愉快な状況を完璧に理解するのには時間がかかった。まず、彼はYを慰めようとし、確かに時間と手間を無駄にしたかもしれないが、それだけのことだ、と力づけようとした。「まあ聞いてくれ、Y、君に起こったことは確かに残念だが、よく考えてみれば、君が費やしたエネルギーを抜きにすれば、どれだけ深刻なことがあるというんだ」。しかしYは語り手の話を何も聞こうとしなかった。「君はそう考えるって訳か。ということは、この話の最もひどい結論を理解しなかったというわけだな。何が問題になっているかを。だとしたら、ぼくの最良の部分が込められている三篇の詩は？　ぼくの三篇の詩はどうなるんだ。あれらの詩はどんな言語でも書かれていないという訳か。それでは、全く書かれていないのと一緒ではないか。君はそれにどう答えてくれるのかい。そしてぼくの三篇の詩は？」[9]この時、語り手は、自分の考えが及んでいなかったことを理解した。彼の友人は、想像上の言語、どこでも話されも書かれもしていなかった言葉、ペルシャ語ではなく、Yが考えるように、船長が「実際のペルシャ語から思い出したこと、言ってみれば、「彼だけのペルシャ語」[10]」を学ぶために努力しただけではない。問題になっているのは、現実に書かれながらも、存在したことがなかった文学言語なのだ。それが三篇の詩の言語である。そして語り手は、神妙に付言した。「確かにそれは美学的に恐ろしく特殊な問題だ」[11]。

もはや、専門家に意見を仰ぐ時が来ていた。何日か後に、Yと語り手は、高名な文芸評論家に会いに行った。「美学の秘密を残さず知っていて、その肩の上に一国の精神生活を背負っている人物の一人[12]」だ。しかし問題の解決にはやはりならなかった。批評家は、三篇の詩は、ほとんど痕跡の残っていない死語で書かれた作品も同じだとした。彼は二人に、物を教える調子でこう説明した。「周知のことと思いますが、書かれたものがほとんど存在せず、結果としてごく限られた単語しか持っていない言語が存在します。だからといって、それらの言語が現実にないというわけではありません。さらに言えば、もう読むことのできない文字でしか存在が確認されていない言語、もう一度言いますが、「読むことのできない」言語でさえも、わたしたちの美学的考察の対象に値するのです[13]」。

しかしこの論の貧困さは二人を驚かせた。古典の言語の傑作は、歴史的かつ社会的現実を証明していて、「それなしには、古い石に刻まれたどんな碑も完璧に理解不能になるだろう」。語り手は問いただす。「でも、どんな過去をこの詩に与えたらいいのですか。そして、その意味をどこから引き出してきたらいいのですか[14]」。

難しいのは、このテキストの言語が、Y以外には誰ひとり話すことも書くこともない点で「死んでいる」だけではなく、それがかつて話され、書かれていたかどうかも確かではなく、この言語が、言ってみれば、常に、すでに死んでいたこともあり得ることだ。Yは、ある一時期だけでも実際に使用されていた言語を学んだと確信していた。あの英国人の船長と過ごしていた間、彼は、自分がのちに三篇の詩を書くことになる外国語で船長と一緒に話していたと信じていたのだ。船長が後にそれを信じていないと言ったことは、彼が忘れたからに過ぎないと、この弟子は困惑して主張する。言語の達人だと自己紹介した者は実際のところ、「即興者」にすぎなかった。「精神が錯乱し、失われた知識を再び獲得できるという幻想の中に、彼はこの恐るべき言語を発明し」、これを教えられると主張したのだ。しかしその後彼は「自分の発明した言語を忘れてしまい」、自分の弟子が本当にこの言語を学んでしまったことに「心から驚愕した」[15]。しかしそれが真実なのだろうか。師ではなくて、弟子の方がペルシャ語を忘れてしまい、導き手のいないままに野放しになって、自分が学んだ言語とは似ても似つかない独自の言語を造り上げたのではないのか。どちらの可能性も排除できない。ある忘却がもう一つの忘却に続いたことは考えられる。その間、ある民族全体の言語はただ二人だけの個人言語となり、名目しか「言葉」ではない言葉になり、詩人の筆から言葉が流れるこの瞬間には孤立し廃れた言語になった。ランドルフィの『対話』は、ただひとつの忘却が何層にも重なった物語だといえるだろう。船長はかつて自分が知っていたペルシャ語を忘れ、Yはかつて学んだペルシャ語を忘れ、二人とも、自分たちが忘れたということ自体を忘れていたのかもしれない。

しかし、少なくともただひとつのことは確実だ。この忘却の本当の証人は詩だということ。この物語の最後に下された判断は皮肉な調子で中断されているが、そこでは、このような、本来的に理解不可能な文学が芸術それ自体の性質について多くを語っているのだと示唆している。「この批評家は、最初は感じが良かったが、次第に我慢できないといった様子になり、大声で言った。「誰だって芸術が何かを知っているだろう……」[16]」。そして芸術が引き起こす結果も知っていると付け加えてもいいだろう。この可哀想な詩人の言葉を思い返そう。「この、なんて呼んだらいいのかも分からない、呪われた言語は美しい、これはあまりにも美しくて……わたしはこの言語を崇拝するほどに愛しているんです[17]」。

第二十章　詩人の楽園で

一〇三三年前後、偉大な詩人で批評家でもあるアブー・アル＝アラー・アル＝マアッリーは、自分の少し年長で、アレッポの作家で文法学者でもあるアリー・イブン・マンスール、イブン・アル＝カーリフの名でも知られている人物からの手紙を受け取った。二人ともよく知られた作家で、経歴も長く、評価も高かった。アル＝マアッリーは、アッバース朝の首都であるバグダードで長い年月を過ごし、そこでは、彼の詩はその美しさで文壇で知らぬもののない権威となっていた。イブン・アル＝カーリフの方は、アレッポのハマダーニの宮廷の国家書記、アブー・ハサン・アル＝マグリビーと、カイロのファーティマ朝から与えられた公的な保護のおかげで威厳のある地位を確保していた。しかしながら、この二人の詩人たちは、この手紙が交わされた時期にはお互いをよく知らなかったように思われる。というのも、イブン・アル＝カーリフはそこで自分の人生の要約をしたためていたからだ。公開書簡でもあるような筆致で、彼は、何年か前に、自分の故国であるシリアを離れざるを得なかったと書いている。それは、理解はできるが告白しがたい理由からであった。彼はこう書いている。「わたしはカイロに行き、そこで低位に物質的な興味を追求してしまいました。ここでわたしは過ちを犯したのです。わたしの悪しき性質が、生の快楽をむさぼるように仕向けたのです[1]」。今日では、どうしてイブン・アル＝カーリフがアル＝マアッリーに改悛の情を示したのかは分からない。しかし、この書簡が、他の内容に混ざって財政的支援を求めるため書かれたのは確かなことだ。アル＝マアッリーもおそらく聞き及んでいただろう、アル＝カーリフが人生の栄華を謳歌していた時のことを思い起こさせつつこの支援の求めはなされたに違いない。アブー・アル＝ハサン・アル＝マグリビーの保護下で何年かを過ごした後、イブン・アル＝カーリフは、アル＝マグリビーが仕えていたファーティマ朝の威光を失ってから、彼に公に反するようになっていたのは周知のことだった。そして実際、かつての国家書記とその家族が複雑な政治上の理由から死の危険にさらされたとき、詩人は、保身のために彼のかつての保護者を風刺する詩をものしたという不愉快な出来事が記録されている。アル＝マアッリーに宛てた手紙の中で、イブン・アル＝カーリフは手紙の相手であるアル＝マアッリーのことを三人称で語っている。「わたしは、偉大な師であるアル＝マアッリーが、わたしの性格について惨めなイメージを抱かれることを怖れていたのです。彼は、わたしが、恩知らずだとお思いになるでしょうか。わたしについて何も知らない方が良いのかもしれません。師の美点と信仰心は模範的なものなのですから[2]」。

この詩人に答えて、アル＝マアッリーは三百頁あまりの「手紙」を記したが、それは、手紙の形式こそ踏まえているもののその枠を大いに超え、後にアラビア文学の傑作のうちに数えられるものになった。それは、『許しの書簡（Risālah al-ghufrān）』[3]である。

この返事は、自分の罪深い生を悔い、告発し、自分の過ちを数えあげる詩人が証した勇気を皮肉たっぷりに賞賛することから始まっている。この書簡はそれに続き、この改悛者は悪徳を放棄し美徳を身につけようとしたので、死後に楽園の祝福された園に入ることを許されるに違いないと述べる。それが『許しの書簡』の第一部を構成する幻想的な旅についての部分である。これは、文学史の専門家たちが常に指摘してきたように、中世西洋の有名な作品、アラビア文化の産物を高く評価してきた詩人で哲学者、ダンテの『神曲』との類似以上のものを見せている。『神曲』より三世紀前に、アル＝マアッリーは、イブン・アル＝カーリフがこの生からもう一つの生に移る旅を想像している。アル＝マアッリーは彼に天国と地獄を訪ねさせ、その最も有名な住人と会話をさせているのだ[4]。アラブのこの『神曲』での役割配分は、ダンテの作品のそれよりずっと制限されている。ダンテは、自らが登場人物にも語り手にもなり、古代から中世に亘る政治家、学者、詩人、哲学者、聖書の有名な人物などを幅広く登場させている。イブン・アル＝カーリフの会話の相手の方は、皆「言葉の民」（ahl al-lughah）に留まっている。彼らは政治や歴史にはほとんど興味を示さず、科学や神学についても同様で、実践的、または未来に関する質問についてはこの詩人に教えるような重要なことは何もないのだった。アル＝マアッリーの『許しの書簡』の楽園と地獄に住まう人物たちは、詩人に、自分たちに関わるテーマについてしか教えることができない。彼らは、アル＝カーリフに、人生の最期の時の言語について話しているのだ。

ダンテの道行きとは異なり、イブン・アル＝カーリフの旅は死後、この詩人が最終的にこの世界を離れあの世に行くときから始まる。アル＝マアッリーへの手紙の中で彼が書いていた誠実な改悛が、彼に楽園への道を開くのだとしても、そのアクセスは簡単ではない。あの世への扉の前で、彼は多くの人間同様、そして彼の場合特別に長く詳細な自分の罪の記録を手にした天使を前にしなければならない。彼の改悛は最後の頁にしか現れないが、この何行かは罪を消すのには十分だった。自分の罪のカタログが読み上げられた後、詩人は、判決が書かれた公的な書類を、肩の荷を下ろして――それももっともなことだが――受け取る。それは、偽造されないように天使の手によって書かれた許しの証書だった。その後すぐに、イブン・アル＝カーリフは十世紀の有名な文法学者、アブー・アル＝アリー・アル＝ファーリシーの突然の現れによって気を逸らされる。この偉大な人物と話せることに大変感動して、彼は、アラビア語の言語学上の様々な疑問を解いてもらおうとこの文法学者に近づく。しかし、彼との会見が終わった後、詩人は、これほど焦って彼に話しに行ったことで払った代償に気づく。彼は丁度今受け取ったばかりの貴重な証書をなくしてしまったのだ。この喪失の結果は重大なものになりかねない。イブン・アル＝カーリフは後で知ったのだが、楽園の扉の番人であるリドワーンは、正式な書類があるものにしか中に入ることを許さないのだ。このようにして彼は六ヶ月待ち続け、最後に幸運の女神が彼に微笑んだ。彼はイスラーム法の判事を見かけ、この好意的な権威ある人物の支援を受けて程なく約束された地に入ったのだった。

イブン・アル＝カーリフが、ひとたび楽園に足を踏み入れるなり二度とそこから離れようとはしなかったことは容易に理解できる。彼は地獄を訪ねるのだが、その探検には代償はほとんど必要とされなかった。つまり、彼は、全くそこに足を踏み入れることなく訪ねるのである。ダンテとは反対に、このアラブの詩人はいつも地獄を遠くから眺め、安全な場所である「楽園の境」(5)から身体を乗り出して見ていたのだった。彼がこの偵察地を発見したのは、そこに魅力的な女性がひとり、幸福な地の境をじっと見ているのに気がついたからだった。彼女こそはイスラーム初期の最も偉大な女性詩人、二人の兄弟の思い出を語った哀歌の伝統で有名な詩人に他ならなかった。「この、有名なアル＝ハンサー」はイブン・アル＝カーリフに話しかける。

私は自分の兄弟、サフルに逢いたいと思ったのです。私が下の方を眺めると、彼は高い山のように見えました。暑い日の雨が彼の上に降り注いでいました。彼は私に向かってこう言いました。「分かるだろう、私はここ、地獄で、おまえが詩の中で書いたヴィジョンを完結させたのだ、「支配者たちがサフルを例として仰ぐように！　彼は山のよう、そこには火の雨が降り注いでいる！」(6)」。

この天国の偵察地から、シリア人の詩人は地獄をくまなく眺め、楽園にたどり着けない地獄の住人と話をすることになった。彼は当然のごとく最初に悪魔に声をかけたのだが、これはこの物語の中で、作家の活動にどんな敬意も持たない唯一の人物であった。この、糾弾された者たちの王はこう言う。「可哀想な貧乏人めが。それに、詩の地は滑りやすい。おまえ以前にも、どれだけの人間が地獄に堕ちてきたことか！」(7)彼のような人間が地獄に来ることになったと悪魔は詩人に説明し、わざわざ名前を挙げてみせることまでするのだった。

イブン・アル＝カーリフと、地獄にいる彼の同業者との出会いは文学的な情報に富んでいる。彼は、自分の話し相手が堪え忍んでいる苦痛にはほとんどいつも無関心で、最も非人間的な罰を受けている相手に対し、彼らの作品の詳細について無邪気に尋ねるのだ。彼は、一篇の詩に関する文献学的な質問をしようと、前イスラーム期の詩人で最も著名なイムルウ・アル＝カイスに話しかける。伝統によれば、そのオードは古代の人たちにあまりにも好まれていたので、彼らはそのオードをメッカのカアバに吊るしたという。(8) そうして、イブン・アル＝カーリフは、その詩のうち三行は、二つの形式で現在にまで伝わっているという。多くのヴァージョンでは、それは接続詞「それで」なしに始まるが、その形式はイラクのヴァージョンには現れている。ここから、専門家たちは色々と骨を折るが何の解決にもならず、これはただ作者だけが解決できる問題となっていたのだ。どちらが正しい読み方なのだろうか。イムルウ・アル＝カイスはこう答える。「バグダードの学者たちはくたばるがいい。彼らは（テキストの）伝承を台無しにしたのだ。もしもこの行をそのように読んでしまったら、詩と散文の違いはどこにも残りはしないではないか。そのような大罪には詩のセンスが全く欠けており、また韻律も何一つ理解していないのだ(9)」。

イブン・アル＝カーリフはその返事に満足したが、そこに留まってはいなかった。彼は同じテキストの少し後に現れる一組の子音の正当性について質問すると同時に、多くの者が彼の作に帰する詩の正当性について訪ねた。この検分は他の地獄の住民である作家とも同じように続けられた。この選ばれた詩人は、彼の話し手と彼を分かつ煙の壁があるからといって、自分の文献学的な探究を取りやめることはなかった。そして、機会さえあれば、テキスト上の、文法上の、また語彙や韻律上の質問を古典の詩人たちにし、納得のいく答えを得られていた。

楽園から見ると、地獄はこの点では利点があった。しかし楽園もこの詩人にとっては同じように思いがけない宝を隠しており、自分がよく知っていると思っていた文学に新しい光を投げかけた。イブン・アル＝カーリフは、その目を地獄の住人たちから離して、自分の手に入る数え切れない馬のうちの一頭にまたがったときにそのことに気がついた。彼は多くの街の門まで行った。「それは全くエデンの園には似つかわしくない眺めだった。エデンの園が輝かしい光に満ちているのに対し、ここは藪と沼を選んだのだ」[10]。天使が彼に教えるところによると、彼は「コーランの砂丘の章で語られている、イスラーム教徒のジン〔アラブ世界で信じられてきた、超自然的な生き物の総称〕の天国」への道を見つけたのだ。そこで、イブン・アル＝カーリフはアル＝ハイタウール、アダムが創られるずっと前に存在していた信心深いジンに会う。アル＝カーリフは、相変わらず詩のことを知ろうとして、この、老人のような外見の人物に声をかける。そして、アラブの作家がよく参照している文学作品である「ジンたちの詩」についての彼のつきることない知識を披露して欲しいと頼む。

しかし彼はすぐに、このジンが、期待していたよりはこの主題については知らないということに気がつく。彼が、十世紀のイラクの文人で「ジンたちの詩」の作者であるアル＝マルズバーニーの有名な作品について話し始めると、それまで礼儀正しかった話し手は急に軽蔑を顔に浮かべる。「あんなものには何の価値もない！」と彼は叫び、自分の種族に対する誇りと人間に対する軽蔑心をあらわにする。「人間たちが詩について知っていることと言えば、牛の天文学や地理に関する知識と変わらないものだな！　人間は韻律を十五しか持たないが、我々は、お前たちが聞いたこともないものも含めて何千も持っているのだ」[11]。このジンにとっては、人間による最も高度の詩作でも取るに足らないものだという。

わたしは、あなたたち人間が、イムルウ・アル＝カイスの、次のようなオードを賞賛し、学校で子供たちにも教えていると聞いた。「留まれ！　ドゥフールとハウマルの砂が交わる場所、愛する人とその宿場の思い出に泣こう」。しかし、もしおまえが望むなら、わたしはおまえに、（イムルウ・アル＝カイスの詩のように）同じ韻律で、-liの韻を踏む千の詩、そして-laの韻を踏む詩と-luの韻を踏む詩を同じだけ暗唱して見せよう。しかもそれは、我々の「天才的な」詩人のうち、たったひとりの詩人による作品に過ぎない。彼は信なくして死んだために今は地獄で焼かれているのだ！(12)

イブン・アル＝カーリフはすぐにその提案を受け入れた。「文学への情熱に駆られ、イブン・アル＝カーリフは彼の話し相手に、何か暗唱して欲しいと頼んだ」(13)。しかし、アル＝ハイタウールが「できるとも」と言い、「地上にいるすべての駱駝をもってしてもこの宝を運ぶには十分でなく、おまえたちの世界のあらゆる本をもってしても恐れを収めることができないだろう」と言うと、詩人はためらう。

わたしはかつて、文学を為そうと大いに骨を折ったが、だからといってより幸せになったわけではなかった。せいぜい、権力者の宮廷に入ることに役立っただけだった。そして、わたしが得たものは、せいぜい乳のでない雌駱駝と同じくらいのものだ（…）。いまでもわたしは、楽園の喜びをうち捨てるほど、そしてジンたちの作品を真似しだすほど不幸なのか！(14)

彼に楽園で約束されたジンの文学の想像できないほどの豊かさを前に、この詩人は創作を止めることを決めた。彼は自分が書き写すことのできただろう未知の詩句を放棄し、彼を現世で生かしてくれた筆を折り、全ての罪が清算された後では、もう書かないことを決めたのだ。

アル＝マアッリーが想像する祝福された世においては、イブン・アル＝カーリフのケースは思っているよりも稀ではない。というのも、楽園で出会った詩人たちは皆詩を放棄してしまっていたのだ。そして、現世での自分の名に応えることこそあっても、この幸せな者たちは自分たちをかつて著名にした作品のおぼろげな思い出しか──余りにおぼろげなので全く覚えていないこともあるくらいだが──持っていなかった。前イスラーム期の詩人、アル＝ナービガ・アル＝ジャアディーは、『許しの書簡』の主人公にこの事実を初めて教えた人物である。イブン・アル＝カーリフはいつものように、「水を打った砂漠」への短い滞在を歌ったこの詩人の歌について彼に尋ねた。アル＝ナービガは、はっきりと、「自分はそのようなものを書いたことは一度もない[15]」と答えたのだ。そこにいたもうひとりの詩人、ナービガ・バヌー・ドゥビヤーンはこの問題を解決しようとした。彼は、この詩は誤ってアル＝ナービガの作だとされている、というのだ。問題になっている詩はサアラバ・イブン・ウカーマの部族に属するもうひとりの詩人の作で、自分はその名を忘れてしまったが、一緒にアル＝ヒラーを旅行した時に彼の口からその詩句を聞いたことがある、というのだった。しかしイブン・アル＝カーリフがもうひとりのナービガに向かい、shin の韻を踏む彼のオードの幾つかの箇所を説明して欲しいと頼むと、「わたしは shin の韻を踏む詩は書いたことがない」と、ドゥビヤーンは、イブン・アル＝カーリフがその詩を暗唱するのを聞いた後に言い、そしてこう付け加えた。「例えば、全く聞いたことのない表現がこの詩の中には幾つかある。それは、「緑」「テーブル」、「小さなガゼル」を表す単語などだ[16]」。

これは、イブン・アル＝カーリフを動揺させる一連の出会いの始めに過ぎなかった。彼は最終的に、恐ろしい結論に達する。天国では、古典の偉大な作家たちは決定的な記憶喪失にかかっているのだ。彼がアル＝シャンマーフ・イブン・ディラールに会って、ついに、アル＝カーリフを悩ませている文献学的な質問をできることは喜びだ、特に、「zāy の韻を踏むオード」や、「jīm の韻を踏むもう一つのオード」について伺いたい、と言ったとき彼が受け取った答えは、誠実ではあるが容赦のないものだった。「この永続する至福が私の心を占めているので、詩句はひとつも思い出せない！」[17] しかしこの古典の詩人は、若いこの情熱的な詩人を手ひどくあしらうつもりもなかった。そして、イブン・アル＝カーリフが、彼に自分自身の詩の幾つかを思い出させようと提案したときに、それを推奨さえしたのだ。「やってみたまえ！」と。しかしそれは無駄なことだった。アル＝マアッリーは、皮肉な口調で、次のように描写している。

我らが大詩人アル＝カーリフは、ほどなくして、イブン・ディラールが自分のオードについて何も知らないことに気がついた。そこで他の主題について彼に質問してみたが、アル＝シャマーフは他の主題についても何も言うことはないことを認めなければならなかった。アル＝シャマーフはこう言った。「不死の喜びが、これらの非難すべきあらゆる主題に関わることを避けさせたのだ[18]」。

イブン・アル＝カーリフは自分の文献学上の探究の出鼻をくじかれはしたが、しかしそれであきらめたりはしなかった。もうひとりの前イスラーム期の偉大な詩人タミーム・イブン・ウバイを見かけて、彼は、自分の心を占めている事柄について彼に告白する。この伝説的な作家を前にして安心し、この中世の文人はこう語りかける。

あなたが書いた次の詩をどうぞわたしに説明して下さい。「おお、サルマーの宿場よ！　今や誰もいなくなり、私はこれより荷をアル＝マザーナひとりに負わせよう、それがもう耐えられなくなるまで」。「アル＝マザーナ」とは正確には何を指しているのですか。これが女性の名だという人もいます。他の者たちは、これは本当は駱駝の名前を示しているのだと断言します。そしてまた別の者たちは、これは「習慣」ということを言いたいのだと断言するのです。(19)

しかし我らが主人公は、またも失望するような答えしか得られない。「わたしの知ったことではないよ」とタミームは言う。「わたしは、天国の扉を開いたときに、詩の言葉は何一つ携えてはこなかったのだから(20)」。フマイド・イブン・タウールはイスラームの初期の詩人だが、彼はにべもなく扱った。イブン・アル＝カーリフが「dāl の韻を踏んだ彼の素晴らしいオード」について話し始めたときに、このウマイヤ朝期の詩人は、退屈きわまりないという調子でこう言った。「全く！　肉感的なフーリーと愛の行為を行って時を過ごすようになってから、韻など全て忘れてしまったよ！(21)」

しかし最も驚くべき会見は、ハリール・イブン・アフマドとのものだろう。彼は、古典期の言語の主要な文法学者の一人で、伝統的にアラビア語の作詩法の創設者だとされている。イブン・アル＝カーリフは、彼を目にしてすぐに、この文法学者の作だとされている詩句が浮かんできた。そして、それらの詩句の音楽のリズムで踊ることさえできると考えた。そう考え始めると、その音楽がすぐに、いとも幸福なイメージで、彼の目の前に実現した。

そこで、いと高き者は、賢明にも胡桃の木を創り出すことを決め、するとその木はすぐに実をつけ、その一つ一つが開き、四人の麗しい処女が現れ、アル＝ハリールの詩を謡いながら踊り始めた。

わたしの愛する者は行ってしまったのか？　それならばおまえの愛の病をはなれよ、さもなくばおまえは負けたことになる！

ウンマルラバーブ、アスマー、アル＝バグーム、そしてバウザー、
野生のアンチロープの子にも似た美しい四人の処女がいなかったら
わたしは婦人の列の後に並ぶものにこう言いたい
「好きなようにしたらいい。女に背を向けるか、または愛に押しつぶされないため、何もなかったかのようにふるまえ(22)」

われらが詩人は、天国の詩人たちにたいして疑いを抱き始めてはいたが、それでもアル＝ハリールに尋ねた。「この詩は誰のものなのですか」。帰ってきた答えは、それに続く説明と同じくらい、彼を動揺させるものだった。

「知らんよ」「でも、これらの詩は、地上では、あなたの作だとされているのですよ！」「覚えていないが、そういうこともあるのだろう」「アル＝ハリール、あなたは、あなたの時代ではアラブ人の中でもっとも優れた記憶力の持ち主だと言われていたことを忘れてしまったのですか」「シラート（天国の

橋）を超えたとき、わたしの精神を一杯に占めていたものからわたしは解放されたのだ」[23]。

彼は道を行き続け、この詩人は先の奇妙な説明を忘れる。「美味なるビール」が流れている川が見え始め、その岸では、神が寛容にも、天国の「ビールを愛するものをみな」集めているのだ。そこにはイラク、シリア、その他の場所から来ている者たちがいた[24]。しかし、イブン・アル＝カーリフが、かつては「アラブ人の中でもっとも優れた記憶」を持っていた者、韻律法を構成する時制と韻律に自分の人生を捧げた者の凋落を忘れてしまうことができたとは信じがたい。

天国では、文学上の有名人だけが重症の記憶喪失にかかっていた訳ではない。『許しの書簡』の想像上の世界では、誰もが作家であって、人類全ての父までもが、忘れやすい詩人の風情で現れるのだ。あの世への旅の最後にいたって、イブン・アル＝カーリフはアダムに出会い、こう呼びかける。

おお、我々全ての父よ！　神の祝福あれ！　あなたは次の詩を詠んだ者とされている

我々は子供、地上の客。
我々は土から創られ、土に戻るだろう。
我々地上の者にとり、幸福は長くは続かない。
だが幸福の夜が苦悩を消し去る[25]。

アダムはこの詩句について詩人と話しても良いという態度を見せていたが、詩句が朗唱されるのを

聞いた後、これらの詩句を生き生きとさせる詩の精神には全く同感だと言った。彼は落ち着いてこう自分の意見を述べた。「詩で言われていることは真実で、これは賢人の作だ」。しかし、彼は、イブン・アル＝カーリフを動揺させる指摘をやはり加えずにはいられなかったのだ。「しかしこれはわたしの作品ではなく、わたしはこれを初めて耳にした」[26]。

この問いは重要で、詩人もアダムもこれを答えずに放っておこうとはしなかった。イブン・アル＝カーリフの方は、アダムはこの詩句を書いたのに忘れてしまったのではないかと推測する。彼はこの伝説の人物に敬意深く問う。「もしかしたらお書きになったのに忘れてしまったのではないでしょうか。我々全ての父よ、あなた自身ご存じのように、あなたはあまり記憶力が良くないのですから」[27]。そして、それを証明するために、コーランの章を引き合いに出す。「我々はかつてアダムと誓いを立てた、しかし彼はそれを忘れてしまい、我々は彼に確かな意志を見いだすことはできなかった」[28]。詩人はもう一つ、アダムの記憶力の悪さを証明するために語源的な証明を試みる。「賢人たちは、「人間」(insān) という単語が、「忘却」(nisyān) から来たのだと考えている」[29]。

アダムの方はもう少し賢明に振る舞う。彼は、この生意気な詩人を前にしていらだちを隠しきれない。「おまえは不服従と悪意を除いては全て捨ててしまったようだな！」 彼はそう言い、反論の余地のない論を展開する。確かに、詩人はここで、詩がどの言語で書かれていたかという問題を忘れていたのだった。その忘却は重大だ。

「わたしは楽園ではアラビア語でしか話していなかったのだから！」とアダムは説明する。

わたしは地上に降り立ったとき死ぬまでシリア語でしか話していなかった。そして、神により再び天国に呼び戻されたときに、わたしは再びアラビア語で話し始めたのだ。そうであれば、おまえがわたしの作だというその詩句を、いつわたしが創ったのか教えてもらいたいものだ。地上でか、それとも天国でか。実際のところ、この詩の作者は現世に生きていたに違いない。シリア語でしか話していなかった私が、どのようにして、アラビア語で、「我々は土から創られ、土に戻るだろう」と言えたというのか？　天国に関して言えば、天国を離れる前、わたしは死については全く知らなかったし、あらゆる人間は死すべき運命にあるとも知らなかった。そしてまた一方、天国に戻ってきたからには、「土に戻るだろう」という表現は、不死の人間には何の意味も持たない。(30)

アダムが指摘したように、言語は時間の指標となり、「アダムの」詩句が作られたであろうただ二つの時期を示している。確かに、アダムは、自分の幸せな二つの時期に、アラビア語で詩作できたのかもしれない。しかし、正確には、その時これらの詩句は「不死の人間には何の意味も持たな」くなるであろう。ここから出てくる結論は、この詩は偽の詩であり、「誰か、なんの役にも立たない者」(31)による、文学的な悪戯だということなのだ。

アダムはこのようにして、自分がこの詩の作者ではないということを証明したのかもしれない。しかしそこから、彼は、この詩人が引き合いに出すことをもまた根拠を持たないわけでもないことを暗に受け入れている。と言うのも、彼がそのさまよえる生の中で忘れたことがあり、彼は二度それを忘れたのだ。それは自分の言葉に関わっている。この最初の人間が「地上に降りた」時、アラビア語はどのような運命をたどり、彼の死の後、彼が話していたシリア語はどうなったのだろうか。キリトが指摘するように、「天国から追放され、アダムはアラビア語を忘れ、シリア語を話すようになった。天国に戻ってきたとき、彼はシリア語を忘れアラビア語を話した」。[32]不可避的に、ひとつの言語がもう一つを消してしまう。アダムの楽園追放の後、各言語は、それに先立つものの忘却のうちに日の目を見る。そのことからも、「insān」と「nisyān」の語源を正当化し、アダムをその手本とするには十分に足りるだろう。『許しの書簡』の中で、約束の地にたどり着いたほとんどの者は、自分たちの祖先に倣って行動している。罪を受けた者たちが自分たちの作品を思い出しそれを注釈するのに対し、選ばれた詩人たちは、記憶を失ってしまい、失ったことさえも知らない場合もあるのだ。このアラブの『神曲』の天国は、不在の土地、生まれつき忘れっぽい動物である人間が、ようやくアダムに倣った本質的な忘却の幸福のうちに解放される場所である、と定義することができるだろう。

イブン・アル゠カーリフの独自性はここにある。あの世の魂の中で、彼だけが、他の幸福な者たちが享受する神の崇高なる恩恵、人間にのしかかっている記憶から解放される救いを受けることができなかった。この事実は複数の解釈が可能である。わたしたちは、そこに、アル゠マアッリーの、イブン・アル゠カーリフに対する皮肉を見ることができる。それは、もしかしたら送らなかった方が良かったのかもしれない手紙の中であれほど力強く改悛の情を示していたあの不幸なアル゠カーリフにたいし、アル゠マアッリーが最後に見せたからかいなのだ。『許しの書簡』は、そうなると、彼にインスピレーションを与えたあの敬虔な手紙のパロディーだということになるだろう。かつての罪人が、改悛の証書を手に、楽園で他の皆に対し自分を認めさせ、自分の教養により古代の偉大な詩人をも凌駕するという物語を語っているのだ。しかしイブン・アル゠カーリフの記憶力は、字義的に捉えられると同時に、それ以上の読みも許している。彼の誤りのない記憶力はおそらく改悛の念が足りないということを表している。それは、天使の証書があるにもかかわらず、彼の救いは純粋なフィクション、ある文人の戯言に留まるということを表している。

そこにおそらくは最も残酷な皮肉がある。この偽善的な作家は恩寵を得るが、それは完全な恩寵ではなく、自分は地獄に属することが確かでいながらひとり天国をさまようことを運命づけられている。このような読みはイブン・カーリフにとっては名誉ではないだろう。その代わりこの読みは、この文学作品の粗筋においてこの人物に本質的な役割を与えている。天国に属さないながらも受け入れられたこの偽りの信者は、幸福な詩人たちが忘却の中で証言不可能なことを証している。それは自らの罪の贖いである。救いを許されない選ばれた人間が記憶からすでに失われてしまった幸福を記憶に残しておくことができるのだ。彼だけが、忘却の中で自分自身の喜びを思い出そうとさえすでにしなくなってしまったものの喜びを知覚する。そして、贖罪に抗する人間、不安定な密使だけが、言語に対して、忘れる話し手の空虚という本質を正当化する関係を想像することができるのだ。その関係の中では、記憶と忘却は、それを構成する要素である時の継続と断絶と同じように分かちがたく、記憶を、「一杯にふさいでいたあらゆるもの」から自由にすることができるのだ。

第二十一章　バベル

人類の狂気によって建設された古代の建造物、バベルの塔の運命は誰もが知っている。創世記第十一章は、この物語を最も簡潔に書いているが、それによると、この建造物は長い間保たれなかったという。ある意味では、保たれたことなどないとも言える。この塔は、完成前すでに神の裁きにより破壊されてしまったからだ。しかし、その倒壊は終わることのない事態を招くことになった。この塔は、人間がその後ずっと生きることになる、地上に言語の混乱がもたらされた時代を開いたからだ。この点までは、聖書注解学者は誰しも同意している。この物語の要約以上に話を進めることは、様々な解釈を可能にする漠然とした領域に足を踏み入れることだ。特に、どうしてこの塔が作られたのか、そしてその後、この塔を建設した者たちにどんな罰が待っていたのかについては、正確に知ることは難しい。問題を複雑にしているのは、聖書の物語中では、この建築計画は「離散」を防ぐために作られたように思われることである。しかしまさにこの建造物のせいで彼らは「離散」を強いられてしまったのだ。「一つの都市と塔を作り、その頂点が天に届くようにしよう」とシンアルの地の住人たちはこの建造物に着工する前に言ったようだ。「名を揚《あ》げて、この地全体に「散らばらないように」しよう（ve-naʿase lanu shem pen naputs ʿal penei kol ha-arets）[1]」と。この「離散」という単語は、この何行か後、この民の大罪を裁くためにどんな罪が与えられたかを聖書のテキストが描写するくだりで出てくる。神はこの建造物の建立を妨げるため、人の言語を「混乱させ」、「彼らがお互いに理解し合えないようにした」。「神は、彼らを地の表面あらゆる所に離散させ（vayapets（…）ʿal penei kol ha-arets）、そうして彼らは街を建設することを止めた[2]」。

この神の判決はよく知られているが、大いに不可解な部分もある。この懲罰は、どうして神が罰する行為が行われてしまったかを認めているように思われるからだ。つまり、この建造物を建てようとする動機になった恐れ、ひいてはその行為を正当化しているようにも見えるのだ。このパラドクスは目を引く。冒瀆的な建築のせいでこの世に散り散りとなった人間たちは、彼らが最も怖れていた運命を強いられることになったのだが、それはまさに彼らが、そういった運命から逃れようとして街と塔を建てたせいなのだ。この民は、自分たちが避けようとしていた「離散」状態に自らを追い込んでしまったのでは、そう問わずにはいられない。しかし、確かなことがひとつある。創世記のバビロンにおいて、行為と審判、罪と報いは容易に分けることはできない。最悪の危険は、離散から逃れようとする仕草の中にすでに潜在的に存在しているように思われる。そしてある意味では、その報いは、罰せられる行為に先んじ、その行為そのものを引き起こしたのだとも。

塔の建築者たちに科された罰の内容も同様に曖昧である。聖書の章は、最初にこの建物が造られ、その後破壊されたことが人間の言語の多様性を引き起こし、そこから話者たちの間に相互の理解不能が起こったと明確に記している。この作業が始まる前には、「この地全体は同じ言語と同じ単語を使っていた」(safa eḥat ve-devarim aḥadim)。神がこの建築作業を中断させ、住民たちが「離散」したとき、神は「この地の言語を混乱させた」(balal (…) sefat kol ha-arets)。そこで初めて、人間たちは「もうお互いに理解することができなくなった」(lo yisheme'u ish safat re'ehu)。しかし、神の罰はどのように遂行されたのだろうか。そして、どうやって地上全体が唯一の言語から多言語へと移行したのだろうか。これらの章には、神の創造行為についての言及は全くないので、その後この地に住む民を分けることになった言語の複数性が新たに加えられたと考えるのは早急にすぎる。しかし、聖書は、神の意志により元々あった言語の統一性が取り上げられたとも示していない。そうすると、これは何かが取り除かれた出来事だというわけでもなくなる。ここで初めて、ヘブライ語の動詞(balal)が神の動作を特徴づけつつ追加も制限も意味しないことが理解される。創世記では、こう書いている。神は、地上の言語を「混乱させ」、その行動の結果、創造でも破壊でもなく、単に、全体的な混乱状態がもたらされたのだ、と。

哲学者かつ神学者であったアレクサンドリアのフィロンは、この問題に関して自らの論文「言語の混乱について(De confusione linguarum)」で鋭い考察をしている。彼はここで、混乱、そして混乱させるという行為(彼が使用しているギリシャ語の用語は συγχέω (sugkheō) であり、これは字義的には「一緒に注ぐ」「注ぎながら混ぜる」ことを意味し、広義においては「混乱させる」「侵す」という意味もある)が何によって構成されているかを考察する。彼によれば、「混乱させる」行為は純粋に破壊するのでも単純に創造するのでもない。それはむしろ、「元々あった様々な特質を破壊し（…）、独自で異なった物質を造り上げることである」(3)。医学分野の説明を借りて、彼は次のように書いている。

> わたしが言わんとしていることを、医者の使用している、四つの材料で構成された薬を例に挙げて説明することができるだろう。わたしの間違いがなければ、鑞《ろう》、獣脂、瀝青、そして樹脂がこの構成物の中に入る。しかし、いったんそれらが混ぜ合わされると、各材料の特質を区別することは不可能になる。現実には、それぞれの要素は消え去り、その破壊によって、その分野においては唯一の、新しい存在が造り上げられる(4)。

フィロンが描写しているような「混乱」は、それぞれはっきりと区別される要素が集合することからなり、それぞれがお互いを打ち消すことで達成される。そうなればお互いを同定することはもうできない。鑞、獣脂、瀝青、そして樹脂は、この哲学者の例を借りるならば、このように単体の素材よりも多くもあり少なくもあるものに変容する。いったん「混ぜ合わされる」と、それらの要素は一体となり、「新しい身体」に場所を譲り、そこでは、「各材料の特質を区別することはもはや不可能である」。かつての構成物は、これより先、創造と破壊、付加と減少がもはや区別できない形で生き残ることになる。それが彼らが同時に生きている「混乱」の状態である。

ある意味では、創世記が語る出来事は、フィロンが引き合いに出しているのとは反対のケースを構成している。バベルの塔を建立した者たちへの罰は、多くの要素が「新しい身体」へと統一したり溶解することでなされたわけではなかった。反対に、「自分たちの同じ言葉や同じ単語」の決定的な消失をもたらし、その代わりに、一つに還元できない多様な言語が発生したのだ。聖書の出来事はこの先、薬物混合の例から見て取れるよりもより複雑になる。生産や破壊の行為が介入することなく、何も付け足されることも引かれることもなく、人間の起源の言語は混じり合い多様化する。それは突然、七十二の言語に分かれる。伝統によれば、それは、シンアルの住人たちが「離散」した後話し始めた言語である。(5)

どのような混乱が、ある一つの言語を複数に導くのだろうか。ダンテの『俗語論』の第一巻では、この問いに対する答えが付随的に提案される。副次的な文章内部にひっそりと挟み込まれているので、この部分は人目を引かないかもしれない。中世の詩の「三本の枝」、文献学者が現在では古オック語、古フランス語、そしてイタリア語に該当させる言語の間にあって、ダンテは、彼の哲学的な作品の中にも見いだされる原理を我々に喚起させる。「どんな結果も、それが結果である限り原因を追い越すことはない、というのもどんな物事も、自分の中にないものを結果に持ち込むことはできないからだ」。(6)そして彼はこのように付け加える。

しかしながら、人間の言葉は――最初の人間と同時に神が作りたもうた言葉を除いては――バベルの混乱の後わたしたちの都合の良いように作り替えられたのであって、その混乱とは、原初の言語の忘却に他ならない。そして、人間は、実際のところ、柔軟で変わりやすい動物なので、どんな言語も同じように継続したり、続くことはなく、人間に関するあらゆる他の物事、例えば、習わしや風習のように、土地や時が変われば変わる運命にある。(7)

一見したところ、このような命題は『俗語論』自体の主張とも一致しているように思われる。ダンテによると、人間の言語の全てを特徴づける本質的な多様化傾向があり、ダンテはその二つの原因を定義する。一方では、あらゆる言語は例の大きな「混乱」の後で再構成、ないしは修復（reparata）されてできたのであり、どんな言語も、自分が原初の言語であると主張することはできない。というのも各自の言語は、言葉が多様になった時代に特有の「良き意志」（beneplacito）によって造り上げられているからだ。もう一方では、それらの言語はどれも、それを話す人間たちの「柔軟で変わりやすい」性質を反映している。あらゆる言語は、地理的にまた歴史的に、他の言葉、そして自ら自身とさえも区別され続ける。

しかしながら、ダンテの主張はさらにその先まで進む。そしてここでは軽く触れられていただけの「混乱」に思いがけない光を当てるのだ。従属節で語られてはいるが、ここでの直感は、彼の論の本質を明らかにしている。

「混乱」が「原初の言語の忘却でしかない」（confusionem illam que nil aliud fuit quam prioris oblivio）と規定されていること自体が、実際のところ、聖書の罰の正確な性質を指摘している。この表現を取り上げた『俗語論』の注釈者たちは、この表現には好意的ではなく、しばしば、それをある種の曖昧さの徴、考えが不明瞭である証拠と見なした。例えば、最も充実した注釈が施された最近の『俗語論』版では、その場所には読者への注があり、「この部分はデリケートな問題を喚起している(8)」とある。ある文献学者が指摘したように、ダンテの主張を受け入れることは、原初の言語がバベルで完全に失われてしまい、混乱の後で人間が話している言語は、結果的に神の産物だということになる。編者はしかしながらこのような立場は『俗語論』の中に含まれている他の指摘とは矛盾すると指摘している。他の部分では例えば、罰が下された時に多くの言語が、言ってみれば自然発生したのではと推測しているからだ。この編者は最終的に、ダンテ研究としてはいささかこちらを驚かせる、遺憾の念に満ちた口調を取っている。「おそらく、ダンテの主張の中に論理と体系的な一貫性を求めるのは見当違いなのだろう(7)」。

しかしながら、『俗語論』の作者がこれほど貶められるいわれはない。彼が提案する解釈は明解である。バベルの混乱は追加も減少も含まず、創造も破壊も含まない。それはむしろ一種の記憶の喪失であり、それによって人間は「自分たちの同じ言葉や同じ単語」を忘れてしまい、その忘却の中で、多くの多様な言語を発明することを強いられたのだ。「原初の言語の忘却」(prioris oblivio)と解釈されたこの混乱は、言語の多様性の起源となる伝説を示すだけではない。時間的にも空間的にも言語の多様化を引き起こした要素としての「混乱」は、その混乱が生んだ複数の言語と切り離されることはなく、わたしたちが言語と呼ぶこの著しく変わりやすい存在の変わらない核、言語の変化の中で変わらずにいる中心を構成していると言ってもいい。先立つものの忘却、と定義されたそれぞれの言語はその時、十全な意味で「修復」として現れてくる。それは、失なわれたものに対する治療薬であると共にもう取り返しのつかない喪失の確認なのだ。それは、自分に先立つものの再構成であると同時に、矛盾するようだが、その構成を壊すものでもあるのだ。言葉によって、わたしたちはいつでもすでに忘れ始めているのであり、それは、わたしたちが疑いを持っていないときでも、いやその時にこそ起こるのだ。

ダンテの指摘の奥に横たわる考えは、バベルのこのエピソードの様々な注釈者の中で最も人口に膾炙した論ではないが、この考えに対応するものがないわけではなく、例えばタルムードの教典「サンヘドリン」の最後の頁にも見ることができる。ラビたちはこの罪人に残された究極の運命とトーラーにはびこる不信心の輩について議論を闘わしたが、それは離散した民の世代にあたる。ミシュナによれば、それは「来るべき世界にわずかの場所も持たぬ[10]」民であった。神学者や法学者たちはこの唯一の問題、これが解決できれば神の審判を説明できる問いを正面から取り上げることをためらわなかった。「彼らは何をしたのか」。これには複数の答えが提唱された。ラビ・イルメヤによれば、彼らが塔を建設し始めたときに、この建設者たちはすでに三つのグループに分かれていたという。「一つのグループは言った。わたしたちは上にのぼってそこに住むことにしよう（新しく来るかもしれない洪水から逃れるために）。もう一つのグループは言った。わたしたちは上にのぼって偶像を礼拝しよう。最後のグループは言った。わたしたちは上にのぼって（神に対する）戦をしよう[11]」。その後、一つではなく三つの罰が、この自信過剰な建築家たちに加えられた。空高くに住もうとしたものは「離散させられた」。神に戦いを仕掛けようとした者は「猿や妖怪、悪魔に」変えられた。偶像崇拝についても、罰は重かった。それまで一つだった彼らの言語は、決定的に混乱させられてしまったのだ[12]。

しかしながらタルムードの様々な声は、慣習に従って分かれ続けていた。ラビ・イルメヤの解釈は様々な反応を引き起こした。建築家たちが三つの異なった目的を追求していたという主張に対して、ラビ・ナタンは、「彼らは全員、偶像崇拝をしに行くことしか考えていなかった。ここではテキストは言っている。「わたしたちは名を揚げるだろう（創世記十一―四）」そしてもう一つは「そして偽りの神の名をあなた方は口にすることがないだろう（出エジプト記二三―十三）」。この他のテキストが偶像崇拝に依拠しているように、わたしたちのテキストもまた偶像崇拝に依拠しているのだ[13]」。ラビ・ヨハナンの方は、ラビ・イルメヤが喚起した三つのグループは建設者たちの目的に応じて分けられたのではなく、神の懲罰と関わっているとする。神が、人間を罰するために介入し、彼らの工事を終わりにしたとき、神は、この民が建てた建造物に対して三つの措置を行った。「そして塔に関しては、上部三分の一は燃やされ、下の三分の一は土にめり込み、真ん中の三分の一はまだ存在している[14]」。このヴァージョンの前で立ち止まってみるのは無駄なことではないだろう。最も前代未聞の情報は最後の部分にある。ラビの言うことを信じるならば、この伝説的な塔の大部分は今でも残っていることになる。しかし重要な細部は解明されずに残っている。生き残った部分の運命について注釈しつつ、ラビは「塔を取り巻く空気は記憶を失わせる[15]」と付け加えている。

この指摘は驚くべきものだが、バビロンのタルムードの中では全く注釈の対象にはなっていない。賢人たちはこの問題には関わらず、似ているが別の問い、ソドムの住民たちにふりかかった運命の方に注目した。しかしながら、ラビ・ヨハナンが主張していることの論理的帰結は重要であって、これを避けることはできない。これは塔の破壊に関わっているだけではなく、その塔に住んでいたが最終的に打ち捨てられた人々が受けざるをえなかった罪に関わっているからだ。彼らの運命は奇妙だったに違いない。彼らを取り巻く空気が全てを忘れさせ、彼らは、自分たちに起こったことについての記憶を失ったばかりか、自分たちに何かが起こったという事さえも忘れてしまっただろうからだ。しかし、この物語を字義通りに取った時、最後の三分の一の部分は過小評価されてはならない。タルムードの物語においては、どんな可能性も決定的に避けられるべきではない。もしも生き残りの人がいたのなら、最上部の火災による破壊か、二番目の地下への沈没を逃れられたとは考えにくい。信憑性を優先するならば、生き残った人々は、建物の他の部分にいたとみなさなければならない。最後の三分の一の部分に住んでいた住民は、忘れることによって破壊を生き延びたのだ。自らの建築計画の内部にうち捨てられたまま、彼らは、廃墟と化したその建物についての知識を全て失い、それでもそこに住み続けているのだ。

ヴァルター・ベンヤミンは、人間の記憶と忘却の能力の不安定さを通じてもなお残っていくものを指し示すために新しい概念を生み出した。それは、彼が呼ぶところの「忘れえぬもの」（das Unvergeßliche）である。[16] この概念は、大半が一九二一年に書かれたボードレール「パリ情景」の翻訳序文にある「翻訳者の使命」の有名なくだりにあらわれてくる。このエッセイの冒頭で、ベンヤミンは、ある作品がどのような意味で「翻訳可能である」（übersetzbar）と形容できるか定義しようと試みている。彼はこの目的から「表面的な」信仰を追い払う。それは、翻訳可能かどうかは、良い翻訳家の有無に還元できるという考えだ。彼は、「ある種の関係の概念は、わたしたちがそれをすぐに人間にだけ結びつけたりしなければ、良い、さらには最良の意味を持ちうる」[17]。そしてその時彼は「忘れえぬもの」というコンセプトを提起するのだ。

このようにして、わたしたちは、忘れえぬ生や瞬間について話すことができる、人間がそのことを全て忘れてしまっていても。もしその生やその瞬間の本質が、わたしたちがそれを忘れないことを要求するのならば、その言葉には何も嘘はなく、ただ人間が応える事のできない要求（forderung）だけがあり、そして同時に、その要求に応えられる分野に送り返される。それは神の記憶である。同時に、言語的な作品の翻訳可能性は、人間には翻訳不可能だったとしても、ある呼応（entsprechend）として考えられなければならない。(18)

このコンセプトを一層十全に説明するためには、ベンヤミンが一九一七年に『白痴』について書いた短いエッセイに向かわなければならない。このコンセプトは、本来的な意味での「関係の概念」に結びつけられるのではなく、ドストエフスキーの登場人物の人生に結びつけられている。

ムイシュキン公爵について我々が言うことができるのは（…）、まるで花がその香りの後ろに隠れるように、または星がその輝きの後ろにあるように、この人物が、自分の人生の後ろに姿を消しているということである。死ぬことのない人生は忘れえない。それがわたしたちが認める徴である。それは、記念碑も記憶もなく、おそらくは証言もなく、忘却からは必然的に逃れている。それは忘れえない。言うならば形もなく器もなく、この人生は過ぎることが全くない。そして、その人生を「忘れえぬもの」と言うのは、わたしたちが忘れることができないからだけではない。それは、忘れえぬものそれ自体の本質の中にある何かを指し示している。この公爵が後にかかる病気による記憶の喪失（Erinnerungslosigkeit）でさえも、彼の人生が忘れえないものであることを象徴的に示している。というのも、これは自分自身の追憶の深淵に沈み、再び浮かび上がっては来ないからだ。他の人たちは彼を訪ねてくる。この小説の短い結論は、あらゆる登場人物は、彼らが関わったムイシュキンの人生の刻印を押されているとしている。どのようにしてかは分からないが。[19]

これらの段落の中で定義されている「忘れえぬもの」をベンヤミンがどれほど繰り返し執拗に描写しているかにわたしたちは驚く。それほどに人は忘れえぬものを忘れる傾向にあるのだ。一九二一年のエッセイで描いているように、「忘れえぬもの」という述語は人間にではなく、その実現には無関心であり続けるある要求（Forderung）にかかっている。それは、何かがその本質において「忘却不可能なもの」であり続けなければならないという要求である。そして、ドストエフスキーについてのエッセイにおいて、「忘れえぬ生」は何か「記念碑も記憶もなく、おそらくは証言もなく、忘却からは必然的に逃れている」ものとしてさえ定義しうる。忘れえぬものは、人生そのものが「忘れえぬもの」である精神からも逃れるため、結果として忘却とほとんど変わらなくなってしまう。このようにして、ムイシュキン公爵は、その記憶の喪失（Erinnerungslosigkeit）の癲癇的発作自体が、ベンヤミンによると、「彼の人生について忘れえぬものの象徴である」。ここでは、記憶喪失は忘れえぬものを見守っている。記憶喪失は、忘れえぬものが避難する場であるのだ。

おそらくこの点から、タルムードの廃墟となった塔は忘れえぬものであり得るのだろう。罰が下った後その塔で暮らし続ける者にとっては、すべて忘れてしまったとしても、この塔は彼らに親しくあり続けただろうと想像できる。その床と壁は知覚不可能になってもなお、誰も生き残らなかっただろう破壊から彼らを保護しているのだ。知らず知らずのうちに、バベルの塔の住民は、もうなくなった建物に属し続けている。彼らは、忘れえぬものに襲われたのだ。まさに、あの白痴の公爵を知っている全ての人々が、ベンヤミンによれば、「彼らが関わったムイシュキンの人生の刻印を押されている」ように。神罰によって変容した空気に囲まれている限りは、彼らは忘れ続けるだろうし、それによって、忘れられたものを彼らの周りに生き延びさせているのだ。彼ら自身、そして彼らの後に来る子供たちはなお、罰によりその空気を吸い続けるだろう。それがわたしたちの真の先祖なのだろうか。そうだとすれば、わたしたちはすべて、残っているバベルの塔の廃墟に住む、健忘症の住民の子孫だということになるだろう。この仮説は我々を動揺させるが、ある意味では、ここから導かれる必然的な帰結よりはまだショッキングではない。というのも、わたしたちはかつて閉じ込められたこの塔から出られたとは限らないからだ。確かに、多くの者はこの聖書の建物を永遠に離れたと信じているだろう。しかし信じることと確実性の間には隔たりがある。わたしたちがその塔にいまだ住んでいるという最も確実な証は、おそらく、わたしたちがそのことをもはや知らないことそのものにあるのだろう。そこに住んでいるということは、自分を取り巻く混乱の中でただ生き続けることに他ならないからだ。このようにして、バベルは、破壊されてなおも生き延びている。そしてわたしたちは、言語の混乱の中に投げ出され、混乱の中に生きているのかもしれない。この、絶えざる忘却の中に。

解説　ダニエル・ヘラー゠ローゼンとは何者か？

本書の著者ダニエル・ヘラー゠ローゼンは、現在米国プリンストン大学の比較文学部教授の職にあるが、英語圏ではなによりもまず、ジョルジョ・アガンベンの訳者として知られているのではないだろうか。実際ヘラー゠ローゼンは『ポテンシャリティーズ』（編訳 1999）、『ホモ・サケル』（英訳 1998）、『詩の終わり』（英訳 1999）、『アウシュヴィッツの残りのもの』（英訳 2002）というアガンベンの代表作の英語への翻訳を通じ、世界的な「イタリアン・セオリー」ブームを牽引した人物である。アガンベン自身もヘラー゠ローゼンに絶大な信頼を寄せ、現在に至るまで親子ほどの年齢差を超えた友人関係を維持している。『ポテンシャリティーズ』に収録された十五篇の初期論文は、後にイタリアで出版された *La potenza del pensiero: Saggi e conferenze*（Vicenza: Neri Pozza, 2005）にも収録された。

しかし実際はこの仕事も、ヘラー゠ローゼンの驚くべき学識のほんの一部を示すに過ぎなかった。一九七四年に、ポール・ローゼン（政治思想史家、フロイトの伝記作家）とデボラ・ヘラー゠ローゼン（比較文学者、ヨーク大学教授）の間にカナダのトロントで生まれたダニエル・ヘラー＝ローゼンは、北米とヨーロッパで文献学と哲学の教育を受け、西洋の古典語（ヘブライ語、古代ギリシャ語、ラテン語）を習得し、母語の英語に加え、イタリア語（幼少時に母親の研究に同行し、フィレンツェに数年滞在している）とフランス語（博士課程の際パリに留学している）とを母語同様に運用し、さらにはドイツ語、スペイン語、ロシア語、アラビア語に至るまで十カ国語に通じたポリグロットなのである。

彼の博士論文『フォルトゥナの顔——『薔薇物語』と偶有性の詩学』（*Fortune's faces : The Roman de la Rose and the poetics of the contingency*, p.260 The Johns Hopkins University Press, 2003）は、十三世紀のフランスの寓意文学『薔薇物語』の研究であった。これは、ギヨム・ド・ロリスにより書かれながら未完に終わった詩的な前編と、それを補完するためにジャン・ド・マンにより書かれた百科全書的な後編という二部構成のもたらす偶有性、二人の著者がテクストの中で用いる「私」という語の偶有性、表面的な解釈と真の解釈が異なる寓意という修辞的技術の偶有性に着目し、『薔薇物語』全体を貫く「偶有性の詩学」を文学史上の特異点として位置づけた独創的な研究である。これにより、中世フランス文学の泰斗ミシェル・ザンク（アカデミー・フランセーズ）に招聘され、二〇一〇年にはコレージュ・ド・フランスで連続講演を行うなど、ダニエル・ヘラー＝ローゼンの名は、フランス語圏では中世文学者としての最高度の栄誉と結びつけられている。

博士号の取得後、アメリカの大学では、分析哲学以外を扱う哲学者は比較文学部に配属されるという伝統により、ヘラー＝ローゼンはプリンストン大学の比較文学部で教えることになる。そして二〇〇五年、彼はニューヨークの独立系出版社ゾーン・ブックスから初となる単著を出版する。それが『エコラリアス——言語の忘却について』である。

「エコラリアス」とは「エコー（反響）」＋「ラリア（話）」の複数形で「反響言語」の意だが、本書では喃語反復、他者の言葉の繰り返し、死語の残存など、かなり広い意味で用いられる。本書を構成する二十一の章は、医学、文学、言語学、哲学、宗教学など様々なテキストの読みを通じて、一つの大きな寓話を幾重にも変奏する。その寓話とは、言語を忘却することで人は言語を獲得し、そのようにして獲得された言語は他の言語の痕跡を谺《こだま》として残存させるというものである。いくつかの名前を挙げれば、ヤコブソン、トルベツコイ、カネッティ、カフカ、ハイネ、ツヴェターエワ、ブロツキー、アブー・ヌワース、ドゥルーズ、ルイス・ウルフソン、チョムスキー、スピノザ、デイヴィッド・クリスタル、ジャン゠クロード・ミルネール、ベンヤミンなどのテキストの精密な読みにより、近代以降の言語に対する概念は覆されてゆく。本書の手法はデリダ的脱構築とフーコー的アルケオロジーを同時に継承しながら、アメリカ的な節度をも兼ね備えており、過去の認識上の誤りを糾弾するというよりもむしろ、もう一つの認識上の可能性の系譜を提案することに主眼がおかれている。事実彼の主張は多くの言語学の専門家からも好意的に迎えられており、実際私もこの本をフランスの言語学者にすすめられて読んだのであるが、驚くべきことに、哲学者ヘラー゠ローゼンは言語学についても極めて正確な知識を持っており、彼の一世代前の哲学者たちにはしばしば感じる、哲学者が言語学を扱う際の認識論的限界が全く感じられなかった。その様な時に強く感じられるのは、彼は明らかに新しい時代の哲学者、書き手だということである。

『エコラリアス』の発表後もヘラー゠ローゼンはほぼ二年に一冊の割合で精力的に著作を発表し続けている。取り扱うテーマは毎回異なり、二〇一八年現在で単著は六冊、大半がすでに世界中で翻訳されている。以下これらの六点に絞り発表年順に作品を挙げ、内容を簡単に紹介する。

『内的触覚——感覚の考古学《アルケオロジー》』(二〇〇七年) *The Inner Touch: Archaeology of a Sensation* (Zone Books, 2007)

『エコラリアス』の次に出版された『内的触覚——感覚の考古学《アルケオロジー》』は、ホフマンの小説に登場する牡猫ムルの案内により、ストア派の哲学者たちが、「内的触覚」と呼んだ感覚、すなわち自己の存在の感覚を歴史的にたどる内容である。そこで読まれるのは、アリストテレス、モンテーニュ、デカルト、ロック、ベーコン、ライプニッツ、ルソー、コンディヤック、メルロ＝ポンティ、プルースト、ベンヤミンのテキストであるが、珍しい資料を持ち出すだけではなく、よく知られているが故に、別様に読む可能性が封印されて来たテクストに対して、斬新な読みを遂行することで、近代以降支配的となった、存在を「思惟する」人間に対する、古代から存在して来た、存在を「感覚する」人間という系譜を浮き彫りにする。本書はデリダ、フーコー以上に、古代や中世の概念を現代に甦らせるアガンベンの手法を思わせる。なおこの本は二〇〇五年に亡くなった彼の父親のポール・ローゼンに捧げられている。

『万人の敵——海賊と万民法』（二〇〇九年）*The Enemy of All: Piracy and the Law of Nations* (Zone Books, 2009)『万人の敵——海賊と万民法』は、うって変わって、法の彼方で活動する海賊（中世には「万人の敵」あるいは「人類の敵」と呼ばれていた）と海賊行為を論じるものである。文学、歴史、法律、言語学の多様なテキスト（キケロ、ホメロス、モンテスキュー、デソウザ、ヘロドトス、バンヴェニスト、カント、また現代の法学雑誌の論文も同列に証言として引用される）に現れる海賊および海賊行為への言説（単なる博覧強記ではなく、適切に選択されている）の詳細な読みの積み重ねを通じて、最終的には西洋における「普遍主義」の限界を指摘するに至る。シージャックからハイジャックそして現在のテロリズム、さらには明示されてはいないがインターネット上での海賊行為までの連想を誘う内容であり、英語版発表から時をおかずして仏・独版も相次いで出版された。また日本でも早い時期に宮崎裕助氏と星野太氏による抄訳が雑誌に掲載されるなど（『現代思想』二〇一一年七月号)、テーマの今日性が高く評価されている。

『第五の槌——ピタゴラスと世界の不調和』(二〇一一年) *The Fifth Hammer: Pythagoras and the Disharmony of the World* (Zone Books, 2011)

『第五の槌——ピタゴラスと世界の不調和』が扱うテーマは、再び大きく変わり、数と音楽、および自然とその表象である。表題の「第五の槌」は、かつてピタゴラスが偶然鍛冶屋の前を通りかかった際に、調和する槌の音を耳にし、驚いて中に入ったところ、五本の槌を持った五人の鍛冶屋を見いだした故事に由来する。ピタゴラスがその五本の槌の重さを量ると、四本の槌の重さは完全な比をなしていた(オクターヴの発見である)。しかしその際一本だけ「誰の耳にも不快な」音を出す「第五の槌」があり、ピタゴラスはその槌を排除した。ヘラー゠ローゼンはこの「第五の槌」およびそれが出す不協和音とは何だったのかを本書で追求する。古代ギリシアおよび中世において「音楽」は楽器の演奏以上に、世界に内在する調和の数的把握を意味しており、その傾向は科学にも継承された。科学は自然を調和的な数や記号で表象・置換しようとするが、自然には、記号に還元できず絶えず自然の側にとどまりつづける「第五の槌」が常に存在するのだ。ボエティウス、アリストテレス、プラトン、ライプニッツ、カント、コペルニクス、ケプラーのテキストが読まれ、それらを通じて西洋の音楽史論であると同時に科学論および自然論でもある議論が展開されるという極めてスリリングな書物となっている。本書は最後に「音に驚愕して鍛冶屋に突入する賢者はもういない、ピタゴラスは再び生まれることはなかった」という一文で締めくくられるが、これはガリレイ的科学が体系性を目指すあまり、自然の側にあるノイズを排除してきた結果、それを感じる能力を人間が失ってしまったことへの嘆きである。

『謎の言葉《ダーク・タングス》——盗賊と詩人の技』（二〇一三年） *Dark Tongues: The Art of Rogues and Riddlers* (Zone Books, 2013)

『謎の言葉《ダーク・タングス》——盗賊と詩人の技』は、一定の職業集団に用いられる隠語（アルゴ、ジャーゴン）と、表面的な意味の下に別の意味を潜ませるアナグラム詩を扱いながら、言語における意味の不透明性の問題を扱う。アリストテレスの言語論から語り始められ、ホメロス、ルソー、ダンテ、マルセル・シュオッブ（言語学者時代に、十五世紀の文献に現れる謎の「貝族」の語彙研究を行った。この意味不明の語彙は偶然ヴィヨンの語彙の中に発見され、盗賊の隠語であったことが後に解明された）、レイモン・クノー、インド＝ヨーロッパ語の最古の文献『リグ・ヴェーダ』、フランソワ・ラブレー、ソシュールのアナグラム研究、ヤコブソンの詩論、ポー、トリスタン・ツァラ、また古くは、言語の多様性に初めて言及し、考察の中心にすべきことを指摘した古代ギリシアのデモクリトス、言語の多様性を地形と気候の差に還元しようとしたシケリアのディオドロスなどに縦横無尽に言及しながら、最終的に言語の本質はその不透明性にこそあると結論づける。

『誰でもないものの道《ノー・ワンズ・ウェイズ》——不定命名について』（二〇一七年） *No One's Ways: An Essay on Infinite Naming* (Zone Books, 2017)

最新著である『誰でもないものの道《ノー・ワンズ・ウェイズ》——不定命名について』は、一つ目の巨人キュクロープスの島で洞窟に閉じ込められ、自らの名をとっさにウーティス（＝誰でもない）と呼び、難を逃れたオデュッセウスの挿話から語り始められる。人間を「話す動物」と定義したアリストテレスの『命題論』の中の「不定」の項で取り上げられる「ウークス・アントロポース（＝誰でもない）」の読み解きから、中世の哲学者たちを経由して、カント、チョムスキーに至るまで、no- という接頭辞を「人」を表す言葉に付加し、存在しない対象を命名しつづけて来た西洋言語の歴史を振り返る。驚くべきことに、著者は最後の章で、それまでの主張を百八十度ひっくり返し、人類は言語とともに考えることを宿命づけられているが、言語の内部で、あるいは言語とともに、考えるだけでなく、言語に抵抗しながら考えなければならない、という「呼びかけ《コーリングス》」をもってこの反論理学は閉じられる。

また、彼自身の翻訳ではないが、ヘラー＝ローゼンは、二〇一〇年にノートン・クリティカル・エディションから刊行された『アラビアン・ナイト』の編者もつとめている。これはムフシン・マフディーの初期アラビア語批評版『千夜一夜物語』からの英訳であり、従来のバートン版などが西洋人向けに書き換えられたものであるのに対し、この翻訳は最初期の『千夜一夜』の姿を伝えるものとして貴重なものであり、さらに正統的かつ読みやすい英訳と評判になっている。地味な作品ではあるものの、彼の文献学者としての面目躍如たる仕事である。

彼の著作の特徴は、膨大な学識を背景に学問分野と言語を横断して選択された様々なテキストの精密な読みを通じ、西洋の古代や中世に由来するテーマを現代に甦らせること、あるいは逆に現代的なテーマで古典を照らしだすことにある。おびただしい数の言語や異なる時代のテキストが翻訳や引用を通じて著作の中に持ち込まれるスタイルは、最良の意味でのエッセイ的手法である。事実彼の著作は全てフランスではエッセイ、哲学、小説、詩などジャンルを問わず今日的な文学を扱うスイユ社の「二十一世紀の文学叢書」から出版されている。数人の天才的な学者が一人の中に存在しているかのような学識とエッセイストとしての表現能力を合わせ持つ人物として、ダニエル・ヘラー＝ローゼンは現在世界で最も注目を浴びている哲学者の一人である。

本書にはすでに仏、伊、西、独など複数の言語への翻訳があるが、著者の理解できない言語への翻訳は日本語訳が初めてではないだろうか。語学の天才、ダニエル・ヘラー゠ローゼンでさえ手を出さなかった日本語への翻訳は、関口涼子さんの超人的翻訳能力なくしては不可能であったと思われる。本書が扱う資料には日本語訳がない場合がほとんどであり、仏・英語からの情報、翻訳に頼らざるをえないこともあった。しかしこのことはかえって、人類の人文科学の歴史には、日本人が明治以降翻訳を重ねて来たルネサンス以降の西ヨーロッパの文化だけではない、膨大な未踏の領域が存在することを示してくれてもいる。

今日、人文科学の停滞はますます深刻なものとなっているが、その原因のひとつに、専門家がそれぞれの言語とそれぞれの学問領域の中に閉じ込もり、諸言語間、諸学問間のコミュニケーションが遮断されていることが指摘されている。言語の壁と専門領域の壁を大胆に打ち破る本書が、人文科学の正統の中心から生み出されたことは重要である。本書のような書物の刊行が、人文科学の未来への大きな希望となることを祈る。

伊藤達也
（名古屋外国語大学教授）

訳者あとがき

本書は、*Daniel Heller-Roazen, Echolalias – On the Forgetting of Language*（Zone Books, 2005）の邦訳です。

本書はダニエル・ヘラー＝ローゼンの二冊目の著書になります。著者は若くしてジョルジョ・アガンベンの英訳で知られ、初の著書 *Fortune's Faces : The Roman de la Rose and the Poetics of Contingency*（『フォルトゥナの顔――『薔薇物語』と偶有性の詩学』、二〇〇三年）に続いて本書『エコラリアス――言語の忘却について』を刊行しました。現在はプリンストン大学で比較文学の教鞭をとりながら旺盛な著作活動を続けています。

本書の後、*The Inner Touch : Archaeology of a Sensation*（『内的触覚――感覚の考古学《アルケオロジー》』、二〇〇七年）、*The Enemy of All : Piracy and the Law of Nations*（『万人の敵――海賊と万民法』、二〇〇九年）、*The Fifth Hammer : Pythagoras and the Disharmony of the World*（『第五の槌――ピタゴラスと世界の不調和』、二〇一一年）、*Dark Tongues : The Art of Rogues and Riddlers*（『謎の言葉《ダーク・タングス》――盗賊と詩人の技』、二〇一三年）、*No One's Ways : An Essay on Infinite Naming*（『誰でもないものの道《ノー・ワンズ・ウェイズ》――不定命名について』、二〇一七年）の四冊をその後いずれもゾーン・ブックスから出

版したほか、『千一夜物語』の校訂版の監修も手がけています（Norton Critical Edition, 2010）。また、アル＝ジャーヒズのテキストについて書いた英語とドイツ語のバイリンガルの小冊子がドクメンタの際に出版されています（*Secrets of al-Jahiz*, 100 Notes, 100 Thoughts, Documenta Series 052, 2012）。日本では、*The Enemy of All* の抄訳「万人の敵——海賊と万民法」（宮﨑裕助・星野太訳、『現代思想』二〇一一年七月号）を除き、単著の翻訳は本書が初めてになります。

本書、『エコラリアス』の内容を一言で表すのは容易ではありません。断章形式の二十一章の中には、多岐にわたる魅力的なテーマが集められています。一つの言語は、いつ死んだ言葉になったといえるのか。その言葉を話す共同体が取り返しのつかないほど小さくなったときか、それとも話し手の最後の一人が死んだときか。新しい言葉は、どの時点から独立した言葉として存在するといえるのか。言語が、生き物と同じように「生まれ」たり「死んだ」りすると見なすのは、はたして適切な考え方なのか。母語にないはずの音を発音することが出来るのは、どんな時か。決して発音しないのに書かれる文字があるのは、どうしてなのか。Hの音は、どのようにしてヨーロッパ語圏から次第に消失したのか。舌を完全になくしてしまったのに、常人と同じように話すことのできた少年の秘密とは。母国語をすっかり忘れてしまいたいときには、どうしたらいいのか。失語症とは、言葉を失うことなのか、それとも、ひとつの言葉があまりにも強く心に焼き付いて、それ以外の言葉について考えられなくなっている状態なのか。忘却が時に生産的であり得るように、思い出し続けるということが破壊的である場合があるのか……。

各章の間は独立しつつもゆるやかな繋がりを持ち、発話、書記、記憶、忘却のテーマが複雑に絡み合っています。どのテキストにも、テーマに沿って幾つものエピソードが織り込まれ、その出典は幅広く、哲学、言語学、精神分析学は元より、オウィディウス、ダンテに始まりユダヤ思想、アラビア文学から中世神学、文学、カフカ、カネッティ、エドガー・アラン・ポー、ブロツキーなどの現代文学までに至ります。哲学的、言語学的な内容を扱っているのですが、まるで言葉が主人公の物語であるかのように、幾つもの疑問が推理小説さながら一つ一つ明快に解き明かされていきます。

アーティストのダニエル・ビュレンは、美術雑誌『アールプレス』の「アーティストは何を読んでいるのか」という特集の中で『エコラリアス』を挙げ、「ここ数年で最も豊かな本。最初から最後まで刺激的で、本書を読め、という以外の言葉を持たない」と評しています（*Artpress2* numéro 14, août-septembre-octobre 2009）。ビュレンにとって本書がコンテンポラリーアートについての刺激的な思考に富んでいるテキストであったように、芸術や文学に関わるものなら、誰もがそれぞれの関心に応じて思考の種を見出せる本ではないかと思います。

また、近代ヘブライ語がどのように創り上げられたか、亡命の地にあって創作を続けるヨシフ・ブロツキー、多言語を操るエリアス・カネッティなどについて考察し、「流離こそが言葉の祖国だ」と語ることで、言語と民族間のアイデンティティの裏に潜むイデオロギーについて再考させる本でもあります。

そして、学術書でありながら、消失、忘却が本書を貫く主要テーマであるゆえ、メランコリックで心を打つ物語としても読むことが出来るのは、本書の特徴であり、大きな魅力でもあります。

膨大な人名と豊富な参考文献に満ちた著作ではありますが、文体は明快であり、言語をめぐるわたしたちの常識をもう一度問い直す機会を与えてくれます。例えば、「死語」という概念をめぐっての章（第七章「行き止まり」、第八章「閾」）では、言語に関して「死」という生物的な概念を当てはめることがどれほどふさわしくないかを例をあげて論じています。

考えてみれば、言語は生物の生とは全く異なる独自の現象であることは明白であるのに、誰もが「死語」という用語を用いて不思議に思わないことの背後には、言語はわたしたちにとっての道具であるとし、独立した存在であることを認めない思考があるのではないでしょうか。

本書では、古典テキストにさかのぼることによって、言語は死んで消滅する運命にある生き物とは異なることを示し、言葉を生物学的な比喩から解き放とうとしています。それ一つをとってみても、言語をわたしたちにとっての他者として捉えようとする試みであり、それは、詩作における言葉のあり方ととても近いところにあるように思われます。

詩人の楽園の章をはじめとして、ハインリヒ・ハイネ、ヨシフ・ブロツキー、ダンテ、マリーナ・ツヴェターエワ、エドガー・アラン・ポー、アブー・ヌワースなど、詩人の名が本書に頻出するのは偶然ではありません。本書のテーマは多分野に渡っていて、多くの読みを可能にしていますが、本書は、重要な詩論としても読むことができると訳者は考えています。

言語の忘却について語ることは、言語の、わたしたちが手の届かない、手に負えない部分、わたしたちにとっては謎であり続ける部分について語ることです。わたしたちの生、そして言語能力の誕生に欠かせないものであると同時に、その誕生に先立ち、わたしたちに限りなく近しくまた果てしなく遠いのが言語の忘却です。それは、言語と深い関わりを持つ分野の一つである文学の中でも、とりわけ詩が扱う領域です。というよりは、詩というもの自体が、言語の忘却から成り立とうとする不可能な試みなのだと言えるのではないでしょうか。

今まで覚えた詩を全て忘れることで初めて詩が書けると教える師があり（第十八章「アブー・ヌワースの試練」）、誰にも読めない言語を身につけることで崇高な詩をものすることができると信じる若者がいたかと思うと（第十九章「船長の教え」）、皆が羨む天国の住人である詩人たちはかつて自分が書いた詩を忘れてしまっています（第二十章「詩人の楽園で」）。フランス語の詩の形式、アレクサンドランに現れる「不安定なe」は、フランス語にはもう存在しませんが、詩の内部だけには存在し、詩に取り憑いています（第四章「消滅危惧音素」）。『エコラリアス』で語られる詩はいずれも忘却と背中合わせであり、そこではそもそも、詩そのものも不可能の中にいます。というのも、言語の忘却に足を踏み入れることは、言語の他者性に気がついてしまうことであり、それは言語を道具として何かを書くことの不可能性に気がつくことでもあるからです。言語の忘却、その領域そのものが詩の言語であるはずなのに、それは同時に、詩を書くという行為そのものの不可能性も表しているのです。

そのことを意識し、その言語が誰にも属さない言語なのかもしれないと承知しつつも、船長に「ペルシャ語」を習った若者のようにその言語と取り組み、または習った幾百もの詩を「忘れる」という困難な問いに答えつつ、わたしたちが言語を獲得し始めた時期以前に遡り、すでに自分では発音できなくなった音を発語しようとすること。単なる詩的比喩ではなく、まさにそのような行為自体が詩作であることを、どの言語で書く詩人も多かれ少なかれ感じているはずです。

言語の忘却は、言語の持つ大きな謎でありながら、何かの「不在」ではありません。著者は、言語を、話し手を通じて、常に変容するものとして語っています。「絶え間ない変質が言語そのものであり、そこでは形成と変形、発生と衰退、「生」と「死」は切り離されるものではなく、記憶は忘却と区別することがほとんどできない」。

忘却は死と捉えられるのではなく、常に失われつつ変化し、生き延びるものとして、「存在」しているのです。「言語は消え去り、同時に残り続ける。身体を超え、声を超え、言語は、自らが属しそれに奉仕していたと思われるものの消失の後にも残る。言語はそういうものでしかあり得ない。言語とは、自らの後にも生き延びる存在なのだ」。そう考えると、「言語の忘却」という言い回し自体が正確ではないのかもしれず、忘却そのものが言語なのかもしれません。通常であれば言語の周辺にあって、言語の本質をなすわけではないとされているテーマ、H音や間投詞、アステリスクや喃語などを中心に構成された本書は、それ自体が、言語の謎自体を扱うことで言語の存在をホログラムのように浮かび上がらせる、稀有なテキストです。

そういった意味では、本書は「詩とは何か」、または「文学にとっての言語とは何か」という問いに正面から答えようとしている、または言語の忘却という空間そのものを本の中に作り上げることで、それ自体が詩である、とも言っていい存在をわたしたちに見せてくれようとしているのではないでしょうか。

*

本書の翻訳においては、英語版を原則的には底本としながら二ヶ国語から翻訳するという変則的な作業をとることになりました。

『エコラリアス』は英語版が元になっていますが、フランス語を完璧に操るダニエル・ヘラー゠ローゼンがフランス語版の翻訳に自分でかなり手を入れ、原本でのミスを訂正したり、文章の細部のニュアンスを変えたりしているため、この本に関してはフランス語も参照することとなっています。そこで、フランス語版（*Echolalies, Essai sur l'oubli des langues*, collection « La librairie de XXI siècle » chez Seuil, 2007）を同時に読み進めながら、翻訳を進めることになりました。英語版とフランス語版では異同箇所がかなりあったために、それらの箇所はすべて著者に尋ね、著者の指示により英語版に従う部分、フランス語版に従う部分に分けて訳しています。

これは、当初自分が思っていた、単純に二言語を参照し二倍の時間を必要とする、というだけの作業よりさらに複雑な作業を強いられることになりました。翻訳という作業自体、それこそ、喃語からいったん沈黙の時期を経て言語活動に移るときにも似て、一言語から他言語へ渡るときの中空への跳躍を経ています。それがさらに、二言語をどちらもオリジナルと考えることにより、異なる角度で映された二つのイメージを、別の場所で同じイメージとして再構成する、幾重にもねじれた中空をほぐす作業になったのです。同じ文章は一つとしてなく、しかもそのどちらもが正しいのですから、その二つの異なる表現に共通する思考を、その前後の文章を読みながら探っていくのは、まるで二重、三重に翻訳を行っているかのようでした。

ダニエル・ヘラー＝ローゼンが訳者に話してくれたところによると、彼の中には、自分が持っている「フランス語の本」というイメージがあり、この本をそれに近づけたかったのだそうです。しかし、フランス語訳者によるテキストは英語に忠実であったので、それを「フランス語の本」のイメージに近づけるために彼自身が書き直す作業を行ったといいます。

自分の母語に文章のロジックが引きずられることはよくありますが、著者の場合は、この本を、自分が持っているフランス語のイメージ、しかしそれはフランス語ネイティブの訳者によるフランス語とも異なっている言語の方に引っ張っていったというのは大変興味深いことに思われます。そしてそれが、単に二言語を参照して翻訳するよりはるかにねじれた作業を訳者に要求したのでしょう。

本書の翻訳中は、刺激的でありますが、神経をかなり研ぎ澄まさなければならない時間を過ごしたことは確かです。しかし翻訳が終わってみれば、それもまた、多言語使用者の著者によって書かれた、しかもほぼ多言語使用者だけが登場する本書には図らずもふさわしい作業だったのではと思われます。

また、博学の著者による本書は、ギリシャ語、ラテン語、欧米諸語、さらにはアラビア語やヘブライ語からの引用が各章に見られるだけではなく、言語学や精神分析学からの専門用語も少なくなかったために、訳者の知識をはるかに超える学術的な部分については、名古屋外国語大学外国語学部フランス語学科の伊藤達也教授の多大なお力をお借りしました。言語学の専門用語やアルファベット文字以外の引用部分のチェック、また註、文献の確認を伊藤氏が快く引き受けてくださったおかげで、翻訳を最後まで仕上げることができたと言っても過言ではありません。学術書として誤りがないよう数度にわたる丁寧な再読を行ってくださったことに心からの感謝の意を表します。もちろん、訳文の責は全て訳者にあることは言うまでもありません。

一つの思考が本という形をとるまでには、著者以外にも、多くの人の思考と手が関わっていると、いつも思っています。今回これまでになく、そのことを実感しました。

この本が十年以上前に出てからずっと、知的な刺激に満ちた本書を、学術書としてだけではなく、広く文学に関わる人に読んでもらいたいという気持ちを持っていました。この本の翻訳を強く勧めてくれたのは、本についていつも良き話し相手であった津田新吾氏でした。大学人ではない自分が本書の翻訳をする意味は、この本が優れた文芸書でもあるという意識を持って文体を定めていく、そこ以外にはないと背中を押してくれたおかげで、本書の翻訳を手掛ける勇気が出たと言っても過言ではありません。

自分の力量を上回る内容にくじけそうになったことも一度ではありませんでしたが、本書の意義をその度に思い起こさせつつ刊行にまで導いてくださったのは、みすず書房編集部の鈴木英果さんのおかげです。深く感謝する次第です。

またその間、忍耐強く待ってくれた著者の Daniel Heller-Roazen、解釈について多くのアドヴァイスをくれたフランス語版訳者の Justine Landau にも心からのお礼を申し上げます。

翻訳を誰かに捧げるという慣習があるかどうかはわからないのですが、許されるのであれば、この本が日本語に存在する芽をつくってくれた、今は亡き津田新吾氏に邦訳を捧げたく思います。

関口涼子

二〇一八年四月十五日　ベイルートにて

現代フロイト読本 1・2	西園昌久監修 北山修編集代表	Ⅰ 3400 Ⅱ 3600
狼男による狼男 フロイトの「最も有名な症例」による回想	M. ガーディナー編著 馬場謙一訳	5400
フロイトとアンナ・O 最初の精神分析は失敗したのか	R. A. スクーズ 岡元彩子・馬場謙一訳	5500
失語症論 精神医学重要文献シリーズ Heritage	井村恒郎	3200
ダンテ『神曲』講義 改訂普及版	今道友信	14000
モンテーニュ エセー抄	宮下志朗編訳	3000
アラブ、祈りとしての文学	岡真理	3000
手話を生きる 少数言語が多数派日本語と出会うところで	斉藤道雄	2600

(価格は税別です)

みすず書房

一般言語学	R. ヤーコブソン 川本監修 田村・村崎・長嶋・中野訳	6400
音と意味についての六章	R. ヤーコブソン C. レヴィ=ストロース序 花輪光訳	2800
一般言語学の諸問題	E. バンヴェニスト 岸本通夫監訳	6500
零度のエクリチュール 新版	R. バルト 石川美子訳	2400
物語の構造分析	R. バルト 花輪光訳	2600
この道、一方通行 始まりの本	W. ベンヤミン 細見和之訳	3600
アーレント政治思想集成 1・2	齋藤・山田・矢野訳	各 5600
ピダハン 「言語本能」を超える文化と世界観	D. L. エヴェレット 屋代通子訳	3400

（価格は税別です）

みすず書房

スピノザ エチカ抄	佐藤一郎編訳		3400
知性改善論／神、人間とそのさいわいについての短論文	スピノザ 佐藤一郎訳		7800
スピノザの方法	國分功一郎		5400
知覚の現象学 1・2	M. メルロー＝ポンティ 竹内・小木・木田・宮本訳	I II	5200 5400
大人から見た子ども	M. メルロ＝ポンティ 滝浦静雄・木田元・鯨岡峻訳		3800
リトルネロ	F. ガタリ 宇野邦一・松本潤一郎訳		4800
アンチ・オイディプス草稿	F. ガタリ S. ナドー編 國分功一郎・千葉雅也訳		5800
もっとも崇高なヒステリー者 ラカンと読むヘーゲル	S. ジジェク 鈴木・古橋・菅原訳		6400

（価格は税別です）

みすず書房

哲学とはなにか	G. アガンベン 上村忠男訳	4000
身体の使用 脱構成的可能態の理論のために	G. アガンベン 上村忠男訳	5800
いと高き貧しさ 修道院規則と生の形式	G. アガンベン 上村忠男・太田綾子訳	4800
イタリア的カテゴリー 詩学序説	G. アガンベン 岡田温司監訳	4000
フッサール哲学における発生の問題	J. デリダ 合田正人・荒金直人訳	6400
他の岬 ヨーロッパと民主主義	J. デリダ 高橋・鵜飼訳 國分解説	2800
哲学への権利 1・2	J. デリダ 西山雄二・立花史・馬場智一他訳	I 5600 II 7200
ヴェール	E. シクスー／J. デリダ 郷原佳以訳	4000

（価格は税別です）

みすず書房

ダニエル・ヘラー゠ローゼン
エコラリアス
言語の忘却について
関口涼子訳

2018 年 6 月 8 日　第 1 刷発行
2019 年 5 月 16 日　第 4 刷発行

発行所 株式会社 みすず書房
〒113-0033 東京都文京区本郷 2 丁目 20-7
電話 03-3814-0131（営業） 03-3815-9181（編集）
www.msz.co.jp

本文組版 キャップス
本文印刷・製本所 中央精版印刷
扉・表紙・カバー印刷所 リヒトプランニング

© 2018 in Japan by Misuzu Shobo
Printed in Japan
ISBN 978-4-622-08709-0
［エコラリアス］
落丁・乱丁本はお取替えいたします

著者略歴

(Daniel Heller-Roazen)

1974年生．プリンストン大学教授．アガンベンの英訳者として知られる．仏・伊・独・西・露語，ラテン語・古典ギリシャ語・ヘブライ語・アラビア語に通じ，哲学・文学・歴史学・認知科学・言語学を鮮やかに論じる．著書に *The Inner Touch* (2007), *The Enemy of All* (2009), *The Fifth Hammer* (2011), *Dark Tongues* (2013), *No One's Ways* (2017) がある。

訳者略歴

関口涼子〈せきぐち・りょうこ〉1970年生．作家．フランス在住．日・仏語で創作を行い，『陰影礼賛』の仏訳者としても知られる．訳書にエシュノーズ『ラヴェル』，ラヒーミー『灰と土』『悲しみを聴く石』，シャモワゾー『素晴らしきソリボ』ほか．

索 引

ア

アウグスティヌス　Augustine of Hippo Regius　44, 45
アキテーヌ地方　98
アクセント　82
悪魔　231
『アグロソストモグラフィー（無舌口腔学）、あるいは舌がないのに話すことができ他のあらゆる機能を遂行した口について』（ロラン）　167
アジアティック・ソサエティ　115
アスコリ，グラツィアディオ　Ascoli, Graziadio　93, 97
アステリスク　121–127, 131–133, 135
アダム　Adam　233, 239–242
『アッティカの夜』（アウルス・ゲッリウス）　45
アッバース朝　227
アハ，ラビ　Aha, Rabbi　26
アブー・アル＝アリー・アル＝ファーリシー　Abū al-ʻAlī al-Fārisī　230
アブー・アル＝ハサン・アル＝マグリビー　Abū al- Ḥasan al-Maghribī　228
アブー・ヌワース　Abū Nuwās　215–217
『アブー・ヌワースの寓話』（イブン・マンズール）　215
アフリカーンス語　208
アラビア語；アダムの話した―　240–242；コーランと　64；―の詩人　227–243；方言　93, 104, 105, 112
アラム語　28, 56, 106, 114；アラビア語との関係　105
アリー，イブン・マンスール　ʻAli ibn Manṣūr, Ibn al-Qāriḥ　→「イブン・アル＝カーリフ」を参照
アリストテレス　Aristotle　16
アル＝ジャーヒズ　al-Jāḥiẓ　145–149
アル＝シャンマーフ・イブン・ディラール　al-Shammākh ibn Dirār　236
アル＝ナービガ・アル＝ジャアディー　al-Nābigha al-Ja'dī　235
アル＝ハイタウール　al-Khaita'ūr　233, 234
アル＝ハリジ　al- Ḥarizi　64
アル＝ハンサー　al-Khansā'　231
アル＝マアッリー，アブー・アル＝アラー　al-Maʻarrī, Abū al-ʻAlā　227–230, 235, 236, 242
アル＝マルズバーニー　al-Marzubānī　233
アルバニア語　97, 118
「ある一つの音の死についての哀歌」（クラウス）　52
アルモリカ　74, 75
アレクサンドリアのフィロン　Philo Judaeus　247, 248
アレゴリー　140
アーレント，ハンナ　Arendt, Hannah　142, 143
アングロサクソン語　94
アングロサクソン人　94
アンデルセン，オレ・スティグ　Andersen, Ole Stig　72, 73, 75
イヴ　Eve　172
イェフダ・ハレヴィ　Yehuda ha-Levi　58
イオ　Io　137–141, 143
イギリス　46, 69
意識と記憶　159–161
イスハーク・アブー・イブラヒーム・イブン・バルーン　Yiṣḥaq Abū Ibrāhim ibn Barūn　114
イスラエル国家　107–110

イスラエルの民　27, 28
イスラーム　57, 145, 231, 237
イタリア　46, 61, 73, 95-98
イタリア語　65, 79, 95, 96, 113, 118, 249；基層　95；「死んでいる」言語　67；帯気音　95；方言　73；ラテン語と　79
イタリアのユダヤ人　61
一人称と死　177-180
『一般言語学講義』（ソシュール）　129
イディッシュ語　94, 103, 109-111
イブン・アル＝カーリフ　Ibn al-Qāriḥ　227-240, 242, 243
イブン・マンズール　Ibn Manẓūr　215, 217
意味論　81
イムルー・アル＝カイス　Imru'al-Qays　232, 234
イラク　232, 233, 239
『イル・ポリト』（トロメイ）　46
インターネット　72
「インド人について」（ジョーンズ）　115
『インド人たちの言語と英知について』（シュレーゲル）　117
インド＝ヨーロッパ語　118-121, 123, 124, 126-131, 135, 172, 173；構造主義と　129, 130；—文献学　135
『インド＝ヨーロッパ語学序説』(セメレーニ)　123, 127
『インド＝ヨーロッパ語族の語源研究』（ポット）　119
ヴァルキ，ベネデット　Varchi, Benedetto　66, 68
ヴァルコフ，マリウス　Valkhoff, Marius　94
「ヴァルデマール氏の病症の真相」（ポー）　173-181
ヴァルトブルク，ヴァルター・フォン　Wartburg, Walther von　93
ウァロ　Varro　104
ヴァンドリエス，ジョゼフ　Vendryes, Joseph　74, 76, 80, 84, 85
ヴィウの谷　73, 76, 77
ウィクトリヌス，マリウス　Victorinus, Marius　43
ヴィヨン，フランソワ　Villon, François　83
ウェクスラー，ポール　Wexler, Paul　109, 110
ヴェーダ語　121
ヴェリア方言　74, 97
ウェルニッケ，カール　Wernicke, Carl　151
ヴェロネーゼ・グアリノ　Veronese, Guarino　104
ヴォルフ，クリスティアン　Wolff, Christian　49
『失われた時を求めて』（プルースト）　91
歌うこと　148, 149
ウディナ，アントニオ　Udina, Antonio　74
ウビフ語　72, 73, 75
「ウビフ語の埋葬」（アンダーソン）　72, 73, 75
ウマイヤ朝　237
ウルフソン，ルイス　Wolfson, Louis　203-210, 213, 214
英語　48, 49, 113, 187, 194；古英語　40, 48, 94；スカンジナビア起源の　94；—の音韻体系　17；母語を忘れる　203-210, 213, 214
『英語書記法改正論』（スミス）　48
『英知の書』（アル＝ハリジ）　64
エジプト　105, 106
『エセー』（モンテーニュ）　86
エセンチ，テヴフィク　Esenç, Tevfik　73, 75, 77
エチオピア　104
『エチカ』（スピノザ）　145
エトルリア語　66
エマソン，ラルフ・ワルド　Emerson, Ralph Waldo　91
『エルコラーノ』（ヴァルキ）　66
オイル語　83
オウィディウス　137, 138, 140, 143, 144
オウム　172

『王立科学アカデミー論集』　169
『大いなるシステムについての対話』（ランドルフィ）　219
オック語　97；古オック語　66, 249
『オデュッセイア』（ホメロス）　80
オーデン，W・H　Auden, W. H.　143
オノマトペ　13-16, 19
オランダ語　208
『音韻論の原理』（トルベツコイ）　15, 31
音声　10, 11, 22, 84, 97, 104-106, 110, 158
音声学　34, 57, 81, 94, 95, 172, 203-214
音声形式　57
音素　11, 15, 17, 31-37, 42, 46, 95, 99, 171, 207, 209

カ

『快原理の彼岸』（フロイト）　158
外国語　184-201；一を話す能力　154；一を忘れる　195, 197-199；母語と　204, 205, 209, 210
解釈学　56
解剖学協会（パリ）　151
ガウス，ギュンター　Gaus, Günter　142
科学　130, 134, 141, 211, 229
『カスティリャ語正書法規範』（ネブリハ）　47
カスピ，ジョゼフ　Caspi, Joseph　59
カタルーニャ語　96
カトゥルス　44
カネッティ，エリアス　Canetti, Ellias　185-199
カバラ　22
カフカ，フランツ　Kafka, Franz　103, 164, 165
ガベレンツ，ハンス・コノン・フォン・デア　Gabelentz, Hans Conon von der　124
ガーベル，アイリーヌ　Garbell, Irene　104
ガリア地方　82, 97
カルデア人　55
感嘆詞　13-19
間投詞　16-19
記憶　242, 256；失語症と　159, 160, 164, 165；第二の言葉と　193, 197；忘却と　216, 217
気音　41-45, 48
機械音　14, 19
危機に瀕する言語支援基金　69
危機に瀕する言語支援プロジェクト　69
キケロ　Cicero　104
基層理論　93, 99, 104, 105, 110
「危篤の」言語　68
狭窄音　11, 31, 113
共時言語学　131
「炬火」　211
強勢母音　82
キリト，アブデルファタ一　Kilito, Abdelfattah　216, 217, 242
キリル文字　40　→「ロシア語」も参照
ギリシャ語　66, 104, 114, 247；インド＝ヨーロッパ語と　121, 125；第一人称　179　→「ギリシャ文字」も参照
『ギリシャの神』（スヴェンブロ）　179
ギリシャ文字　39, 40, 42, 43
ギンネケン，ヤコブス・ファン　Ginneken, Jacobus van　99
「近代ヘブライ語の分裂的な特質――セム語の過去を探求するスラヴ系言語」（ウェクスラー）　109
クインティリアヌス　Quintilian　43
偶像崇拝　252, 253
グッツマン，ヘルマン　Gutzmann, Hermann　171
クラウス，カール　Kraus, Karl　52, 211, 213
クラウス，マイケル　Krauss, Michael　68
グラースハイ，フバート・E　Grashey, Hubert E.　155
『クラテュロス』　114
グラフ，エーベルハルト・ゴットリープ　Graff, Eberhard Gottlieb　124
クリスタル，デイヴィッド　Crystal, David　72
グリム，ヴィルヘルム　Grimm, Wilhelm

120
グリム，ヤーコプ　Grimm, Jacob　117, 120
グルーバー，グスタフ　Gröber, Gustav　96, 97
クレオール語　93, 103
形態論　116
啓蒙思想　49
ゲッリウス，アウリス　Gellius, Aulus　45, 46
ゲーテ，ヨハン・ヴォルフガング・フォン　Goethe, Johann Wolfgang von　199
ケルト語　97-99, 112, 116, 118；アイルランド語と　98；インド＝ヨーロッパ語と　100；ケルト語仮説　87-99
ゲルマン系言語　61, 118, 208
言語　14-15；音声の消滅　31-38；書きとどめること　72；神の言葉　29；間投詞と　17；木のメタファー　64, 65；共時言語学　131, 132；芸術の誕生と　220,225；言語理論　16, 211；廃れた文字　39-53；存在しない―　222-225；定義　19；―と時間　84, 144, 229, 241, 249；―における推移　103-112；―のアイデンティティと差異　71；―の音声学体系　149；―の変わりやすさ　85；―の層　91-101；―の発達　14；―のバベル的混乱　245-257；―の復活　107, 108；―の変容　144, 249, 250；脳の部位と　151-154；有機的メタファー　64-68；幼児の言語獲得　9-14；流離　55-62
言語学　10, 22, 48, 55, 67, 72, 80, 92, 93, 105, 111, 115, 117, 121-123, 126, 127, 129-132, 134, 135
言語学者　31-34, 37, 40, 41, 68-79, 82, 88, 93, 97, 100, 101, 104-111, 119, 121, 129, 134, 135, 149, 150, 210, 222
言語装置　150, 152-154, 157-159
言語と生物学　70, 71, 80, 85；言語の変動性　85；人種のイデオロギー　100
言語と地質学　91-101, 111, 112
「言語の混乱について」（フィロン）　247
言語の死　63-78, 84, 107；新しい言語への変容　80-82, 84；「読むことのできない」言語　224
言語の消滅　55-57
言語の「潜伏期間」　100, 101
『言語の対話』（スペローニ）　65
言語の誕生　79-89, 107
言語の変身　140-144
語彙　94, 104, 105, 109, 110, 114, 116, 119, 120, 124, 154, 220, 232
語彙研究　119
語彙素　122, 208, 209
『光輝の書』　23, 28
コウジル，ウォレン　Cowgill, Warren　127
構造主義　129-135, 209
国際音声記号　207
『告白』（アウグスティヌス）　44
『語源』（セビリャのイシドルス）　64
語源（学）　119, 120, 180, 208, 240, 242
ココシュカ，オスカー　Kokoschka, Oskar　195
コシュヴィッツ，エドワード　Koschwitz, Eduard　96
古代イスラエル　56
古代ギリシャ　39, 179
古代ローマ　46, 79, 104
衍する言語　12
国家アイデンティティ　100
ゴットヘルフ，ベルクシュトレッサー　Bergsträsser, Gotthelf　109
古典古代　65, 67, 104；語源の推測　120；墓碑　179, 180
ゴート語　116, 121, 122, 124, 125
『ゴート語語彙集』（ガベレンツとロエベ）　124, 125
「ゴート語における接尾辞 Ka」（マイヤー）　125
『言葉の意味について』（ポンペイウス・フェストゥス）　114
言葉の残余　156-158, 163, 164
「言葉の民」　229
ゴドフレイ，アーノルド・E　Arnold, Godfrey E.　172

子供　9-12；オノマトペと　13-15；言語の消滅と　68
コーナー，E・F・K　Koerner, E.F.K.　124
語尾変化　81
コプト語　105, 106
コーラン　56, 64, 114, 233, 240
コルヌリエ，ブノワ・ド　Cornulier, Benoît de　36
コーンウォール語　74, 76

サ

サアラバ・イブン・ウカーマ　Thaʻlaba ibn ʻUkama　235
最終母音　82
作詩法　36, 57, 58, 237
サーディーア・ガオン　Saʻadīa Gaon　56
サーディーア・ベン・マイムーン・イブン・ダナーン　Saʻadīa ben Maimūm ibn Danan　57
サンスクリット　115-117, 124, 125
『サンスクリット語文法大全』（ベンファイ）　125
「サンヘドリン」（タルムードの教典）　252
死　77, 86, 99；基層　93
子音　15, 27；フランス語の―　31, 32；ロシア語の―　208, 209
シオニスト　109, 110
歯音　11, 21
辞書　120
視神経　152, 153
詩人と地獄　230-233
舌　17, 75, 99, 167-181, 183, 206
「「舌のない少女」が、この器官に属する機能を果たすやり方について」（ジュシュー）　169, 170
失語症；―と形容詞　155；―と名詞　155；フロイトにおける　150-164；ヤコブソンにおける　13, 149, 150
『失語症の理解に向けて――批判的研究』（フロイト）　150, 156, 158-160, 163, 164
失書症　155
シーバワイヒ　Sībawayh　22
社会言語学者　68
『シャンフルーリーまたは真の文字配分に関する芸術と科学』（トリー）　47, 141
『宗教に関する思索』（ダム）　49, 50
ジュシュー，アントワーヌ・ド　Jussieu, Antoine de　169-171
シューハルト，フーゴー　Schuchardt, Hugo　93
シュライヒャー，アウグスト　Schleicher, August　118, 121-124, 126
シュレーゲル，フリードリヒ　Schlegel, Friedrich　117
上層　93
「象徴不能」　155
書記素　40, 46, 48-51
ショーレム，ゲルショム　Scholem, Gershom　28
ジョーンズ，サー・ウィリアム　Jones, Sir William　115-118
シリア　227, 239
シリア語　55
『詩論』（ホラティウス）　64
唇音　11, 16, 33
神学　28, 56, 172, 229
『神曲』（ダンテ）　229, 242
神経学　150, 151, 160
人種に関するイデオロギー　100
「ジンたちの詩」（アル＝マルズバーニー）　233
人文主義者　47, 67, 104
新ラマルク説　80
スヴェンブロ，ジェスペル　Svenbro, Jesper　179, 180
数学　207
『救われた舌』（カネッティ）　185
スティロ，アエリウス　Stilo Aelius　104
「ストラスブールの誓約」　83, 88
ストラヴィンスキー，イゴール　Stravinsky, Igor　196
スピノザ，バルーフ　Spinoza, Baruch　22, 145

スファラディ系ユダヤ人　185
スペイン　46, 61, 62, 95, 161
スペイン語　47, 48, 95, 185, 192, 196
スミス，サー・トーマス　Smith, Sir Thomas　48
スラヴ語　15, 61, 118, 197, 198, 208；古代教会スラヴ語　40
スワヒリ語　207
正書法　40, 45-51, 95
精神神経症　161
精神分析　150, 158, 177
生成文法　131
征服による言語の変質　92, 93
『清明の書』　22, 28
声門閉鎖音　17, 21
セビリャのイシドルス　Isidore of Seville　64, 120
セメレーニ・オスヴァルト　Szemerényi, Oswald　123, 127
セム語　56, 57, 105, 108-110
『セム諸語入門』（ベルクシュトレッサー）　109
セルキリーニ，ベルナール　Cerquiglini, Bernard　81, 83
俗語　65-67, 84
『俗語とフランス語の多様性の差異についての書』（ボヴェル）　47
『俗語論』（ダンテ）　18, 84, 183, 249, 250, 251
ソクラテス　Socrates　114
祖語　118, 119, 121, 123, 124
ソシュール，フェルディナン・ド　Saussure, Ferdinand de　129
ソビエト連邦　40
ソブヒー，ジョージ　Sobhy, George　105

タ

大脳皮質　152, 153, 155, 159
ダヴァンザーティ，ベルナルド　Davanzati, Bernardo　67
タージュ　56；タルグム（タージュのアラム語訳）　56
タミーム・イブン・ウバイ　Tamīm ibn Ubai　236,237
ダム，クリスティアン・トビアス　Damm, Christian Tobias　49
タルムード　27, 28, 56, 113, 252, 253, 256
ダンテ，アリギエーリ　Dante Alighieri　18, 19, 84, 183-185, 199, 200, 229, 230, 249-252；言語の混乱について　249；最初の言語について　183, 184
チェコ語　21, 195, 197-199, 208
中国語　204
注釈研究　56
中世　46, 61, 84, 114, 117, 120, 145, 183, 184, 229
中世のアラブ・イスラーム世界　145, 215-217
中世フランス語　83
中東　104
調音　10, 22, 33
チョムスキー，ノーム　Chomsky, Noam　130, 131, 133, 134
地理的アイデンティティ　72
ツヴェターエワ，マリーナ　Tsvetaeva, Marina　199, 200
ディーツ，フリードリヒ　Diez, Friedrich　93
テッラチーニ，ベンヴェヌート　Terracini, Benvenuto　73, 76, 77, 80, 85
デュナーシュ・ハレヴィ・ベン・ラブラット　Dunash ha-Levi ben Labrat　57, 58
デュラン，ピエール　Durard, Pierre　167, 169
デンマーク語　17
ドイツ語　15, 17, 94, 113, 199；アーレントと　142, 143；イディッシュ語と　103；外国語として学ばれた―　186-195；言語学と　115; 古高ドイツ語　124；―の音韻体系　15；―の忘却と蘇り　207-209；hという文字　49-51；「分裂病の学生」と　204, 207-209；
『ドイツ語辞典』（グリム兄弟）　120

『ドイツ語文法』（グリム）　118
『統合音声のためのアーカイヴ』第三巻　172
動詞　81, 94, 156
統辞　81,131, 133, 135
『統辞構造論』（チョムスキー）　130-132
『島嶼ケルト語の動詞の接続形及び絶対形語尾の諸起源』（コウジル）　127
『統辞論の諸相』（チョムスキー）　130, 133
ドゥルーズ，ジル　Deleuze, Gilles　203, 205
動物　16, 145-148
『動物の書』（アル＝ジャーヒズ）　145, 148
動物の鳴き声　14, 19
東洋学者　104
ドストエフスキー，フョードル　Dostoyevsky, Fyodor　255, 256
ドナトゥス　Donatus　63
トーラー　23-26, 28, 252
トリー，ジョフロワ　Tory, Geoffroy　47, 141, 142
トリッシノ，ジョヴァン・ジョルジョ　Trissino, Giovan Giorgio　47
トルベツコイ，ニコライ・セルゲーエヴィチ　Trubetskoi, Nikolai Sergeevich　14-17, 31, 129
トロメイ・クラウディオ　Tolomei, Claudio　46

ナ

ナービガ・バヌー・ドゥビヤーン　Nābigha Banū Dhubyān　235
喃語　9-12, 165
二言語併用社会の半言語　107
西コーカサス言語　73
二重母音　206
ニタール　Nithard　83
『日常世界の精神病理』（フロイト）　158
日本語　93
ネブカドネザル　Nebuchadnezzar　56
ネブリハ，アントニオ・デ　Nebrija, Antonio de　47, 49
ネンニウス　Nennius　74
脳と言語　151-155

ハ

ハイネ，ハインリヒ　Heine, Heinrich　41
ハウスホルダー，F・W　Householder, F. W.　132
バグダード　227, 232
『白痴』（ドストエフスキー）　255, 256
破擦音　172
『ハザールの書』（イェフダ・ハレヴィ）　58
発音　107
『発語形成論』（ヘルワーグ）　172
歯と発語　171, 172
バベルの塔　51, 214, 245, 248, 256, 257
ハマン，ヨハン・ゲオルグ　Hamann, Johann Georg　50-52
ハラフ・アル＝アフマール　Khalaf al-Aḥmar　215-217
「パリ情景」（ボードレール）　254
パリス，ガストン　97, 98
ハリール・イブン・アフマド　al-Khalīl ibn Aḥmad　237-239
バルト，ロラン　Barthes, Roland　177, 178
バルトーク，ベラ　Bartók, Béla　196
ハールーン・アッ＝ラシード　Hārūn al-Rashīd　211
パレスチナ　105, 106, 109
半子音　31
ピジン　103
『ヒステリー研究』（フロイト、ブロイラー）　164
ピダル，ラモン・メネンデス　Pidal, Ramón Menéndez　100
ビューラー，ゲオルグ　Bühler, Georg　126
ヒューリングス・ジャクソン，ジョン　Hughlings Jackson, John　151, 154, 156
表記　210
ピョートル一世　Peter the Great　40

ファーティマ朝　227, 228
フィリポン，エドアール・ポール・ルシアン　Philipon, Edouard Paul Lucien　97-98
母音　10, 12, 15, 22, 31, 32, 34, 37, 42-44, 47, 48, 52, 82, 96-98, 101, 106
フェストゥス，ポンペイウス　Festus, Pompeius　114
フォーリエル，クロード・シャルル　Fauriel, Claude Charles　93
『「不思議のメモ帳」についての覚え書き』（フロイト）　158
プトレマイオス期のアレクサンドリア　42, 63
部分的な言語の移行　110
フマイド・イブン・タウール　Ḥumaid ibn Thaur　237
プラハ学派　14
フランス　46, 95, 98
フランス語　15-17, 66, 83, 85, 191, 203；古フランス語　96, 249；一の音声体系　31；一の基層となる語　95-97；中世フランス語　83；「フランス語の誕生」　83, 88；文法学者　47；「分裂病の学生」と　203, 204, 206；歴史研究　83, 98, 99
『フランス語語源辞典』（ブロック、ヴァルトブルク）　120
『フランス語の体系文法』（リーゲル、ペラ、リウール）　33
『フランス語の擁護と顕揚』（ベレー）　66
フリギア語　114
フリース，ヴィルヘルム　Fliess, Wilhelm　151, 159, 160, 163
「古いフランス語によるバラード」（ヴィヨン）　83
プリスキアヌス　Priscian　43, 46, 63
ブルガリア　185, 189
ブルガリア語　41, 192-195, 197, 198, 208
ブルークマン，カール　Brugmann, Karl　180
ブルトン語　75
ブレッズドルフ，ヤコブ・ホーネマン　Bredsdorff, Jakob Hornemann　92
フロイト，ジグムント　Freud, Sigmund　150, 156, 213；失語症と言語装置　150-164；ヒステリー研究　164
ブロイラー，ヨーゼフ　Breuer, Josef　164
プロヴァンス地方のユダヤ人　61
ブローカ，ポール　Broca, Paul　151
ブロツキー，ヨシフ　Brodsky, Joseph　60, 61, 143, 144
プロテウス（海の神）　80
『文法上の不明瞭な点について』（トリッシノ）　47
文法；科学としての　130-134；形態論と　117；言語交替と　106；死と発語　177；ヘブライ語の　108；忘却と　213；母語と　184；
文法学者　22；アラビア語の　227, 230, 137；英語の　48；ギリシャの　42, 63；古代ローマ時代の　46；中世の　114；ヨーロッパの　46, 47
『分裂病者と諸言語、または精神病患者における音声学（分裂病の語学生によるエスキス）』（ウルフソン）　203-210, 214
ベッカー，フィリップ・アウグスト　Becker, Philipp August　99
ベドゥイン　57, 104
ヘブライ語　21-29, 209, 247；アラム語と　79；イスラエル国家と　107-111；イディッシュ語の起源としての　94；「聖なる言語」としての　64；文法分析　114；
流離と　56-61
『ヘブライ語文法綱要』（スピノザ）　22
ヘブライ語聖書　25, 55；創世記　245-247；ダニエル書　55
ヘブライ文字　23, 56, 108, 209　→「ヘブライ語」も参照
ペラ，ジャン＝クリストフ　Pellat, Jean-Christophe　33
ヘリアス，ペトルス　Helias Petrus　46
ベルク，アルバン　Berg, Alban　196
ペルシャ語　115-118, 215, 220-223, 225
ヘルワーグ，クリストフ　Hellwag, Christoph

172
ベレー，ジョアシャン・デュ　Bellay, Joachim du　66
『ベレシート・ラバー』　25
ヘレニズム時代　42
『変身物語』（オウィディウス）　137
ペントレス，ドリー　Pentreath, Dolly　74, 76, 77
ベンファイ，テオドール　Benfey, Theodor　125
ベンボ，ピエトロ　Bembo, Pietro　65, 104
ベンヤミン，ヴァルター　Benjamin, Walter　211, 254, 256, 257
『弁論家の教室』（クインティリアヌス）　43
ポー，エドガー・アラン　Poe, Edgar Allan　173
ボヴェル，シャルル・ド　Bovelles, Charles de　47
忘却；バベルによる言語の混乱　250, 251, 254, 257；発音　12；楽園の忘却　235–243
方言　104–106, 112
傍層　93, 94, 108
母語　183, 184；言語獲得と　11, 12；失語症と　154；；第二言語と 185, 190–195, 199, 200；忘却と　74, 143
ポコルニー，ユリウス　Pokorny, Julius　100
「星付け」　123
ポット，アウグスト　Pott, August　119
ボップ，フランツ　Bopp, Franz　117, 118
ボードレール，シャルル　Baudelaire, Charles　254
墓碑　178–180
ホメロス　Homer　39, 63, 80
ホラティウス　Horace　64
ポーランド語　208
ホルダー，ウィリアム　Holder, William　49
ポルトガル語　96
「翻訳者の使命」（ベンヤミン）　254

マ

マイモニデス　Maimonides　23–24, 25.
マイヤー，レオ　Meyer, Leo　126, 133
マイヤー＝リュプケ，ヴィルヘルム　Meyer-Lübke, Wilhelm　97, 99
摩擦音　14, 41, 171
「マコット」篇（タルムード）　27
『迷える人々のための導き』（マイモニデス）　27, 28
マラルメ，ステファヌ　Mallarmé, Stéphane　35
マルティネ，アンドレ　Martinet, Andrée　34
ミシガン言語学院　132
ミルネール，ジャン＝クロード　Milner, Jean-Claude　118
無気音（優しい気音）　43
メイエ，アントワーヌ　Meillet, Antoine　82, 99
『命題論』（アリストテレス）　16
メタファー　150, 177
『眼の戯れ』（カネッティ）　195
メディア　71
メデイチ，ロレンツォ・デ　Medici, Lorenzo de'　65
メトニミー　150
メナヘム・ベン・サルーク　Menaḥem ben Saruq　58
メルロ，クレメンテ　Merlo, Clemente　99
『文字 H の新たな弁明』（ハマン）　50–52
モーセ五書　55, 56
モンテーニュ，ミシェル・ド　Montaigne, Michel de　86, 87

ヤ

ヤクート語　104
ヤコブソン，ロマン　Jakobson, Roman　149, 150；舌の役割　171, 172；チェコ語と　21；喃語　9–11；発声器官

172；幼児の言語の獲得　13, 14
ヤナーチェク，レオシュ　Janáček, Leoš　196
有気音（粗い気音）　43, 53
ユダヤ教　22, 26
ユダヤ人　56, 57, 61, 64；スファラディ　185；ヘブライ語と　107
『夢解釈』（フロイト）　158
『許しの書簡』（アル＝マアッリー）　228–243
『幼児言語と言語の欠如』（グーツマン）　171
「幼児言語、失語症および一般音法則」（ヤコブソン）　9, 13, 149
抑圧　161–163

ラ

ラディーノ語　185, 192–194, 198, 199
ラテン語　19, 42–46, 48, 99；イタリア語と　65, 79；ギリシャ語と　104,114；サンスクリット語と　116；死んだ言葉　65；第二言語としての　184；一の歴史　64, 65；フランス語への移行　81–83, 88, 95, 96, 98, 99；分類学と　94
ラビ・イルメヤ　Jeremiah, Rabbi　252, 253
ラビ・エレアザル・バル・アヴィナ　Eliezer, Rabbi　26
ラビ・ナタン　Nathan, Rabbi　252
ラビ・メンデル・フン・リマノフ　Mendel of Rymanów, Rabbi　28
ラビ・ヨーナ　Yoma, Rabbi　25
ラビ・ヨハナン　Jonathan, Rabbi　253
ラビ・レヴィ　Levi, Rabbi　25
ランドルフィ，トンマーゾ　Landolfi, Tommaso　219
リウール，ルネ　Rioul, René　33
リーゲル，マルタン　Riegel, Martin　33
リヒトハイム，ルードヴィヒ　Lichtheim, Ludwig　151
リルケ，ライナー・マリア　Rilke, Rainer Maria　199
『ルイ敬虔王の息子たちの歴史』（ニタール）　83
ルネサンス　48, 61, 65, 67, 141
ルペローニ，スペローネ　Speroni, Sperone　65, 66
ルーマニア語　96
歴史　91
歴史家　74, 82, 83
「歴史言語学における「星付け」の歴史」（コーナー）　124
レバノン方言　105
レンツ，ルドルフ　Lenz, Rudolf　98
ロエベ，ジュリウス　Loebe, Julius　124
ロシア語　42, 113, 199, 206, 208, 209
「ローヌ川地域におけるラテン語の長母音 u」（フィリポン）　98
ローマ字　43
ロマンス語　61, 81, 97；方言　74；ロマンス語学者　93, 105
『ロマンス語学研究入門』（マイヤー＝リュプケ）　97
『ロマンス語文献学要綱』　96
ロラン，ジャック　Roland, Jacques　167–169
論理学　16

ワ

忘れえぬもの（ベンヤミン）　243–256

参考文献

Abrams, Daniel (ed.), *The Book Bahir: An Edition Based on the Earliest Manuscripts* (Los Angeles: Cherub Press, 1994).

Al-Jāḥiẓ, *Le Cadi et la mouche: Anthologie de Livre des Animaux*, ed. and trans. Lakhdar Souami (Paris: Sinbad, 1988).

Allen, W. Sidney, *Vox Graeca: A Guide to the Pronunciation of Classical Greek*, 3rd ed. (Cambridge, UK: Cambridge University Press, 1987).

————, *Vox Latina: A Guide to the Pronunciation of Classical Latin*, 2nd ed. (Cambridge, UK: Cambridge University Press, 1978).

Allony, Nehemia, *Torat ha-mishkalim* (Jerusalem: Hebrew University Press, 1951).

Andersen, Ole Stig, "The Burial of Ubykh," in *Abstracts for the Open Forum*, supplement to Nicholas Ostler (ed.), *Endangered Languages: What Role for the Specialist? Proceedings of the Second FEL Conference, University of Edinburgh, 25–27 September 1998* (Bath: Foundation for Endangered Languages, 1998).

Arendt, Hannah, *Essays in Understanding, 1930–1954*, ed. Jerome Kohn (New York: Harcourt Brace Jovanovich, 1994).〔ハンナ・アーレント『アーレント政治思想集成 1——組織的な罪と普遍的な責任』『アーレント政治思想集成 2——理解と政治』齋藤純一・山田正行・矢野久美子訳、みすず書房、2002年〕

Asadowski, Konstantin (ed.), *Rilke und Russland: Briefe, Erinnerungen, Gedichte* (Berlin: Aufbau-Verlag, 1986; Frankfurt: Insel, 1986).

Ascoli, Graziadio, "Una lettera glottologica," *Rivista di filologia e d'istruzione classica* 10 (1882), pp. 1–71.

Asín Palacios, Miguel, *La escatología musulmana en la "Divina Comedia,"* 4th. ed. (Madrid: Hiperión, 1984).

Aslanov, Cyril, *Le Provençal des juifs et l'hébreu en Provence: Le Dictionnaire* "Šaršot ha-Kesef " de Joseph Caspi (Paris: Peeters, 2001).

Augustine, *Confessions*, trans. R. S. Pine-Coffin (London: Penguin, 1961).〔聖アウグスティヌス『告白』(上下) 服部英次郎訳、岩波文庫、1976年〕

Baneth, David H. (ed.), *Kitāb al-radd wa'l-dalīl fī l-dīn al-dhalīl* (Al-Kitāb al-khazarī) (Jerusa-

lem: Magnes Press, 1977).

Barthes, Roland, "Analyse textuelle d'un conte d'Edgar Poe," in Claude Chabrol (ed.), *Sémiotique narrative et textuelle* (Paris: Larousse, 1973), pp. 29–54.〔ロラン・バルト「エドガー・ポーの一短編のテクスト分析」『記号学の冒険』花輪光訳、みすず書房、1988年〕

Barūn, Ibn, *Arabic Works on Hebrew Grammar and Lexicography*, ed. PinchasWechter (Philadelphia: Dropsie College for Hebrew and Cognate Learning, 1964).

Becker, Philipp August, *Die Heiligsprechung Karls des Grossen und die damit zusammenhängenden Fälschungen* (Leipzig: S. Hirzel, 1947).

Benavente Robles, Santiaga (ed.), *Tešubot de los discípulos de Menahem contra Dunaš ben Labrat: Edición del texto y traducción castellana*, rev. and completed by Angel Sáenz-Badillos (Granada: Universidad de Granada, 1986).

Bendavid, Aba, *Leshon miḳra u-leshon ḥakhamim*, 2 vols. (Tel Aviv: Devir, 1967–71).

Benfey, Theodor, *Vollständige Grammatik der Sanskritsprache* (Leipzig: n.p., 1852).

Benjamin, Walter, *Gesammelte Schriften*, 7 vols., ed. Hermann Schweppenhäuser and Rolf Tiedemann (Frankfurt: Suhrkamp, 1972–91).〔ヴァルター・ベンヤミン『ベンヤミン・コレクション』(全7巻) 浅井健二郎編訳、ちくま学芸文庫、1995–2014年〕

Bergsträsser, Gotthelf, *Einführung in die semitischen Sprachen: Sprachproben und grammatische Skizzen* (München: Huebner, 1928).

Bishai, Wilson B., "Coptic Grammatical Influence on Egyptian Arabic," *Journal of the American Oriental Society* 82 (1962), pp. 285–89.

———, "Nature and Extent of Coptic Phonological Influence on Egyptian Arabic," *Journal of Semitic Studies* 6 (1961), pp. 175–81.

———, "Notes on the Coptic Substratum in Egyptian Arabic," *Journal of the American Oriental Society* 80 (1960), pp. 225–29.

Blachère, Régis, "Ibn al-Qārih et la genèse de l'épître du pardon d'al-Ma'arrī", in *Analecta* (Damascus: Institut Français de Damas, 1975), pp. 431–42.

Bolognesi, G., "Sul termine 'Indo-Germanisch,'" in P. Cipiriano, P. Di Giovine, and M. Mancini (eds.), *Miscellanea di studi linguistici in onore di Walter Belardi*, 2 vols. (Roma: Calamo, 1994), pp. 327–38.

Bopp, Franz, *Über das Conjugationssystem der Sanskritsprache in Vergleichung mit jenem der griechischen, lateinischen, persischen, und germanischen Sprachen*, ed. Karl Joseph Windischmann (Hildesheim: Olms, 1975).

Borst, Arno, *Der Turmbau von Babel: Geschichte der Meinungen über Ursprung und Vielfalt der*

Sprachen und Völker, 7 vols. (Stuttgart: Anton Hiersemann, 1959).

Bovelles, Charles de, *Sur les langues vulgaires et la variété de la langue française: Liber de differentia vulgarium linguarum et Gallici sermonis varietate (1533)*, ed. Colette Dumont-Demaizière (Paris: Klincksieck, 1973).

Breuer, Josef, and Sigmund Freud, *Studien über Hysterie* (Leipzig: Franz Deuticke, 1893).

Broadbent, William Henry, "A Case of Peculiar Affection of Speech, with Commentary," *Brain* 1 (1878–79), pp. 484–503.

Broca, Paul, "Remarques sur le siege [sic] de la faculté du langage articulé suivies d'une observation d'aphémie (perte de la parole)," *Bulletins de la Société Anatomique de Paris, XXXVIe année* (1861), pp. 330–57.

Brodsky, Joseph, *On Grief and Reason: Essays* (New York: Farrar, Straus and Giroux, 1995).〔ヨシフ・ブロツキイ『私人――ノーベル賞受賞講演』沼野充義訳、群像社、1996年〕

Brugmann, Karl, *Die Demonstrativpronomina der Indogermanischen Sprachen* (Leipzig: Teubner, 1904).

Bühler, Georg, "Das gothische zd," *Zeitschrift für vergleichende Sprachforschung* 8 (1859), pp. 148–52.

Campanile, Enrico, "Le pecore dei neogrammatici e le pecore nostre," in A. Quattordio Moreschini (ed.), *Un periodo di storia linguistica, i neogrammatici: Atti del Convegno della società italiana di glottologia (1985)* (Pisa: Giardini, 1986), pp. 147–51.

————, (ed.), *Problemi di sostrato nelle lingue indoeuropee* (Pisa: Giardini, 1983).

Canetti, Elias, *Das Augenspiel: Lebensgeschichte, 1931–1937* (München: C. Hauser, 1985).〔エリアス・カネッティ『眼の戯れ――伝記1931–1937』岩田行一訳、法政大学出版局、1999年〕

————, *Die gerettete Zunge: Geschichte einer Jugend* (Zurich: Erben, 1977; rpt., Frankfurt: Fischer, 1979), *The Tongue Set Free*, trans. Neugroschel (London: Continuum, 1974).〔エリアス・カネッティ『救われた舌――ある青春の物語』岩田行一訳、法政大学出版局、1981年〕

Cannon, Garland, *The Life and Mind of Oriental Jones: Sir William Jones, the Father of Modern Linguistics* (New York: Cambridge University Press, 1990).

Catullus, Tibullus, Pervegilium Veneris, ed. and trans. F. W. Cornish, J. P. Postgate, J. W. Mackail, 2nd ed., rev. by G. P. Goold (Cambridge, MA: Harvard University Press, 1962).

Celan, Paul, *Der Meridian: Endfassung, Entwürfe, Materialen*, ed. Bernhard Böschenstein and Heino Schmull, with Michael Schwarzkopf and Christiane Wittkop (Frankfurt: Suhrkamp,

1999).

Cerquiglini, Bernard, *La Naissance du français* (Paris: Presses Universitaires de France, 1991).〔ベルナール・セルキリーニ『フランス語の誕生』、瀬戸直彦・三宅徳嘉訳、白水社、1994年〕

Chomsky, Noam, *Aspects of the Theory of Syntax* (Cambridge, MA: MIT Press, 1965).〔ノーム・チョムスキー『文法理論の諸相』安井稔訳、研究社、1997年、ノーム・チョムスキー『統辞理論の諸相——方法論序説』福井直樹・辻子美保子訳、岩波文庫、2017年〕

————, Syntactic Structures (The Hague: Mouton, 1957).〔ノーム・チョムスキー『文法の構造』勇康雄訳、研究社、1963年、ノーム・チョムスキー『統辞構造論 付『言語理論の論理構造』序論』福井直樹・辻子美保子訳、岩波文庫、2014年〕

Chomsky, William (Zev), *Ha-lashon ha-ivrit be-darkhe hitpatḥutah* (Jerusalem: R. Mas, 1967).

Cohen, A., "Arabisms in Rabbinic Literature," *Jewish Quarterly Review* 3 (1912–13), pp. 221–333.

Cornulier, Benoît de, *Art poëtique: Notions et ploblèmes de métrique* (Lyons: Presses Universitaires de Lyon, 1995).

————, "Le Droit de l'*e* et la syllabilicité," Cahiers de linguistique, d'orientalisme, et de slavistique 5 / 6 (1975), *Hommage à Mounin*, pp. 101–17.

————, "Le Remplacement d'*e* muet par è et la morphologie des enclitiques," in Christian Rohrer (ed.), *Actes du Colloque franco-allemand de linguistique théorique* (Tübingen: Niemeyer, 1977), pp. 150–80.

Cowgill, Warren, "The Origins of the Insular Celtic Conjunct and Absolute Verbal Endings," in Helmut Rix (ed.), *Flexion und Wortbildung: Akten der V. Fachtagung der Indogermanischen Gesellschaft, Regensburg, 9–14. September 1973* (Wiesbaden: L. Reichert, 1975), pp. 40–70.

Crystal, David, *Language Death* (Cambridge, UK: Cambridge University Press, 2000).〔デイヴィッド・クリスタル『消滅する言語——人類の知的遺産をいかに守るか』斎藤兆史・三谷裕美訳、中公新書、2004年〕

Curtius, Ernst Robert, *European Literature and the Latin Middle Ages*, trans. Willard Trask (Princeton, NJ : Princeton University Press, 1990).〔E・R・クルツィウス『ヨーロッパ文学とラテン中世』南大路振一・中村善也・岸本通夫訳、みすず書房、1971年〕

Dante Alighieri, *De vulgari eloquentia*, in *Opere minori*, pt. 3, vol. 1, *De vulgari eloquentia, Monarchia*, ed. Pier Vincenzo Mengaldo and Bruno Nardi (Milano: Ricciardi, 1996).〔ダンテ・アリギエーリ『ダンテ全集』（全9巻）中山昌樹訳、新生堂（復刻、日本

図書センター、1995年)、ダンテ『俗語詩論』岩倉具忠訳、東海大学出版会、1998年〕
Diem, Werner, "Studien zur Frage des Substrats im Arabischen," *Islam* 56 (1979), pp. 12–80.
Diez, Friedrich, *Etymologisches Wörterbuch der romanischen Sprachen*, 5th ed. (Bonn: A. Marcus, 1887).
Dorian, Nancy C., *Language Death: The Life Cycle of Scottish Gaelic* (Philadelphia: University of Pennsylvania Press, 1981).
———, "The Problem of the Semi-Speaker in Language Death," in Wolfgang U. Dressler and Ruth Wodak-Leodolter (eds.), *Language Death* (The Hague: Mouton, 1977), pp. 23–32.
Dressler, Wolfgang U., "Language Shift and Language Death —— A Protean Challenge for the Linguist," *Folia Linguistica* 15, nos. 1–2 (1981), pp. 5–28.
Emerson, Ralph Waldo, *Selected Essays*, ed. Larzer Ziff (London: Penguin, 1982).
Eppenstein, Simon, *Ishak ibn Baroun et ses comparaisons de l'hébreu avec l'arabe* (Paris: A. Durlacher, 1901).
Epstein, Isidore, ed., *The Babylonian Talmud*, 7 pts. (London: Soncino, 1961).
Fauriel, Claude Charles, *Dante et les origines de la langue et de la littérature italiennes*, 2 vols. (Paris: A. Durand, 1854).
Fellmann, J., "A Sociolinguistic Perspective on the History of Hebrew," in Joshua A. Fishman (ed.), *Readings in the Sociology of Jewish Languages* (London: Brill, 1985), pp. 27–34.
Freud, Sigmund, *Briefe an Wilhelm Fliess, 1887–1904: Ungekürzte Ausgabe*, ed. Jeffrey Moussaieff Masson (Frankfurt: Fischer, 1986), The Complete Letters of Sigmund Freud to Wilhelm Fliess, 1887–1904, trans. and ed. Jeffrey Moussaieff Masson (Cambridge, MA: Belknap Press of Harvard University Press, 1985).〔フロイト『フロイト　フリースへの手紙：1887–1904』ジェフリー・ムセイエフ・マッソン編、ミヒァエル・シュレーター ドイツ語版編、河田晃訳、誠信書房、2001年〕
———, *The Origins of Psychoanalysis: Letters, Drafts, and Notes to Wilhelm Fliess, 1887–1902*, ed. Marie Bonaparte, Anna Freud, and Ernst Kris (New York: Doubleday, 1957).
———, *The Standard Edition of the Complete Psychological Works of Sigmund Freud*, 24 vols., trans. James Strachey (London: Hogarth Press, 1957–1974).
———, *Zur Auffasung der Aphasien: Eine kritische Studie*, ed. Paul Vogel with Ingeborg Meyer-Palmedo, 2nd ed. (Frankfurt: Fischer, 2001), *On Aphasia*, trans. E. Stengel (London: Imago, 1953).〔ジグムント・フロイト『失語論—批判的研究』金関猛訳、石澤誠一解題、平凡社、1995年、ジグムント・フロイト「失語症の理解にむけて

——批判的研究」中村靖子訳、『フロイト全集 1』兼本浩祐・中村靖子・芝伸太郎・立木康介・渡邉俊之訳、岩波書店、2009年〕

———, *Zur Psychopathologie des Alltagsleben: Über Vergessen, Versprechen, Vergreifen, Aberglaube, und Irrtum* (Frankfurt: Fischer, 2000).〔フロイト「日常生活の精神病理学」『フロイト全集 7』高田珠樹訳、岩波書店、2007年〕

Gabba, Emilio, "Il latino come dialetto greco," in *Miscellanea di studi alessandrini in memoria di Augusto Rostagni* (Torino: Bottega d'Erasmo, 1965), pp. 188–94.

Gabelentz, Hans Conon von der, and Julius Loebe, *Glossarium der Gothischen Sprache* (Leipzig: F. A. Brockhaus, 1843).

Garbell, Irene, "Remarks on the Historical Phonology of an East Mediterranean Dialect," *Word* 14 (1958), pp. 303–37.

Gaus, Günter, Zur Person: *Porträts in Frage und Antwort* (München: Feder, 1964).

Gellius Aulus, *The Attic Nights*, trans. John C. Rolfe (Cambridge, MA: Harvard University Press, 1984).〔アウルス・ゲッリウス『アッティカの夜』大西英文訳、京都大学学術出版会〕

Goidánich, Pier Gabriele, *L'origine e le forme della dittongazione romanza: La qualità d'accento in sillaba mediana nelle lingue indeuropee* (Tübingen: Niemeyer, 1907).

Gold, D.L., "A Sketch of the Linguistic Situation in Israel Today," *Language in Society* 18 (1989), pp. 361–88.

Greenberg, Valerie D., *Freud and His Aphasia Book* (Ithaca, NY: Cornell University Press, 1997).

Guarducci, Margherita, *Epigrafia greca*, 4 vols. (Roma: Istituto Poligrafico dello Stato, Libreria dello Stato, 1967–70).

Hamann, Johann Georg, *Sämtliche Werke*, 6 vols., ed. Josef Nadler (Wuppertal: R. Brockhaus; Tübingen: Antiquariat H. P. Willi, 1999).

Ḥarizi, Judah ben Shelomo al-, *Las asambleas de los sabios (Taḥkemoni)*, ed. and trans. Carlos del Valle Rodríguez (Murcia: Universidad de Murcia, 1988).

Heine, Heinrich, *Werke*, 4 vols. (Frankfurt: Insel, 1968).

Hirt, Herman Alfred, *Die Hauptprobleme der indogermanischen Sprachwissenschaft*, ed. Helmut Arntz (Halle: Niemeyer, 1939).

Holder, William, *The Elements of Speech* (1669, London: facsimile reprint, Scholar Press, 1967).

Householder, F. W., "On Arguments from Asterisks," *Foundations of Language* 10 (1973), pp. 365–75.

Isidore of Seville, *Etymologiae sive originum*, 2 vols., ed. W. M. Lindsay (Oxford: Clarendon Press, 1957).

Jacoby, Elfriede, *Zur Geschichte des Wandels von lat. ū zu y im Galloromanischen* (Berlin: Friedrich-Wilhelm-Universität, 1916).

Jāḥiẓ, Abī ʻUthmān ʻAmr ibn Baḥr al-, *Kitāb al-Ḥayawān*, 8 vols., ed. ʻAbd al-Salām Muhammad Hārūn (Cairo: Muṣṭafā al-Bābī, al-Ḥalabī, 1938–45).

Jakobson, Roman, *Child Language, Aphasia, and Phonological Universals*, trans. Allan R. Keiler (The Hague: Mouton, 1968).〔ロマーン・ヤコブソン「幼児言語、失語症および一般音法則」八幡屋直子訳、『失語症と言語学』服部四郎編・監訳、岩波書店、1976年〕

————, Selected Writings, 8 vols. (The Hague: Mouton, 1962).

Jeffery, L. H., *The Local Scripts of Archaic Greece: A Study of the Origin of the Greek Alphabet and Its Development from the Eighth to the Fifth Centuries B.C.* rev. with a supp. by A.W. Johnston (Oxford: Oxford University Press, 1990).

Jones, Alan, *Early Arabic Poetry*, 2 vols. (Reading, UK: Ithaca Press Reading for the Board of the Faculty of Oriental Studies, Oxford University, 1992–96).

Jones, Sir William, *The Collected Works of Sir William Jones*, 13 vols. (1803; rpt., New York: New York University Press, 1993).

Joüon, Paul, *A Grammar of Biblical Hebrew*, 2 vols., rev. and trans. T. Muraoka (Rome: Editrice Pontificio Istituto Biblico, 1991).

Jussieu, Antoine de, "Sur la manière dont une fille sans langue s'acquitte des fonctions qui dépendent de cet organe," *Mémoires de l'Académie Royale des Sciences*, Jan. 15, 1718, pp. 6–14.

Kafka, Franz, *Gesammelte Werke*, 12 vols., ed. Hans-Gerd Koch (Frankfurt: Fischer, 1994).〔フランツ・カフカ『カフカ全集』(全12巻) 川村二郎・円子修平・前田敬作・飛鷹節・千野栄一・谷口茂・辻瑆訳、新潮社、1992年〕

Kilito, Abdelfattah, *The Author and His Doubles: Essays on Classical Arabic Culture*, trans. Michael Cooperson with a foreword by Roger Allen (Syracuse, NY: Syracuse University Press, 2001).

————, *La Langue d'Adam et autres essais* (Casablanca: Toubkal, 1999).

Kincade, M. Dale, "The Decline of Native Languages in Canada," in R. H. Robins and E. M. Uhlenbeck (eds.), *Endangered Languages* (Oxford: Berg, 1991), pp. 157–76.

Klein, Hans Wilhelm, *Latein und Volgare in Italien: Ein Beitrag zur Geschichte der italienischen Nationalsprache* (München: Huebner, 1957).

Koerner, E. F. K., *Practicing Linguistic Historiography: Selected Essays* (Amsterdam: Benjamins,

1989).

———, “Zu Ursprung und Geschichte der Besternung in der historischen Sprachwissenschaft: Eine historiographische Notiz,” *Zeitschrift für vergleichende Sprachforschung* 89 (1976), pp. 185–90.

Kokotsov, Pavel Konstantinovich, *K istorii srednevekovoi evreiskoi filologii i evreiskoi-arabskoi literaturi: Kniga sraveniya evreiskavo iazika s arabskim* (St. Petersburg, 1893).

Kontzi, Reinhold, ed., *Substrate und Superstrate in den romanischen Sprachen* (Darmstadt: Wissenschaftliche Buchgesellschaft, 1982).

Koschwitz, Eduard, *Überlieferung und Sprache der Chanson du Voyage de Charlemagne à Jérusalem et à Constantinople* (Heilbronn: Henninger, 1876).

Kraus, Karl, *Schriften*, 12 vols., ed. Christian Wagenknecht (Frankfurt: Suhrkamp, 1986–89). 〔カール・クラウス『カール・クラウス著作集』(全10巻) 池内紀・佐藤康彦・武田昌一・高木久雄訳、法政大学出版局、1971年 –〕

Krauss, Michael, “The World's Languages in Crisis,” *Language* 68 (1992), pp.4–10.

Kremer, Dieter, “Islamische Einflüsse auf Dantes ‘Göttliche Komödie,’” in Wolfhart Heinrichs (ed.), *Neues Handbuch der Literaturwissenschaft: Orientalisches Mittelalter* (Wiesbaden: AULA-Verlag, 1990), pp. 202–215.

Lambert, Pierre-Yves, *La Langue gauloise: Description linguistique, commentaire d'inscriptions choisies*, preface by Michel Lejeune (Paris: Errance, 1994).

Landolfi, Tommaso, *Dialogo dei massimi sistemi* (Milano: Adelphi, 1996).

Lazzarini, Maria Letizia, “Le formule delle dediche votive nella Grecia arcaica,” in *Atti dell'Accademia nazionale dei Lincei, Memorie: Classe di scienze morali, storiche, e filologiche*, ser. 8, vol. 9 (1976), pp. 47–354.

Lehmann, W. P., and L. Zgusta, “Schleicher's Tale After a Century,” in Béla Brogyányi (ed.), *Festschrift for Oswald Szemerényi on the Occasion of His 65th Birthday*, 2 vols. (Amsterdam: Benjamins, 1979).

Lepschy, Giulio (ed.), *History of Linguistics*, vol. 4, *Nineteenth-Century Linguistics*, by Anna Morpurgo Davies (London: Longman, 1994).

Leskien, August, and Otto A. Rottmann, *Handbuch der altbulgarischen (altkirchenslavischen) Sprache: Grammatik, Texte, Glossar*, 11th ed. (Heidelberg: C. Winter, 2002).

Ma'arrī, Abū al-'Alā al-, *Risālat al-ghufrān*, ed. 'Āsha 'Abdarrahmān “bint al-Shāti”(Cairo: Dār al-Ma'ārif, 1963).

———, *Zajr al-nābih “muqtatafāt,”* ed. Amjad Trabulsi (Damascus: al-Maṭba'a al-hāshimīyah, 1965).

Maimonides, *Le Guide des égarés: Traité de théologie et de philosophie*, 3 vols., ed. Salomon Munk (Paris : A. Franck, 1861).

Mallarmé, Stéphane, *Œuvres complètes*, ed. Henri Mondor and G. Jean-Aubry (Paris: Gallimard, 1945).〔ステファヌ・マラルメ『マラルメ全集』（全5巻）松室三郎・菅野昭正・清水徹・阿部良雄・渡辺守章編訳、筑摩書房、2010年〕

Mandelstam, Osip, *The Collected Critical Prose and Letters*, ed. Jane Gray Harris, trans. Jane Gray Harris and Constance Link (London: Collins Harvill, 1991).

Manẓūr, Ibn, *Akhbār Abi Nuwās* (Cairo: al-Itimad, 1924).

Meillet, Antoine, *Linguistique historique et linguistique générale* (Paris: Champion, 1965).

————, *La Méthode comparative en linguistique historique* (Paris: Champion, 1954).

Menéndez Pidal, Ramón, "Modo de obrar el substrato lingüistico," *Revista de filología española* 34 (1950), pp. 1–8.

Merlo, Clemente, "Lazio santia ed Etruria latina?" *Italia dialettale* 3 (1927), pp. 84–93.

————, "Il sostrato etnico e i dialetti italiani," *Revue de linguistique romane* 9 (1933), pp. 176–194.

Meyer, Leo, "Gothische doppelconsonanz," *Zeitschrift für vergleichende Sprachforschung* 4 (1855), pp. 401–413.

————, "Das Suffix *ka* im Gothischen," *Zeitschrift für vergleichende Sprachforschung* 6 (1857), pp. 1–10.

Meyer-Lübke, Wilhelm, *Einführung in das Studium der romanischen Sprachwissenschaft* (Heidelberg: C. Winter, 1901).

————, *Grammatik der romanischen Sprachen* (Leipzig: Fues, 1890).

————, "Zur u-y Frage," *Zeitschrift für französische Sprache und Literatur* 44 (1916), pp. 76–84.

Midrash Rabbah, 14 vols., trans. H. Freedman and Maurice Simon, with a foreword by Isidore Epstein (London: Soncino, 1961).

Milner, Jean-Claude, *L'Amour de la langue* (Paris: Seuil, 1978).〔ジャン＝クロード・ミルネール『言語への愛』平出和子・松岡新一郎訳、水声社、1997年〕

————, *Introduction à une science du langage* (Paris: Seuil, 1989).

————, *Le Périple structural: Figures et paradigme* (Paris: Seuil, 2002).

Montaigne, Michel, *Essais*, ed. Pierre Villey (Paris: Presses Universitaires de France, 1978).〔モンテーニュ『エセー』（全6巻）原二郎訳、岩波文庫、1996年〕

Nassir, A. A. al-, *Sibawayh the Phonologist: A Critical Study of the Phonetic and Phonological Theory of Sibawayh as Presented in His Treatise* "Al-Kitab" (London: Kegan Paul, 1993).

Nebrija, Antonio de, *Reglas de orthografía en la lengua castellana*, ed. Antonio Quilis (Bogotá: Publicaciones del Instituto Caro y Cuervo, 1977).

Nielsen, Niels Åge, "La Théorie des substrats et la linguistique structurale," *Acta linguistica* 7 (1952), pp. 1–7.

Olender, Maurice, *Les Langues du paradis: Aryens et sémites, un couple providentiel*, rev. ed., preface by Jean-Pierre Vernant (Paris: Seuil, 1989).

Opelt, Ilona, "La coscienza linguistica dei Romani, ", *Atene e Roma* 14 (1969), pp. 21–37.

Ouaknin, Marc-Alain, *Le Livre brûlé: Philosophie du Talmud* (Paris: Lieu Commun, 1993).〔マルク＝アラン・ウアクナン「燃やされた書物」（部分訳）内田樹訳、『現代思想』1994年7月号、青土社〕

Ovidius, *Metamorphoses: The Arthur Golding Translation of 1567*, ed. John Frederick Nims, with a new essay by Jonathan Bate (Philadelphia: Paul Dry Books, 2000).〔オウィディウス『変身物語』（上下）中村善也訳、岩波文庫、1981–1984年〕

Paris, Gaston, review of *Die aeltesten franzosischen Mundarten: Eine sprachgeschichtliche Untersuhung*, by Gustav Lücking, *Romania* 7 (1878), pp. 111–140.

————, (ed.), *Vie de Saint Alexis* (Paris: Champion, 1872).

Petrus Helias, *Summa super Priscianum*, ed. Leo Reilly (Toronto: Pontifical Institute of Mediaeval Studies, 1993).

Pfohl, Gerhard, "Die ältesten Inschriften der Griechen," *Quaderni urbinati di cultura classica* 7 (1969), pp. 7–25.

————, *Greek Poems on Stones*, vol. 1, *Epitaphs: From the Seventh to the Fifth Centuries B. C.* (Leiden: Brill, 1967).

Philipon, Edouard Paul Lucien, "L'U long latin dans le domaine rhodanien," *Romania* 40 (1911), pp. 1–16.

Philo of Alexandria, *De confusione linguarum*, ed. and trans. J. G. Kahn (Paris: Cerf, 1963).

Poe, Edgar Allan, *The Fall of the House of Usher and Other Writings*, ed. David Galloway (London: Penguin, 1986).〔エドガー・アラン・ポー『ポオ小説全集4』、丸谷才一訳、東京創元社、1974年〕

Pokorny, Julius, "Substrattheorie und Urheimat der Indogermanen," *Mitteilungen der Anthropologischen Gesellschaft in Wien* 66 (1936), pp. 69–91.

Proust, Marcel, *À la Recherche du temps perdu*, ed. Jean-Yves Tadié (Paris: Gallimard, 1999), *Remembrance of Things Past*, trans. C. K. Scott Moncrieff and Terence Kilmartin (London: Penguin, 1981).〔マルセル・プルースト『失われた時を求めて』、吉川一義訳、岩波文庫、2010年－〕

Pyles, Thomas, and John Algeo, *The Origins and Development of the English Language*, 4th ed. (New York: Harcourt Brace Jovanovich, 1993).

Richardson, Brian, ed., *Trattati sull'ortografia del volgare*, 1524–1526 (Exeter, Devon: University of Exeter, 1984).

Riegel, Martin, Jean-Christophe Pellat, and René Rioul, *Grammaire méthodique du français* (Paris: Presses universitaires de France, 1994).

Roland, Jacques, *Aglossostomographie; ou, Description d'une bouche sans langue, laquelle parle et faict naturellement toutes les autres fonctions* (Saumur, 1630).

Sasse, Hans-Jürgen, "Theory of Language Death," in Matthias Brenzinger (ed.), *Language Death: Factual and Theoretical Explorations with Special Reference to East Africa* (Berlin: de Gruyter, 1992), pp. 7–30.

Schibsbye, Knud, *Origin and Development of the English Language*, vol. 1, Phonology (København: Nordisk Sprogog Kulturforlag, 1972).

Schleicher, August, *Compendium der vergleichenden Grammatik der indogermanischen Sprachen: Kurzer Abriss einer Laut-und Formenlere der indogermanischen Ursprache, des Altindischen, Alteranischen, Altgriechischen, Altitalischen, Altkeltischen, Altslawischen, Litauischen, und Altdeutschen* (Weimar: Böhlau, 1861–62).

————, *A Compendium of the Comparative Grammar of the Indo-European, Sanskrit, Greek, and Latin Languages*, trans. from the 3rd ed. by Herbert Bendall (London: Trübner, 1874).

Schoeler, Gregor, Paradies und Hölle: *Die Jenseitsreise aus dem "Sendschreibung über die Vergebung"* (München: Beck, 2002).

Scholem, Gershom, *Judaica III* (Frankfurt: Suhrkamp, 1970).

————, *On the Kabbalah and Its Symbolism*, trans. Ralph Manheim (New York: Schocken Books, 1965).〔ゲルショム・ショーレム『カバラとその象徴的表現』(新装版) 小岸昭・岡部仁訳、法政大学出版局、2011年〕

Schuchardt, Hugo, review of *Irische Grammatik mit Lesebuch*, by Ernst Windisch, *Zeitschrift für romanische Philologie* 4, no.1 (1880), pp. 124–55.

————, *Der Vokalismus des Vulgärlateins*, 3 vols. (Leipzig: Teubner, 1866–68).

Scragg, D. G., *A History of English Spelling* (Manchester: Manchester University Press, 1974).

Sībawayh, *Al-Kitāb*, 4 vols., ed. ʻAbd al-Salām Muhammad Hārūn (Cairo: Al-Khānabī, 1966–75).

Silvestri, Domenico, *La teoria del sostrato : Metodo e miragi*, 3 vols. (Napoli: Macchiaroli, 1977–82).

————, "La teoria del sostrato nel quadro delle ricerche di preistoria e protostoria

linguistica indoeuropea, " in Enrico Campanile (ed.), *Problemi di sostrato nelle lingue indoeuropee* (Pisa: Giardini, 1983), pp. 149–157.

Sirat, Colette, "Les Lettres hébraïques: Leur existence idéale et matérielle, " in Alfred Ivry, Elliot Wolfson, and Allan Arkush (eds.), *Perspectives on Jewish Thought and Mysticism* (Amsterdam: Harwood Academic, 1998), pp. 237–256.

Smith, Sir Thomas, *Literary and Linguistic Works: Part III, Critical Edition of "De recta et emendata linguae Anglicae scriptione, dialogus"* ed. Bror Danielsson (Stockholm: Almquist and Wiksell International, 1963).

Sobhy, George, *Common Words in the Spoken Arabic of Egypt of Greek or Coptic Origin* (Cairo: Société d'Archéologie Copte, 1950).

Spinoza, Benedictus de, *Opera*, 4 vols., ed. Carl Gebhardt (Heidelberg: C. Winter, 1925).

Spitzer, Leo, *Essays in Historical Semantics*, preface by Pedro Salinas (New York: S. F. Vanni, 1948).

Svenbro, Jesper, *Phrasikleia: Anthropologie de la lecture en Grèce ancienne* (Paris: Découverte, 1988).

Szemerényi, Oswald J. L., *Introduction to Indo-European Linguistics*, 4th ed. (Oxford: Oxford University Press, 1990).

Tavoni, Mirko, "On the Renaissance Idea That Latin Derives from Greek," *Annuali della scuola normale di Pisa* 18 (1986), pp. 205–238.

Terracini, Benvenuto, "Come muore una lingua," in *Conflitti di lingue e di cultura* (Venezia: Pozzi, 1957).

Tory, Geoffroy, *Champfleury; ou, Art et science de la vraie proportion des lettres* (facsimile reproduction of the 1529 ed., Paris: Bibliothèque de l'Image, 1998).

Trabulsi, Amjad, *La Critique poétique des Arabes jusqu'au Ve siècle de l'Hégire (XIe siècle de J. C.)* (Damascus: Institut Français d'Etudes Arabes à Damas, 1955).

Trissino, Giovan Giorgio, *Scritti linguistici*, ed. Alberto Castelvecchi (Roma: Salerno, 1986).

Trubetskoi, Nikolai Sergeevich, "Gedanken über das Indogermanenproblem," *Acta linguistica* (Copenhagen) 1 (1939), pp. 81–89.

———, *Grundzüge der Phonologie*, 3rd ed. (Göttingen: Vandenhoeck and Ruprecht, 1962), *Principles of Phonology*, trans. Christiane A. M. Baltaxe (Berkeley: University of California Press, 1969)〔N・S・トゥルベツコイ『音韻論の原理』長嶋善郎訳、岩波書店、1980年〕

———, *Studies in General Linguistics and Language Structure*, ed. and trans. Anatoly Liberman (Durham, NC: Duke University Press, 2001).

Valkhoff, Marius, *Latijn, Romaans, Roemeens* (Amersfoort: Valjhoff, 1932).

Valle Rodríguez, Carlos del, *La escuela hebrea de Córdoba*: *Los orígenes de la escuela filológica hebrea de Córdoba* (Madrid: Editora Nacional, 1981).

Victorinus, Marius, Ars grammatica ed. Italo Mariotti (Florence: Le Monnier, 1967).

Vendryes, Joseph, "La Mort des langues, " in *Conferences de l'Institut de Linguistique de l'Université de Paris* (1933), pp. 5–15.

Wallis, John, *Grammar of the English Language, with an Introductory Grammatico-Physical Treatise on Speech (or on the Formation of All Speech Sounds)*, ed. and trans. J. A. Kemp (London: Longman, 1982).

Weisgerber, Leo, *Die Sprache der Festlandkelten* (1931).

Wexler, Paul, *The Schizoid Nature of Modern Hebrew: A Slavic Language in Search of a Semitic Past* (Wiesbaden: Harrassowitz, 1990).

Windisch, Ernst, *Kurzgefasste Irische Grammatik mit Lesetücken* (Leipzig: Hirzel, 1879).

Wolfson, Louis, *Le Schizo et les langues; ou, La Phonétique chez le psychotique (Esquisses d'un étudiant de langues schizophrénique)*, préface by Gilles Deleuze (Paris: Gallimard, 1970).

Wurm, Stephen A., "Methods of Language Maintenance and Revival, with Selected Cases of Language Endangerment in the World," in Kazuto Matsumura (ed.), *Studies in Endangered Languages: Papers from the International Symposium on Endangered Languages, Tokyo*, November 18–20, 1995 (Tokyo: Hituzi Syobo, 1998), pp. 191–211.

Zafrani, Haïm, *Poésie juive en Occident musulman* (Paris: Geuthner, 1977).

The Zohar, 5 vols., trans. Harry Sperling and Maurice Simon (London: Soncino, 1984).〔『ゾーハル――カバラーの聖典』エルンスト・ミュラー編訳・石丸昭二訳、法政大学出版局、2012年〕

原註

第一章　喃語の極み

（1）　Jakobson, *Kindersprache, Aphasie, und allgemeine Lautgesetze,* (1940–42)〔ロマーン・ヤーコブソン「幼児言語、失語症および一般音法則」『失語症と言語学』、服部四郎編・監訳、岩波書店、1976年、24頁〕

（2）　*Ibid.*

第二章　感嘆詞

（1）　Jakobson, *Kindersprache, Aphasie, und allgemeine Lautgesetze.*〔「幼児言語、失語症および一般音法則」、28–29頁〕

（2）　Trubetskoi, *Grundzüge der Phonologie,* pp. 205–206.〔N・S・トゥルベツコイ『音韻論の原理』、長嶋善郎訳、岩波書店、1980年、220頁〕

（3）　*Ibid.*

（4）　*Ibid.*

（5）　*De interpretatione,* 17 a 6–8.

（6）　Trubetskoi, *Grundzüge der Phonologie,* p. 205.

（7）　*Ibid.*

（8）　Dante, *De vulgari eloquentia,* 1.4.4, pp. 42–44.〔ダンテ「俗語論」第一篇第四章『ダンテ全集』7、1995年（再版）、13頁、ダンテ『ダンテ俗語詩論』、岩倉具忠訳註、東海大学出版局、1998年、11–14頁〕

第三章　アレフ

（1）　Jakobson, *Kindersprache, Aphasie, und allgemeine Lautgesetze.*〔「幼児言語、失語症および一般音法則」〕ヤコブソンは、夢の中での言語の破綻と失語症の症状の類似について検討しつつ、次のような観察をしている。「夢を見ている人が実際に発語した単語だけではなく、夢の中にとどまる音、つまり、「言語が能動的

に発せられているのではなく、内省的に知覚されたにすぎない場合」にも、単語は音声的な変容を被り得る。わたしは自分の夢の中の言葉で何度もこの現象を認めた。わたしは“seme”と言った瞬間夢から覚めたのだが、それが“zemřel”、つまり「死」という単語を実は意味していたとはっきりと分かっていた（わたしは最近夢の中で特にチェコ語で話すことが多い）。

（2） Sībawayh, *Al-Kitāb,* vol. 3, p. 548. シーバワイヒのハムザの扱いについては、以下の著作を参照、al-Nassir, *Sibawayh the Phonologist*, pp. 10–12.

（3） Spinoza, *Compendium grammatices linguae hebraeae,* in *Opera,* vol. 1, *Korte verhandeling van God; De Mensch en deszelfs welstand; Renati Des Cartes principiorum hilosophiae pars I&II; Cogitata metaphysica; Compendium grammatices linguae hebraeae,* p. 288.

（4） *Ibid.,* p. 287.

（5） 聖書の言葉におけるアレフについては以下の著書を参照、Joüon, *Grammar of Biblical Hebrew,* vol. I, *Orthography and Phonetics; Morphology,* pp. 25–26.

（6） Abrams, *The Book Bahir,* p. 123. この主張がラビ・アモライに由来するとする版と、ラビ・レフマイに由来するという版がある。

（7） *Sefer ha-Zohar,* 2b.〔『ゾーハル――カバラーの聖典』、エルンスト・ミュラー編訳、石丸昭二訳、法政大学出版局、2012年〕

カバラの創造論に基づくこの文字の位置づけについては多くの著作が存在する。カバラ言語哲学によって挙げられた問題の全体像を見るには、ゲルショム・ショーレムの重要な論を参照のこと〔ゲルショム・ショーレム『カバラとその象徴的表現』（新装版）小岸昭、岡部仁訳、法政大学出版局、2011年〕; *“Der Name Gottes und die Sprachtheorie der Kabbalah”* in *Judaica* III, pp. 7–70; 以下の著作も参照、Sirat, “Les lettres hébraïques: leur existence idéale et matérielle”, in Alfred Ivry, Elliot Wolfson et Allan Arkush (ed.), *Perspectives on Jewish Thought and Mysticism,* Amsterdam, Harwood Academic, 1998, p. 237–256.

（8） *Sefer ha-Zohar,* 3a.〔『ゾーハル――カバラーの聖典』〕

（9） *Ibid.,* 3a–3b.

（10） *Midrash Rabbah,* 1. 10.

（11） *Eliahu Rabbah,* 31.

（12） *Midrash Rabbah,* 1. 10.

（13） *Ibid.*

（14） *Shir ha-shirim Rabbah,* 5. 9.

（15） *Makkot,* 24a.〔『タルムード・マコット篇』〕

（16） Maimonides, *Le Guide des égarés,* vol. 2, ch. 33, p. 359.〔マイモニデス『迷える者

の導き』〕

（17） *Ibid.,* p. 358.

（18） *Ibid.,* p. 358.

（19） *Ibid.,* P. 359.

（20） *Shabbat* 105a.〔『タルムード・シャバト篇』〕notarikon（ノタリコン＝省略）文や、一連の単語の頭文字から新しい単語を作ったり、その反対に単語から元の文章を復元する、カバラの一種）とタルムード解釈学による他の図像的記号については、以下を参考、Marc-Alain Ouaknin, *Le livre brûlé,* pp. 124–26.〔以下に部分訳、マルク＝アラン・ウアクナン「燃やされた書物」内田樹訳、『現代思想』1994年7月号、青土社〕

（21） Gershom Scholem, "Religious Authority and Mysticism", in *On the Kabbalah and It Symbolism,* p. 30.

第四章　消滅危惧音素

（1） 例えば、以下を参照、Riegel, Pellat and Rioul, *Grammaire méthodique du français,* p. 41.

（2） *Ibid.,* p. 44.

（3） *Ibid.,* p. 49.

（4） Mallarmé, *Œuvres complètes,* p. 67.

（5） Cornulier, *Art poëtique,* p. 249. 同じ著者による以下の二冊も参照、"Le droit de l'*e* et la syllabicité", "Le remplacement d'*e* muet par è et la morphologie des enclitiques".

（6） Cornulier, *Art poétique,* p. 250.

第五章　H&Co.

（1） ギリシャ語文字の発展に関しては、Jeffery, *The Local Scripts of Archaic Greece* 特に pp. 24–25を参照のこと、また、ワーウ（ディガンマ）については、pp. 326–27. を参照。

（2） 大陸の g に関しては、Pyles and Algeo, *Origins and Development of the English language,* pp. 139–140. 英語の正書法一般については以下を参照、Scragg, *A History of English Spelling.*

（3） 典礼語としての古スラヴ語としては、特に以下を参照、Leskien and Rottmann, *Handbuch der altbulgarischen (altkirchenslavischen) Sprache,* pp. 9–19.

(4) Heine, *Werke,* vol. 4, *Schriften über Deutschland,* pp. 47–48. ハイネにおいては、hの文字は詩人イェフダ・ハレヴィに対する夢の中に現れる。以下を参照、"Jehuda Halevy", *Hebräische Melodien,* bk. 3, in *Werke,* vol. 1, *Gedichte,* pp. 199–226.〔ハイネ「ヘブライ調律」『ロマンツェーロー』井汲越次訳、岩波文庫、1951年〕

(5) 以下を参照、Allen, *Vox Graeca,* pp. 52–56. これに続く要約部分は左記の著書に基づいている。

(6) Allen, *Vox Latina,* p. 43. これに続く部分では、pp. 43–45に書かれた要約に多くを負っている。

(7) *Institutio oratoria,* 1, 4, 9 ; 1, 5, 19.

(8) Priscianus, *Instituones grammaticae,* bk. 18, 1. 8. 47. 以下も参照、Marius Victorinus, *Ars grammatica,* 3. 10, p. 68 : "H quoque admittimus, sed adspirationis notam, non litteram aestimamus."

(9) Allen, *Vox Latina,* pp. 43–44 参照。

(10) *Catullus, Tibullus, Pervigilium Veneris,* 84, pp. 160–162. "*Chommoda* dicebat, si quando *commode* vellet dicere, *et insidias* Arrius *hinsidias,* / et tum mirifique sperabat se esse locutum, /cum quantum poterat dixerat hinsidas"（アリウスは、「commode」という代わりに「chommoda」といい、「insidias」というところを「hinsidas」といった。彼は、力の限りに「hinsidias」という時に、自分が言葉を素晴らしく話していると考えていた。）

(11) アウグスティヌス『告白』, I, 18, 29 "Vide, domine [...]quomodo diligenter a prioribus locutoribus[...] ; ut qui illa sonorum vetera placita teneat aut doceat, si contra disciplinam grammaticam sine adspiratione primae syllabae ominem dixit, displiceat magis hominibus quam si contra tua praecepta hominem oderit"

(12) *The Attic Nights of Aulus Gellius,* pp. 128–129. "In his enim verbis omnibus litterae seu spiritus istius nulla ratio visa est, nisi ut firmitas et vigor vocis quasi quibusdam nerbis additis intenderetur" (Aulus Gellius)〔アウルス・ゲッリウス『アッティカの夜』大西英文訳、京都大学学術出版会、2016年〕

(13) 以下を参照、Petrus Helias, *Summa super Priscianum,* vol. 1, p. 83 : "*H* littera non est, sed cum aspirationis nota propter solam figuram in abecedario scribitur intra litteras."

(14) Richardson, *Trattati sull'ortographia del volgare,* p. 95.

(15) Trissino, "I dubbî grammaticali", in *Scritti linguistici,* p. 110.

(16) Tory, *Champfleury,* Iiij r.

(17) Bovelles, "De nota aspirationis *H*", in *Sur les langues vulgaires et la variété de la langue française,* ch. 32, p. 105.

(18)　Nebrija, *Reglas de orthograpfia en la lengua castellana,* pp. 139–140.

(19)　以下を参照、Schibsbye, *Origin and Development of the English language,* vol. 1, *Phonologie,* pp. 96–97.

(20)　Smith, *Literary and linguistic Works : Part III, a Critical Edition of "De recta et emendata linguae Anglicae scriptione, dialogus"*, p. 108.

(21)　Holder, *The Elements of Sppech,* p. 68, cited in John Wallis, *Grammar of the English Language,* p. 59.

(22)　以下を参照、Hamann, "Neue Apologie des Buchstaben H", in *Sämtliche Werke,* vol. 3 : *Schriften über Sprache, Mysterien, Vernunft, 1772–1788,* p. 91.

(23)　*Ibid.,* p. 91.

(24)　*Ibid.,* p. 92.

(25)　*Ibid.*

(26)　*Ibid.,* p. 94.

(27)　*Ibid.*

(28)　*Ibid.,* p. 105.

(29)　"Dass Gott der Sprache dieses h behüte", Kraus, *Schriften,* vol. 9, *Gedichte,* p. 40.

(30)　パウル・ツェラン（Paul Celan）、本名はアンチェル（Antschel）、以下を参照、*Der Meridian,* Frankfurt, Suhrkamp, 1999, p.115:「詩とは、言語におけるわたしたちの吐息の痕跡である」(*Das Gedicht : die Spur unseres Atems in der Sprache*).〔パウル・ツェラン「子午線」『パウル・ツェラン詩文集』飯吉光夫訳、白水社、2012年〕

第六章　流離の地で

(1)　この著書は al-ḍarūrî fi'l-lugat al-'ibraniīa の事を指す。この著書については、以下を参照、Zafrani, *Poésie juive en Occident musulman,* Paris, pp. 226–242. アラビア語の韻律のヘブライ語への適用については、次の研究書が重要なものである、Nahemia Allony, *Torat ha-mish-kalim.*

(2)　Baneth, *Kitāb al-radd, wa'ldalīl fi'l-dīn al-dhalīl,* Jerusalem, pp. 82–83.

(3)　Benavente Robles, *Tešubot de los discípulos de Menahem contre Dunaš ben Labrat,* p. 19.

(4)　ジョセフ・カスピと中世ユダヤ文学においてのヘブライ語の喪失というテーマについては、以下を参照、Aslanov, *Le provençal des Juifs et l'hébreu en Provence,* pp. 114–118.

(5)　Benavente Robles, *Tešubot,* p. 15.

(6)　Brodsky, "The Condition We Call Exile", in *On Grief and Reason : Essays,* p. 32.

第七章　行き止まり

（1）　Al-Harizi, *Les Asambleas de los sabios (Tahkemoni)*, 1, sec. 14, p. 39.

（2）　Horatius, *Ars poetica*, 60-64〔ホラーティウス『詩学』（『アリストテレース詩学／ホラーティウス詩論』松本仁助・岡道男訳、岩波文庫、1997年）: *"Ut silvae foliis pronos mutantur in annos, / prima cadunt : ita verborum vetus interit aetas, /et juvenum ritu florent modo nata vigentque. / debemur morti nos nostraque."* 以下を参照、Klein, *Latein und Volgare in Italien*, p. 91.

（3）　Isidore of Seville *Etymologiae sive originum*, vol. 1, 9. 1. 6. Cf. H. W. Klein, *Latein und Volgare in Italien*, p. 91. ここでは真の Altersstufen（生存の段階）の四つの時期が特徴付けられている。

（4）　ソネットについての彼の著書、*Commento* の序文（cited in Klein, *Latein und Volgare in Italien*, p. 91) : "Massime insino ad ora si può dire essere l'*adolescenzia* di questa lingua (volgare)…E potrebbe facilmente nella giuventù ed adulta età sua venire in maggiore perfezione."

（5）　Sperone Speroni, *Dialogo delle lingue* pp. 183–84. ; 以下を参照、Klein, *Latein und Volgare in Italien*, p. 92.

（6）　Speroni *Dialogo delle lingue*, cited in Klein, *Latein und Volgare in Italien*, p. 92.

（7）　*Ibid.*, p. 93.

（8）　Cited in Klein, *Latein und Volgare in Italien*, p. 94.

（9）　*"Come a me pare, che noi facciamo scrivend non in lingua nostras propria e viva, ma in quella commune italiana che nonsi favella, ma s'imdire, ogni cosa"* (Davanzati to Baccio Valori, 1599, cited in *ibid.*, p. 96).

（10）　Krauss, "World's Languages in Crisis", p. 4

（11）　Kincade, "The Decline of Native Languages in Canada" pp. 160–163.

（12）　Wurm, "Methods of Langage Maintenance and Revival" ; これに関するコメントを Chrystal, *Language Death*, p. 21に見ることができる。それによると、ここで Wurm は人間のケースを参考にして、自分たちの健康状態が自分たちが話している言語の状態を反映しているとしている。つまりどちらも差し迫った死を約束されているのだ。この対応がより明らかでない時には、言語学者たちはよりシンプルなメタファーを採用している。そこでは、「健康な話者」と「瀕死の話者」、ないし「中間話者」が区別される。ここでは健康に関する述語が純粋に言語的なコノテーションを帯びている。以下を参照、Dorian, "The Problem of the Semi-Speaker in Language Death", pp. 23–32.

（13） Cited in Crystal, *Language Death,* p. vii.

（14） Cited in *ibid.,* p. vii.

（15） Sasse, "Theory of language Death", p. 7.

（16） Crystal, *Language Death,* p. ix.

（17） *Ibid.,* p. 1.

（18） 「言語的自死」という表現が広く知られるに至ったのは Nancy C. Dorian による *Language Death* を参照。多くの言語学者が、この「言語的自死」という表現を、それ以前にあった「言語殺害」や「言語殺し」などの用語に代わるものとして使っている。以下を参照、Dressler, "Language Shift and Language Death", p.5.

（19） Crystal, *Language Death,* p. 142.

（20） *Ibid.,* p. 145.

（21） Andersen, "The Burial of Ubykh", p. 3, cited in Crystal, *Language Death,* p. 2.

（22） Terracini, "Come muore una lingua", p. 20.

（23） *Ibid.*, p. 21

（24） Vendryes, "La mort des langues", pp. 5–6.

（25） Crystal, *Language Death,* p. 2.

（26） Vendryes, "La mort des langues", p. 6.

（27） Terracini, "Come muore una lingua", p. 21.

第八章　閾

（1） Terracini, "Come muore una lingua", p. 17.

（2） Vendryes, "La mort des langues", p. 7.

（3） *Ibid.*, p. 8.

（4） *Odyssey* 4. 456–458 ; 以下を参照、Dressler, "Language Shift and Language Death"

（5） Cerquiglini, *La Naissance du français,* Paris, Presses universitaires de France, 1991, p. 26.〔ベルナール・セルキリーニ『フランス語の誕生』瀬戸直彦・三宅徳嘉訳、白水社、1994年〕

（6） *Ibid.,* pp. 25–42.

（7） Meillet, *Linguistique historique et linguistique générale,* Paris, Champion, 1965, p. 81.

（8） Cerquiglini, *La Naissance du français,* p. 42.

（9） Dante, *De vulgari eloquentia* 1. 1. 2, p. 30

（10） *"Si ergo per eandem gentem sermo variatur, ut dictum est, successive per tempora, nec stare*

ullo modo potest, necesse est ut disiunctim abmotimque morantibus varie varietur" (Dante, *De vulgari elouqentia,* 1. 9. 10, p. 78).

(11) Vendryes, "La mort des langues", p. 5 and pp. 13–14.

(12) *Ibid.*, p. 15.

(13) Terracini, "Come muore una lingua", p. 18.

(14) Montaigne, "De la vanité", in *Essais,* Paris, Presses universitaires de France, 1978, p. 982 (III, 9).〔モンテーニュ『エセー』(全6巻) 原二郎訳、岩波文庫、1996年〕

第九章　地層

(1) Terracini, "Come muore una lingua", p. 18.

(2) Proust, *À la recherche du temps perdu,* p. 153.〔マルセル・プルースト『失われた時を求めて 1　スワン家の方へ I』吉川一義訳、岩波文庫、2010年、394頁〕

(3) ブレッズドルフと基層の概念の発達については、以下を参照、Nielsen, "La Théorie des substrats et la linguistique structurale", *Acta linguistica,* vol. 7, 1952, pp. 1–7.

(4) Fauriel, *Dante et les origines de la langue et de la littérature italienne,* 2 vol., Paris, A. Durand, 1854 ; Diez, preface to *Etymologisches Wörterbuch der romanischen Sprachen,* 5e ed., Bonn. Marcus, 1887 ; Schuchardt, *Der Vokalismus des Vulgärlateins,* 3 vol., Leipzig, Teubner, 1866–1868, vol. p. 86 ; Ascoli, "Una lettera glottologica", *Rivista di filologia e d'istruzione classica,* vol. 10, 1882, pp. 1–71.

(5) Walther von Wartburg, in *Zeitschrift für romanische Philologie,* vol. 56, 1932, p. 48, cited in Kontzi, introduction to *Substrate und Superstrate in den romanischen Sprachen,* Darmstadt, Wissenschaftliche Buchgesellschaft, 1982, p. 10 n. 30.

(6) 著者自身が *Cinquième Congrès international des linguistes, 28 août-2 septembre 1939,* pp. 47–65で述べているように、この用語が最初に現れたのは次の著書であるようだ。Valkhoff, *Latijn, Romaans, Roemeens,* Amersfoort, Valjhoff, 1932, pp. 17 and 22.

(7) このテーマに関する論争の概要については、Nielsen, "La Théorie des substrats et la linguistique structurale".

(8) Merlo, "Lazio santia ed Etruria Latina ?", *Italia dialectale,* vol. 3, 1927, p. 84–93, cited in Kontzi (ed.), *Substrate und Superstrate in den romanischen Sprachen,* p. 15.

(9) とりわけ以下を参照、Campanile (ed.), *Problemi di sostrato nelle lingue indoeuropee,* Pisa, Giardini, 1983.

(10) 以下を参照、Riegel, Pellat and Rioul, *Grammaire méthodique du français,* p. 44.

(11) この問題に関する言語学と文献学の研究の歴史に関しては、次の著作がま

とまった素材を提供している。Jacoby, *Sur Geschichte des Wanvels,* Brunswick, Westerman, 1916, とくに、pp. 1–15.

(12) Koschwitz, *Überlieferung und Sprache der Chanson du Voyage de Charlemagne à Jérusalem et à Constantinople,* Heilbronn, Henninger, 1876, p. 36.

(13) *Ibid.*

(14) *Ibid.*

(15) 以下を参照、Jacoby, *Zur Gechichte des Wandels.* Cf. Schuchardt, review of *Kurzgefasste Irische Grammatik mit Lesestücken* d'Ernst Windisch, *Zeitschrift für romanische Pilologie,* vol.4, n°1, 1880, esp. pp. 140–54 ; 以下も参照、Goidánich, *L'origine e le forme della dittongazione romanza,* Tübingen, Niemeyer, 1907.

(16) Meyer-Lübke, *Einführung in das Studium der romanischen Sprachwissenschaft,* Heidelberg, C. Winter, 1901, p. 172 ff.

(17) Philipon, "L'U long latin dans le domaine rhodanien", *Romania,* vol. 40, 1911, pp. 1–16.

(18) 例えば、ピエール＝イヴ・ランベールが制作した音声ポートレートを参照のこと。Lambert, *Langue gauloise,* Paris, Errance, 1994, pp. 40–43.

(19) Paris, *Vie de Saint Alexis,* Paris, Champion, 1872, p. 61 ff.

(20) Paris, review of *Die aeltesten franzoesischen Mundarten* of Lücking, *Romania,* vol. 7, 1878, esp. pp. 129–130.

(21) Lenz, "Zur Physiologie der Geschichte der Palatalen" (diss., Bonn, 1887), cited in Jacoby, *Zur Geschichte des Wandels,* p. 5.

(22) Meyer-Lübke, *Grammatik der romanischen Sprachen,* Leipzg, Fues, 1890, p. 67 ff. この問題についてこの著者が後に取った立場については、彼のエッセイを参照、"Zur u-y Frage", *Zeitschrift für französische Sprache und Literatur,* vol. 44, 1916, pp. 76–84.

(23) 例えば以下を参照、Otto Jespersen (1925), cited in Kontzi, *Substrate und Superstrate in den romanischen Sprachen,* p. 6. レオ・ヴァイスゲルバーは、ケルト語の日常的な使用の終わりを、文献により五世紀までの使用が確認されているにもかかわらず、三世紀であるとしている。以下を参照、*Die Sprache der Festlandkelten,* Berichte der römisch-germanischen Kommission, 1931, p. 177, cited in Kontzi, introduction to *Substrate und Superstrate in den romanischen Sprachen,* p. 6.

(24) Meillet, "La notion de langue mixte", in *La Méthode comparative en linguistique historique,* Paris, Champion, 1954, p.80 ; Merlo, "Il sostrato etnico e i dialetti italiani", *Revue de linguistique romane,* vol. 9, 1933, pp. 176–194.

(25) Guinneken, "Die Erblichkeit der Lautgesetze", *Indogermanische Forschungen,* vol. 45,

1927, pp. 1–44.

（26） Becker, *Die Heiligprechung Karls des Grossen und die damit zusammenhängenden Fälschungen,* Leipzig, S. Hirzel, 1947, cited in Kontzi, introduction to *Substrate und Superstrate in den romanischen Sprachen,* p. 8.

（27） Pokorny, "Substrattheorie und Urheimat der Indogermanen", *Mitteilungen der Anthropologischen Gesellschaft in Wien,* vol. 66, 1936, pp. 69–91.

（28） Menéndez Pidal, "Modo de obrar el substrato linguistico", *Revista de filologia Espanola,* vols. 34, 1950, pp. 1–8. 同様の論理は次の著書に見られる、Silvestri, "La teoria del sostrato nel quadro delle ricerche di preistoria e protostria liguistica indoeuropea", p. 149. この著者の一般的な著書については、Silvestri, *La teoria del sostrato : Metodo e miragi,* 3 vol., Napoli, Macchiaroli, 1977–1982.

第十章　地滑り

（1） Kafka, "Kleine Rede über den Jargon", in *Gesammelte Werke,* Frankfurt, Fischer, 1994, vol. 5, *Beschreibung eines Kampfes und andere Schriften aus dem Nachlass,* p. 152.

（2） ギリシャ語からのラテン語の派生については以下を参照、Gabba, "Il latino come dialetto gréco", in *Miscellanea di studi alessandrini in memoria di Augusto Rostagni,* Torino, Bottega d'Easmo, 1965, pp. 188–194 ; Opelt, "La coscienza linguista dei Romani", *Atene e Roma,* vol.14, 1969, pp. 21–37 ; Tavoni, "On the Renaissance Idea that Latin Derives from Greek", *Annali della scuola normale di Pisa,* vol. 18, 1986, pp. 205–238.

（3） Matthias Brenzinger, *Foundation for Endangered Languages Newsletter,* 1, 1995, p. 5, cited in Crystal, *Language Death,* p. 22.

（4） Garbell, "Remarks on the Historical Phonology of an East Mediterranean Dialect", *Word,* vol. 14, 1958, pp. 303–304.

（5） この点については以下の著書の総論を参照、Diem, "Studien zur Frage des Substrats im Arabischen", *Islam,* vol.56, 1979, pp. 12–80.

（6） Sobhy, *Common Words in the Spoken Arabic of Egypt of Greek or Coptic Origin,* Cairo, Société d'archéologie copte, 1950, p. 3.

（7） この状況の中庸を得た分析については、Wilson B. Bishai のこの問題についての三本の論文を参照、"Coptic Grammatical Influence on Egyptian Arabic", *Journal of the American Oriental Society,* vol. 82, 1962, pp. 285–289 ; "Nature and Extend of Coptic Phonological Influence on Egyptian Arabic", *Journal of Semitic Studies,* vol. 1961, pp. 175–181 ; and "Notes on the Coptic Substratum in Egyptian Arabic", *Journal of the American*

Oriental Society, vol. 80, 1960, pp. 225–229. Cf. Diem, "Studien zur Frage des Substrats im Arabischen", pp. 50–52.

(8) Fellman, "A sociolinguistic Perspective on the History of Hebrew", in Fishman (ed.), *Reading in the Sociology of Jewish Languages,* Londres, Brill, 1985, p. 33. 以下も参照、Chomsky, *Ha-lashon ha-ivrit be-darkhe hitpathutah,* Jerusalem, R. Mas, 1967, p. 226, cited in Wexler, *The Schizoid Nature of Modern Hebrew : A Slavic Language in Search of a Semitic Past,* Wiesbaden, Harrassowitz, 1990, p. 14.

(9) Gold, "A Sketch of the Linguistic Situation in Israel Today", *Language in Society,* vol.18, 1989, p. 364.

(10) 聖書のヘブライ語の動詞の構造は完了相と未完了相というアスペクト上の対立に基づいているが、現代イスラエル語は時制の体系である。聖書のヘブライ語での未完了相はこうして ivrit（近代・現代ヘブライ語）において未来形の価値を獲得することになり、完了相は過去形となる。それ故に、現在形を表す新しい動詞形が必要とされた。このシオニストの言語の革新者は、現在形を、聖書のヘブライ語の分詞から構成した。

(11) 以下を参照、Haim B. Rosén, cited in Wexler, *The Schizoid Nature of Modern Hebrew,* p. 10, n. 6.

(12) Bergsträsser, *Einführung in die semitischen Sprachen,* München, Herbner, 1928, p. 47.

(13) Bendavid, *Leshon miḳra u-leshon ḥakhamim,* 2 vols., Tel-Aviv, Devir, 1967–1971, vol. 1, p. 253, *cited in* Wexler, *The Schizoid Nature of Modern Hebrew,* pp. 11–12.

(14) Wexler, *The Schizoid Nature of Modern Hebrew,* p. 36.

第十一章　文献学の星

(1) タルムードやミドラーシュにおける、聖書のヘブライ語とアラム語やアラビア語で使用されている用語の比較については、以下を参照、A. Cohen, "Arabism in Rabbinic Literature", *Jewish Quarterly Review,* vol. 3, 1912–1913, pp. 221–333. 中世スペインの文献学における、ヘブライ語と他の言語の比較については、以下を参照、Valle Rodriguez, *La escuela hebrea de Cordoba,* Madrid, Editora Nacional, 1981, pp. 257–264.

(2) 特に下記を参照、*Cratylus,* 410a. Cf. Pompeius Festus, *De verborum significatione,* 392 ここでは、ギリシャ語の hex, hepta がラテン語の sex, septem に対応することが指摘されており、そのことから、ラテン語の s はギリシャ語の帯気音の場所にある事が示されている。"hulas *dicunt et nos* silvas, *item* hex sex *et* septem hepta".

(3)　アラビア語のタイトルは以下の通り、*Kitāb al-muwāzana bayna al-luga al-'ibriya wa'l-'arabiya* イブン・バルーンについては、ピンシャス・ヴェヒターの以下の著書内の翻訳、序文そして注釈を参照、*Ibun Barūn's Arabic Works on Hebrew Grammar and Lexicography,* Philadelphia, Dropsie College for Hebrew and Cognate Learning, 1964. 彼の論のテキストについては、以下を参照、Abū Ibrāhīm Ibun Barūn, *Kitam al-muwāzana*, ed. Pavel Konstantinovich Kokovtsov, と彼の著書の第一巻 *K Istorii srednevekovoi evreiskoi filologii i evreiskoi-arabskoi literaturi,* Saint-Petersbourg, 1893. 修正案については以下を参照、Eppenstein, *Ishak Ibun Baroun et ses comparaisons de l'hébreu avec l'arabe,* Paris, Durlacher, 1901.

(4)　サー・ウィリアム・ジョーンズについては、以下を参照、Cannon, *The Life and Mind of Oriental Jones,* New York, Cambridge University Press, 1990. インド人についての有名な演説については、以下の第十章をとくに参照、"A Genetic Explanation : Indo-European (1787–1788)", pp. 241–270.

(5)　モーリス・オレンデルが以下の著書で述べているように、ジョーンズの手紙からは、ジョーンズがサンスクリット語の研究を手がけ始めたのは1785年も終わりになってからだということが窺える。Olender, *Les langues du paradis,* Paris, Ed. du Seuil (1989), 2002, p. 25, n. 37

(6)　"*The* Sanscrit *Language [...] is of a wonderful structure ; more perfect than the* Greek, *mode copious than the* Latin, *and more exquisitely refined than either, yet bearing to both of them a stronger affinity, both in the roots of verbs and in the forms of grammar, than could possibility have been produced by accident ; so strong indeed ; that no philologer could examine all three, without believing, them to have sprung from some common source, which, perhaps, no longer exists : there is a similar reason, though not quite so forcible, for supposing that both the* Gothik *and the with the* Sanscrit ; *and the old* Persian *might be added to the same family, if this were the place for discussing any question concerning the antiquities of* Persia" (*Collected Works of Sir William Jones,* i. III, pp. 34–35)

(7)　*Ibid.,* pp. 45–46.

(8)　この研究書の題は、Über das Conjugationssystem der Sanskritsprache in Vergleichung mit jenem der griechischen, lateinischen, persischen, und germanischen Sprachen.

(9)　ドイツ語の正式な題は次の通り、*Compendium der vergleichenden Grammatik der indogermanischen Sprachen : Kurzer Abris seiner Laut und Formenlere der indogermanischen Ursprache, des Altindischen, Alteranischen, Altgriechischen, Altitalischen, Altkeltischen, Altslawischen, Litauischen, und Altdeutschen* (Weimer, Böhlau, 1861–1862). 1874年にはこの英語版が次のタイトルで出版された。*A Compendium of the Comparative Grammar*

of the Indo-European, Sanskrit, Greek, and Latin Languages (London, Trübner). 今日、「インド＝ヨーロッパ」を示す用語はいまだ「インド＝ゲルマン」が主流である（*indo-germanisch*）。しかし、1857年と1961年の間に出版された、ボップ著の *Vergleichende Grammatik* の第2版では、*indoeuropäisch* という用語も採用されている。*indo-germanisch* と *indoeuropäisch* の用語の起源とその意味については以下の諸著作を参照、Koerner, *Practicing Linguistic Historiography*, Amsterdam, Benjamins, 1989, pp. 149–177 ; Bolognesi, "Sul termine 'Indo-Germanisch'", in Cipiriano, Di Giovine and Mancini (ed.), *Miscellanea di studi linguistici, in onore di Walter Belardi,* 2 vols., Roma, Calamo, 1994, pp. 327–338.

（10） Shleicher, *A Compendium of the Comparative Grammar,* p. 8. インド＝ヨーロッパ語族の数は今日ではかなり増えている。Oswald J.L. Szemerényi (*Introduction to Indo-European Linguistics*, 4e ed., Oxford, Oxford University Press, 1990, pp. 11–12) によると12語派に上る。イラン語派（正確にはインド＝イラン語派）、アルメニア語、アナトリア語派、トカラ語派、ギリシャ語、イタリック語派、ウェネティ語、ケルト語派、ゲルマン語派、バルト語派、スラヴ語派、アルバニア語派。

（11） Milner, *L'amour de la langue,* Paris, Ed. du Seuil, 1978, p. 107.

（12） *Ibid.,* pp. 107–108. ミルネールは、そこにヒッタイト語の運命があり、それはヒッタイト語よりも前に存在したサンスクリットにしても同じであったと指摘している。短い間、彼の言葉を借りれば「原因となる言語」として扱われた後、この二つの言語は両方とも「結果としての言語」の列に格下げされた。

（13） ボップとインド＝ヨーロッパ語学発展については、以下を参照、Lepschy (ed.), *History of Linguistics,* vol. 4, *Nineteenth-Century Linguistics,* by Davies, London, Longman, 1994, pp. 150–189, esp. p. 152.

（14） Isidole of Seville, *Etymologiae sive originum,* esp. bk.1, ch. 29. 古代後期と中世の語源については、以下を参照、Curtius, *European Literature and the Latin Middle Ages,* trans. Trask, Princeton, NJ ; Princeton University Press, 1990, pp. 495–500.

（15） 確かに、これらの様々な辞書は、派生的な実践と、これらの学者たち（比較言語学者）が主張する語源学の性質と機能に応じた多様な 前提条件を反映している。

（16） アステリスクに関する注がそれ自身、注としてアステリスクによって記されていることに注目すべきである。以下を参照、Schleicher, *Compendium der vergleichenden Grammatik,* vol. 1, p. 12. 忘却の数字としてのアステリスクについては、同様に以下を参照、Maurice Olender, "Construzioni di memoria e di oblio : la torre di Babele", *Futuro Necessario : Testi,* n°1, 1999, p. 93.

(17) この文章はオシップ・マンデリシュタームのものである。以下を参照、Mandelstam, "journey to Armenia", in *Collected Critical Prose and Letters,* p. 374.

(18) Shleicher, *Compendium der vergleichenden Grammatik,* vol. 1, p. 12 *n.*

(19) Schleicher, "Eine Fabel in indogermanischer Ursprache", *Beiträge der Zeitschrift für vergleichende Sprachforschung,* vol.5, 1868, pp. 206-208. シュライヒャーの寓話は、出版以降複数の相次ぐ改稿を被ってきた。以下を参照、Hirt, *Die hauptprobleme der indogermanischen Sprachwissenschaft,* Halle, Niemeyer, 1939 ; Lehmann and Zgusta, "Schleicher's Tale after a Century", in Brogyányi (ed.), *Festschrift for Oswald Szemerényi on the Occasion of His 65th Birthday,* 2 vols., Amsterdam, Benjamins, 1979 ; and Enrico Campanile, "Le pécore dei neogrammatici e le pécore nostre", in Moreschini (ed.), *Un periodo di storia linguistica, i neogrammatici,* Pisa, Giardini, 1986, pp. 147-151.

(20) Szemerényi, *Introduction to Indo-European Linguistics,* p. 32.

(21) Koerner, "Zu Ursprung und Geschichte der Besternung in der historischen Sprachwissenschaft : Eine historiographische Notiz", *Zeitschrift für vergleichende Sprachforschung,* vol. 89, 1976, pp. 185-186.

(22) Gabelentz and J. Loebe, *Glossarium der Gothischen Sprache,* Leipzig, F.A. Brockhaus, 1843, pp. vi-vii, cited in Koerner, "Zu Ursprung und Geschichte…", p. 186.

(23) Gabelentz and Loebe, *Glossarium der gothischen Sprache,* p. vi, cited in Koerner, "Zu Ursprung und Geschichte…", p. 186.

(24) Benfey, *Vollständige Grammatik der Sanskritsprache,* Leipzig, F. A. Brockhaus, 1852, p. 71 n.1, cited in Koerner, "Zu Ursprung und Geschichte…", p. 186.

(25) Meyer, "Das Suffix *ka* im Gothischen", *Zeitschrift für vergleichende Sprachforschung,* vol. 6, 1857, p. 2, cited in Koerner, "Zu Ursprung und Geschichte…", p. 187.

(26) Meyer, "Gothische doppelconsonanz", *Zeitschrift für vergleichende Sprachforschung,* vol. 4, 1855, p. 151, cited in Koerner, "Zu Ursprung und Geschichte…", p. 187.

(27) Bühler, "Das gothische zd", *Zeitschrift für vergleichende Sprachforschung,* vol. 8, 1859, cited in Koerner, "Zu Ursprung und Geschichte…", p. 188.

(28) Schleicher, *A Compendium of the Comparative Grammar,* p. x.

(29) Cowgill, "The Origins of the Insular Celtic Conjunct and Absolute Verbal Endings", in Rix (ed.), *Flexion und Wortbildung : Akten der V. Fachtagung der Indogermanischen Gesellschaft, Regensburg,* 9.-14. September *1973,* Wiesbaden, L. Reichert, 1975, p. 57, cited in Koerner, "Zu Ursprung und Geschichte…", p. 189.

(30) O. J. L. Szemerényi, *Introduction to Indo-European Linguistics,* p. viii.

第十二章　星はまた輝く

（1）　言語学における「構造主義」の定義については、以下を参照、Milner, *Le Périple structural : figures et paradigme,* Paris, Ed. du Seuil, 2002.

（2）　Trubetskoi “Gedanken über das Indogermanenproblem”, *Acta linguistica* (Copenhagen), vol. 1, 1939 ;“Toughts on the Indo-European Problem”, in *Studies in General Linguistics and Langage Structure,* p. 87.

（3）　Chomsky, *Syntactic Structures,* The Hague, Mouton, 1957, p. 11.〔チョムスキー『統辞構造論』福井直樹・辻子美保子訳、岩波文庫、2014年〕

（4）　変形生成文法の概説については、以下を参照、Milner, *Introduction à une science du langage,* Paris, Ed. du Seuil, 1989, pp. 23-90.

（5）　「アステリスク機能」と、経験的学問の対象として発明された言語学的例の論理的帰結については、以下を参照、*ibid.,* pp. 109-126.

（6）　Chomsky, *Syntactic Structures,* p. 67.

（7）　Chomsky, *Aspects of the Theory of Syntax,* Cambridge (Mass.), MIT Press, 1965, pp. 150-151.〔チョムスキー『統辞理論の諸相——方法論序説』福井直樹・辻子美保子訳、岩波文庫、2017年〕

（8）　Householder, “On Arguments from Asterisks”, *Foundations of Language,* vol. 10, 1973, pp. 370-372.

（9）　言語学者たちによって用いられた用語は、方法論の理由によってしばしば分かれる。文法性と非文法性という名で呼ぶものもあれば、容認可能性と非容認可能性という名で呼ぶものもある。また、さらに伝統的な学派に属する者たちによれば、正用法と非正用法であったりする。チョムスキーは、彼が言語運用から来ると定義している容認性と、言語能力に属するとする文法性との区別を行った（以下を参照、*Aspects of the Theory of Syntax,* p. 11-12〔『統辞理論の諸相』〕）。しかしながら、どの用語を採用するにしても、ミルネールが証明したように、その価値は示差的である（以下を参照、*Introduction à une science du langage,* pp. 55-56).

（10）　Chomsky, *Aspects of the Theory of Syntax,* p. 11.

（11）　*Ibid.,* p. 24 and 18.

第十三章　ニンフの蹄

（1）　Ovidius, *Metamorphoses,* bk 1, II. 767-70, p. 24.

（2） *Ibid.,* bk. 1, II. 786–791, p. 25.

（3） *Ibid.,* bk. 1, II. 801–811, p. 25.

（4） Tory, *Champfleury,* pp.c.j.r.–c.ij.v.

（5） *Ibid.,* p. c.ij.v.

（6） *Ibid.,* p. c.ij.v. トリーも同様に、Oは「Iから出来たのではないか」という可能性を示唆しているが、しかしこの件については軽く触れるに留めている。

（7） Gaus, "Was bleibt ? Es bleibt die Muttersprache", in *Zur Person : Porträts in Frage und Antwort,* München, Feder, 1964, p. 24. English in Arendt, "What remains ? The Mother Tongue Remains", in *Essays in Understanding,* New York, Harcourt Brace Jovanovich, 1994, p. 12.

（8） Gaus, "Was Bleibt ?", p. 24 ; Arendt, *Essays in Understanding,* p. 13.

（9） Brodsky, "Uncommon Visage ; The Nobel Lecture", in *On Grief and Reason : Essays,* p.57.〔ヨシフ・ブロツキイ『私人――ノーベル賞受賞講演』沼野充義訳、群像社、1996年〕

第十四章　劣った動物

（1） Spinoza, *Ethics* 3, scholium to prop. 2.〔スピノザ『エチカ』（上下）畠中尚志訳、岩波文庫、1951年〕

（2） ここでは、アラビア語の7巻本版に依拠した。'Abd al-Salām Muhammad Hālūn : *Kitāb al-hayawān*, 7 vol., Cairo, Mustafa al-Bābī al Halabī, 1938–1945, vol. 1, p. 35. Le Caire, Mustafâ al-Bābî al-Halabī, 1938–1945, t. I, p. 35 ; trad. Fr., *Le Cadi et la Mouche. Anthologie du Livre des animaux,* Paris, Sindbad, coll. "La Bibliothèque arabe", 1988, p. 62.

（3） *Al-Kitāb al Hayawān,* vol. 1, p.35; trad. fr., p. 63.

（4） *Al-Kitāb al Hayawān,* vol. 1, p.36; trad. fr., p. 64.

（5） *Ibid.*

（6） *Ibid.*

（7） *Al-Kitāb al Hayawān,* vol. 1, pp. 35–36 ; trad. fr., p. 63–64.

（8） *Ibid.*

（9） *Al-Kitāb al Hayawān,* vol. 1, p. 36; trad. fr., p. 64.

（10） *Ibid.*

（11） *Al-Kitāb al Hayawān,* vol. 1, p. 35 ; trad. fr., p. 62–63.

（12） 以下を参照、Jakobson, "Toward a Linguistic Typology of Aphasic Impairments", in *Selected Writings,* vol. 2, pp. 289–306 ; "Linguistic Types of Aphasia", in *Selected Writings,*

vol.2, pp. 307–333, and "On Aphasic Disorders from a Linguistic Angle", in *Selected Writings,* vol. 7, *Contributions to Comparative Mythology ; Studies in Linguistics and Philology, 1972–1982,* pp. 128–40.〔ロマーン・ヤーコブソン「言語の二つの面と失語症の二つのタイプ」『一般言語学』川本茂雄監修、みすず書房、1973年〕

（13） Freud, *Zur Auffassung der Aphasien : Eine kritische Studie,* ed. Vogel and Palmedo, 2e ed., Frankfurt, Fischer, 2001, pp. 1–127.〔『フロイト全集1』兼本浩祐・中村靖子・芝伸太郎・立木康介・渡邉俊之訳、岩波書店、2009年〕

（14） 1894年5月21日付けの手紙 in Freud, *Briefe an Wilhelm Fliess,* p. 67.〔『フロイト フリースへの手紙——1887–1904』ジェフリー・ムセイエフ・マッソン編、河田晃訳、誠信書房、2001年、65–68頁〕

（15） 以下を参照、Ernest Kris introduction to Freud, *Origins of Phychoanalysis,* p. 18 n. 19.

（16） Freud, *Zur Auffassung der Aphasien,* p. 39.〔『フロイト全集1』3頁〕

（17） Broca, "Remarques sur le siege (sic) de la faculté du langage articulé suivies d'une observation d'aphémie (perte de la parole)", *Bulletins de la Société anatomique de Paris,* vol.36, 1861, pp. 330–357.

（18） Cited in Freud, *Zur Auffassung der Aphasien,* p.99 n.2 (57)〔『フロイト全集1』69頁〕

（19） Freud, *Zur Auffassung der Aphasien,* p. 111 (68).〔『フロイト全集1』83頁〕

（20） Freud, *Zur Auffassung der Aphasien,* p. 99 (58).〔『フロイト全集1』70頁〕

（21） Freud, *Zur Auffassung der Aphasien,* p. 95 (54).〔『フロイト全集1』66頁〕

（22） *Ibid.*〔『フロイト全集1』66頁〕

（23） Freud, *Zur Auffassung der Aphasien,* p. 95 (55).〔『フロイト全集1』66頁〕

（24） *ibid.*〔『フロイト全集1』66–67頁〕

（25） Freud, *Zur Auffassung der Aphasien,* pp. 95–96 (55)〔『フロイト全集1』67頁〕

（26） Freud, *Zur Auffassung der Aphasien,* pp. 131–132 (89)〔『フロイト全集1』106頁〕

（27） Freud, *Zur Auffassung der Aphasien,* p.132 (89)〔『フロイト全集1』106頁〕

（28） Freud, *Zur Auffassung der Aphasien,* p. 83 (43)〔『フロイト全集1』54頁〕

（29） Freud, *Zur Auffassung der Aphasien,* p.131 (89)〔『フロイト全集1』106頁〕

（30） *Ibid.*〔『フロイト全集1』106頁〕

（31） Freud, *Zur Auffassung der Aphasien,* p.133 (90)〔『フロイト全集1』108頁〕

（32） Freud, *Zur Auffassung der Aphasien,* p.133 (90).〔『フロイト全集1』108頁〕フロイトはここでウィリアム・ヘンリー・ブロードベントの論文を根拠に挙げている。William Henry Broadbent, "A Case of Peculiear Affection of Speech, with

Commentary", *Brain,* vol. 1, 1878–1879, pp. 484–503.

(33)　Freud, *Zur Auffassung der Aphasien,* p. 133 (90).〔『フロイト全集1』106頁〕

(34)　Freud, *Zur Auffassung der Aphasien,* pp.104–106 (62–64).〔『フロイト全集1』75–77頁〕Valerie D. Greenbergが指摘しているように、新版はオリジナル版とは、レイアウト上も綴りも、段落構成においてもかなりの異同が見られる。以下を参照、*Freud and his Aphasia Book,* Ithaca (NY), Cornell University Press, 1997, p. 10.

(35)　Freud, *Zur Auffassung der Aphasien,* p.105 (63). ドイツ語版の編集者が指摘するように、フロイトは「はい」と「いいえ」の使用法と同様に罵倒語もヒステリーの発話の例として彼がフランス語で書いた論文に挙げている。"Quelques considérations pour une étude comparative des paralysies motrices organiques et hystériques", *Archives de neurologie,* vol. 26, 1893, p. 45.

(36)　Freud, *Zur Auffassung der Aphasien,* pp. 105.〔『フロイト全集1』76頁〕

(37)　*Ibid.*

(38)　Freud, *Zur Auffassung der Aphasien,* pp. 105–106. (63).〔『フロイト全集1』77頁〕

(39)　Freud, *Zur Auffassung der Aphasien,* pp. 106. (63–64).〔『フロイト全集1』77頁〕

(40)　ドイツ語版は *Zur Psychopathologie des Alltagsleben*, Frankfurt, Fischer, 2000, p. 325.

(41)　Freud, *Briefe an Wilhelm Fliess,* letter 113, p.218.〔『フロイト　フリースへの手紙』212頁〕

(42)　*Ibid.,* pp. 217–218.〔『フロイト　フリースへの手紙』211頁〕

(43)　*Ibid.,* pp. 218–219.〔『フロイト　フリースへの手紙』212頁〕

(44)　Breuer and Freud, *Studien über Hysterie,* Leipzig, Franz Deuticke, 1893, p.5 : *"Der Hysterische leide(t) grössten theils an Reminiscenzen".*〔『フロイト全集2』「ヒステリー研究」〕

(45)　Kafka, *Gesammelte Werke,* vol. 7, *Zu Frage der Gesetze und andere Schriften aus dem Nachlass,* p. 155 : *"Ich kann schwimmen wie die andern, nur habe ich ein besseres Gedächtnis als die andern, ich habe das einstige Nicht-Schwimmen-können nicht vergessen. Da ich es aber nicht vergessen habe, hilft mir das Schwimmenkönnen nichts und ich kann doch nicht schwimmen"*

第十五章　アグロソストモグラフィー

(1)　Roland, *Aglossostomographie ; ou Description d'une bouche sans langue, laquelle parle et faict naturellement toutes les autres fonctions,* Saumur, 1630, pp. 3–4.

（2） *Ibid.*, pp. 33–34.

（3） 舌の一部分の欠損が隠すリスクの網羅的な分析については、第五章を参照。"Pourquoy ceux qui ont perdu une partie notable du bout de la langue ne parlent plus sans artifice", pp. 49–55.

（4） Jussieu, "Sur la maniere dont une *Fille sans langue* s'acquite des fonctions qui dépendent de cet organe", *Mémoires de l'Académie Royale des Sciences,* 15 janvier 1718, pp. 10–11.

（5） *Ibid,* p. 6.

（6） *Ibid,* p. 7.

（7） *Ibid,* p. 7. ジュシューはしかしながら、この少女にアルファベットを一つずつ発音するように頼んだ時、幾つかの文字を他のよりも上手に発音したという。この医者は、彼女は c, f, g, l, n, r, s, t, x, z のような文字に関しては、他の文字よりもより発音に困難を生じたと記している。

（8） Jakobson, *Six leçons sur le son et le sens,* Paris, Ed. de Minuit, 1976, réimp., 1991, leçon 1, p. 31. ヤコブソンが、Linda R. Waugh との共著で書いた以下の著書で上記の著書について書いている注釈も参考のこと。*The Sonud Shape of Language,* in *Selected Writing,* vol. 8, p. 99.「音声の研究はしばしば、一種の舌へのフェティシズムの被害を受けているように思われる」

（9） Jakobson, *Six leçons sur le son et le sens,* p.31.〔ローマーン・ヤーコブソン『音と意味についての六章』花輪光訳、みすず書房、1977年〕

（10） *Ibid.*, pp. 31–32.

（11） *Ibid.*, p. 32.

（12） Poe, *The Fall of the House of Usher and Other Writing,* London, Penguin, 1986, p. 350.

（13） *Ibid.*, p. 350.

（14） *Ibid.*, p. 350.

（15） *Ibid.*, p. 354.

（16） *Ibid.*, p. 355.

（17） *Ibid.*, p. 356.

（18） *Ibid.*, pp. 356–357.

（19） Barthes, "Analyse textuelle d'un conte d'Edgar Poe", in Claude Chabrol (ed.), *Sémiotique narrative et textuelle,* Paris, Larousse, 1973〔ロラン・バルト「エドガー・ポーの一短編のテクスト分析」『記号学の冒険』花輪光訳、みすず書房、1998年〕

（20） *Ibid.*, pp. 47–49.

（21） *Ibid.*, p. 49.

(22) Svenbro, *Phrasikleia : anthropologie de la lecture en Grèce ancienne,* Paris, La Découverte, 1988, pp. 13–32 ; Pfohl, "Die ältesten Inschriften der Griechen", *Quaderni urbinati di cultura classica,* vol. 7, 1969, pp. 7–25. Jeffery, *The Local Scripts of Archaic Greece,* op. cit. ; Larggeruta Gyr-ardyccun, *Epigrafia greca,* 4 vols., Rome, Instituto Poligrafico dello Stato, 1967–1970 ; Pfohl, *Greek Poems on Stones,* vol. 1, *Epitaphs,* Leiden, Brill, 1967.

(23) Maria-Letizia Lazzarini, "Le formule delle dediche votive nella Grecia Arcaia", *Atti dell'accademia nazionale dei lincei, Memorie : Classe di scienze morali, storiche, e filologiche,* Ser. 8, vol. 9, 1976, pp. 47–354.

(24) Pfohl, *Greek Poems on Stones,* nos. 158 and 15.

(25) Svenbro, *Phrasikleia,* pp. 37–38.

(26) *Ibid.,* p. 51 ; 問題になっているのはカール・ブルクマンの作品である。Brugmann, *Die Demonstrativpronomina der Indogermanischen Sprachen,* Leipzig, Teubner, 1904, p. 71.

(27) Svenbro, *Phrasikleia,* p. 51.

(28) *Ibid.,* p. 51.

第十六章 Hudba

(1) 1119年の中世ラテン語のテキストに記されている *Materna lingua* という連辞が、「母語」を示すのに知られている最も古い用語である。しかしながら、ダンテの『煉獄編』第26曲での「*Parlar materno*」のように、俗語でそれに当たる表現がすぐにそれに取って代わった。「母語」という表現の歴史については以下を参照、Spitzer, "Muttersprache und Muttererziehung", *in* Id., *Essays in Historical Semantics,* New York, S. F. Vanni, 1948, pp. 15–65.

(2) 以下を参照、Dante, *De vulgari eloquentia,* 1. 1. 2–3, pp. 28–33.

(3) Canetti, *Die gerettete Zunge ; Geschichte einer Jugend,* Zürich, Erben 1977, p. 10.

(4) *Ibid.,* p.33.

(5) *Ibid.,* p.34.

(6) *Ibid.,* p.85.

(7) *Ibid.,* p.86.

(8) *Ibid.,* p.88.

(9) *Ibid.,* pp.86–87.

(10) *Ibid.,* p.87

(11) *Ibid.,* p.87.

(12) *Ibid.*
(13) *Ibid.*, pp.87–88.
(14) *Ibid.*, p.88.
(15) *Ibid.*, p.88.
(16) *Ibid.*, p.89.
(17) *Ibid.*, p.90.
(18) *Ibid.*
(19) *Ibid.*, p.94.
(20) Dante, *De vulgari eloquentia,* 1. 1. 2, pp. 30.
(21) Canetti, *Die gerettete Zunge,* p. 17.〔エリアス・カネッティ『救われた舌――ある青春の物語』岩田行一訳、法政大学出版局、1981年〕
(22) *Ibid.*, p. 17.
(23) *Ibid.*, pp. 17–18.
(24) Canetti, *Das Augenspiel : Lebensgeschichte, 1931–1937,* München, C. Hauser, 1985, p. 293.〔エリアス・カネッティ『眼の戯れ――伝記 1931–1937』岩田行一訳、法政大学出版局、1999年〕
(25) *Ibid.*, p. 293.
(26) *Ibid.*
(27) *Ibid.*, p. 294.
(28) *Ibid.*
(29) *Ibid.*, p. 284.
(30) Asadowski, *Rilke und Russland,* p. 409.

第十七章　分裂音声学

(1) Wolfson, *Le Schizo et les langues ; ou La Phonétique chez le psychotique (esquisses d'un étudiant de langues schizophrénique),* préface by Gilles Deleuze, Paris, Gallimard, 1970, p. 33.
(2) *Ibid.*
(3) *Ibid.*
(4) Deleuze, "Schizologie", *ibid.*, p. 6.
(5) Wolfson, *Le Schizo et les langues,* p. 73.
(6) *Ibid.*, p. 122.
(7) *Ibid.*, p. 71.
(8) *Ibid.*, pp. 71–72

(9) *Ibid.,* p. 118.

(10) *Ibid.*

(11) *Ibid.,* pp. 118–119.

(12) *Ibid.,* p. 177.

(13) *Ibid.,* p. 51. テキストの冒頭に置かれた警告が示しているように、著者は最初、この本が「「改善」された表記」で出版されることを望んでいたことを指摘するのは重要である。その長い例のリストが『分裂病者と諸言語』の付録に出ている。

(14) *Ibid.,* p. 77.

(15) Benjamin, "Karl Kraus", in *Gesammelte Schriften,* 7 Vol., Frankfurt, Suhrkamp, 1972–1991, vol. 2, pt. 1, p. 344.〔ヴァルター・ベンヤミン「カール・クラウス」『ベンヤミン・コレクション 2』浅井健二郎編訳、ちくま学芸文庫、1996年〕

(16) Kraus, *Schriften,* vol. 7, *Die Sprache,* p. 23.

(17) 失語症研究の最後で、フロイトは、シャルコーによる言語障害の分析を紹介しながら、ひどい表現を使っている。"Gewis wäre es aber unrecht an *die Idee Charcots ganz zu vergessen*" Freud, *Zur Auffassung der Aphasien,* p. 145 (p. 102 of the 1891 edition)「おそらくシャルコーの考えについて忘れ去るのは確実に間違っている」

(18) Wolfson, *Le Schizo et les Langues,* pp. 140, 249, 233.

(19) *Ibid.,* p. 297.

第十八章　アブー・ヌワースの試練

(1) Ibn Manẓūr, *Akhbār Abi Nuwās,* p.55. この件については以下を参照、Amjad Trabulsi, *La Critique poétique des Arabes jusqu'au Ve siècle de l'Hégire (XIe siècle de J.-C.),* pp. 114–115.

(2) Kilito, *The Author and His Doubles,* p. 15

第十九章　船長の教え

(1) Landolfi, *Dialogo dei massimi sistemi,* Milan Adelphi, 1996, p. 73.

(2) *Ibid.,* p. 74.

(3) *Ibid.,* p. 75.

(4) *Ibid.,* p. 76

(5) *Ibid.*

(6)　*Ibid.*, p. 77.
(7)　*Ibid*
(8)　*Ibid.*, p. 78.
(9)　*Ibid.*, p. 79.
(10)　*Ibid.*, p. 78.
(11)　*Ibid.*, p. 80.
(12)　*Ibid.*
(13)　*Ibid.*, p. 82.
(14)　*Ibid.*, p. 83.
(15)　*Ibid.*, p. 79.
(16)　*Ibid.*, p. 92.
(17)　*Ibid.*, p. 79.

第二十章　詩人の楽園で

(1)　イブン・アル＝カーリフがアル＝マアッリーに宛てた手紙については、以下を参照、Blanchère, "Ibn al-Qārih et la genèse de l'épître du pardon d'al-Ma'arrī", *Analecta,* Damas, Institut français de Damas, 1975, pp. 431–442. 引用部分は Schoeler, *Paradies und Hölle,* p. 20より引用 .
(2)　Schoeler, *Paradies und Hölle,* p. 20
(3)　最も完全な版は 'Āisha 'Abdarrahmān "bint al-Shāti", *Risālat al-gufrān,* Cairo, Dār al-Ma 'ārif, 1963. このテキストのヨーロッパ諸言語への翻訳は何版か存在するが、最も新しいのは、Schoeler の卓越したドイツ語訳、*Paradies und Hölle* である。
(4)　『神曲』で、イスラーム文献が参考にされている部分については、反論も少なくないが、重要な参考文献として以下のものがある。Miguel Asín Palacios, *La escatología musulmana en la "Divina Comedia"*, 4th ed., Madrid, Hiperión, 1984. また、簡略ではあるが次の記事も参照、Kremer, "Isramische Einflüsse auf Dantes 'Göttliche Komödie'", *in* Heinrichs (ed.), *Neues Handbuch der Literaturwissenschaft : Orientalisches Mittelalter,* Wiesbaden, AULA-Verlag, 1990, pp. 202–215.
(5)　Al-Ma'arrī, *Risālat al-ghufrān,* p. 308.
(6)　*Ibid.*
(7)　*Ibid.*, p. 309. これがおそらく、サタンが詩人の引用を最後まで聞かずに焦って答えたことの理由になる。ル・マラン（悪魔）がイブン・アル＝カーリフに説明するように、彼はサタンにある特定のジャンルの「情報」しか求めていな

かった。サタンは問いかける。「どうして、ワインが地上では禁じられていて、天国ではそうではないのか。それから、どうして天国では、祝福されたものは、呪われた街の住人がするようなことを、不死の少年たちに対し行うのか」

(8) 問題の詩は詩人の muʻallaqa（字義通りには「宙づりになった」という意味）を指す。そしてこれらの言葉で始まる。「立ち止まれ、愛する人と彼女がいたキャンプのあとの思い出に泣け、ドゥフールとハウマルの間、砂丘の終わるところで……」以下を参照、Jones, *Early Arabic Poetry,* vol. 2, *Select Odes,* pp. 52–86.

(9) Al-Maʻarrī, *Risālat al-ghufrān,* p. 316.

(10) *Ibid.,* p. 290.

(11) *Ibid.,* p. 291. 人類に知られた「十五の韻律」とは、古典アラビア語の作詩法を定義する韻律で、伝統的には、アル＝ハリール・イブン・アフマドが編み出したとされている。分類法によっては十六と数えることもできる。

(12) *Ibid.,* p. 292.

(13) *Ibid.*

(14) *Ibid.,* pp. 292–293.

(15) *Ibid.,* p. 207.

(16) *Ibid.,* p. 209.

(17) *Ibid.,* p. 238.

(18) *Ibid.,* p. 239.

(19) *Ibid.,* p. 246.

(20) *Ibid.*

(21) *Ibid.,* p. 246.

(22) *Ibid.,* p. 279.

(23) *Ibid.,* pp. 279–280.

(24) *Ibid.,* p. 280.

(25) *Ibid.,* p. 360.

(26) *Ibid.*

(27) *Ibid.*

(28) Sura 20.115.

(29) Al-Maʻarrī, *Risālat al-ghufrān,* p. 308. この語源は、アブー・タッマームの詩句から来ていると思われるが、アブデルファター・キリトが指摘しているように、アル＝マアリーの詩にも同じように現れる。Abdelfattah Kilito, *La langue d'Adam,* Casablanca, Toubkal, 1999, p. 49. 以下を参照、Al-Maʻarrī, *Zajr al-nābih "muqtatafât",* ed. Amjad Trabulsi, Damas, Al-Matbaʻa al-hāshimīyah, 1965, pp. 100-101 :「おまえの義

務を忘れるな　確かに／おまえが人（insān）と呼ばれたのは、物事を忘れるが故になのだから（nāsī）」

（30）　Al-Maʻarrī, *Risālat al-ghufrān,* pp. 361–362.

（31）　*Ibid.,* p. 364. しかしながら、キリトが示唆しているように、この議論には終わりがない可能性がある。アダムの説明も、イブン・アル＝カーリフを満足させるには至らなかった。彼は、これらの詩句はやはりアダムによってシリア語で編まれ、その後アラビア語に翻訳されたに違いないと答える。この議論は、アダムが、この議論を終わらせようと、自分の時代にはこの詩句を誰も創らなかったと神に誓うことでやっと終わる。キリトは賢明にもこう注釈している。「預言者が神に誓う時にはもう何一つ付け加えることはないのだ」（*La langue d'Adam,* p. 50.）

（32）　*Ibid.,* p. 50.

第二十一章　バベル

（1）「創世記」11, 4.

（2）「創世記」11, 8.

（3）　Philon Alexandrinus, *Les Œuvres de Philon d'Alexandrie,* vol. 13, *De Confusione linguarum,* par. 187, Paris, Ed. du Cerf 1963, pp. 148–149.

（4）　*Ibid.*

（5）　バベルの塔の表象の歴史については、アルノー・ボルストの大変重要な著作を参照のこと。*Der Turmbau von Babel,* 6 vol., Stuttgart, Anton Hiersemann, 1957–1963.

（6）　Dante, *De vulgari eloquentia,* 1. 9. 6. cf. *Convivio,* 2. 4. 14 ; *De Monarchia,* 2. 6. 1 ; cf. also *Convivio* 9. 10. 8 and 23. 5 ; *De monarchia,* 3. 13. 6.

（7）　Dante, *De vulgari eloquentia,* 1. 9. 6–7, pp. 74–76 ; *"Dicimus ergo quod nullus effectus superat suam causam, in quantum effectus est, quia nil potest efficere quod non est. Cum igitur omnis nostra loquela—preter illam homini primo concreatam a Deo—sit a nostro beneplacito reparata pos tconfusionem illam que nil aliud fuit quam prioris oblivio, et homo sit instabilissimum atque variabilissimum animal, nec durabilis nec continua esse potest, sed sicut alia que nostra sunt, puta mores et habitus, per locorum temporumque distantias variari oportet".*

（8）　*Ibid.,* p. 75, n. 9.

（9）　*Ibid.,* 1. 9. 6–7., P. 76, n. 9.

(10) *Sanhedrin,* 109a. *La Guemara, le Talmud de Babylone,* vol. 2, Sanhédrin, Paris, Librairie Colbo, 1974, p. 546

(11) *Ibid.*

(12) *Ibid.*

(13) *Ibid.*

(14) *Ibid.*

(15) *Ibid.*

(16) Benjamin, *Gesammelte Schriften,* vol. 4, pt. 2, pp. 888–895.〔ヴァルター・ベンヤミン「翻訳者の使命」『ベンヤミン・コレクション2　エッセイの思想』浅井健二郎編訳、ちくま学芸文庫、1996年〕

(17) Benjamin, *Gesammelte Schriften,* vol. 4, pt. 1, p. 10.

(18) Benjamin, *Gesammelte Schriften,* vol. 4, pt. 1, p. 10 : *"So dürfte von einem unvergesslichen Leben oder Augenblick gesprochen werden, auch wenn alle Menschen sie vergessen hätten. Wenn nähmlichderen Wesen es forderte, nicht vergessen zu werden, so würde jenes Prädikat nichts Falsches, sondern nur eine Forderung, der Menschen nicht entsprechen, und zugleich auch wohl den Verweis auf einen Bereich enthalten, in dem ihr entsprochen wäre : auf ein Gedenken Gottes. Entsprechend bliebe die Übersetzbarkeit sprachlicher Gebilde auch dann zu erwägen, wen diese für die Menschen unübersetzbar wären"*

(19) Benjamin, *Gesammelte Schriften,* vol. 2, pt. 1, pp. 239–240 : *"Vom Fürsten Myschkin darf man im Gegenteil sagen, daß seine Person hinter seinem Leben zurücktritt wie die Blume hinter ihrem Duft oder der Stern hinter seinem Flimmern. Das unsterbliche Leben ist unvergeß lich, das ist das Zeichen, an dem wir es erkennen. Es ist das Leben, das ohne Denkmal und ohne Andenken, ja vielleicht ohne Zeugnis unvergessen sein müsste. Es kann nicht vergessen werden. Dies Leben bleibt gleichsam ohne Gefäß und Form das Unvergängliche. Und "unvergeßlich" sagt seinem Sinn nach mehr als daß wir es nicht vergessen können ; es deutet auf etwas im Wesen des Unvergeßlichen selbst, wodurch es unvergeßlich ist. Selbst die Erinnerungslosigkeit des Fürsten in seiner spätern Krankheit ist Symbol des Unvergeßlichen seines Lebens ; denn das liegt nur scheinbar im Abgrund seines Selbstgedenkens versunken aus dem es nicht mehr emporsteigt. Die andern besuchen ihn. Der kurze Schlußbericht des Romans stempelt allé Personen für immer mit diesem Leben, an dem sie teilhatten, sie wissen nicht wie"*